U1015124

陕西省社会科学基金项目资助（2019S022）
陕西省教育科学“十三五”规划项目资助（SGH17H487）
陕西高校青年创新团队建设项目资助（陕教2019〔90〕号）
西安翻译学院校级科研团队建设项目资助（XFU21KYTDA02）

文旅融合背景下 文化遗产真实性与完整性 价值解读及活化研究

WENLVRONGHEBEIJINGXIA
WENHUAYICHANZHENSHIXINGYUWANZHENGXING
JIAZHIJIEDUJIHUOHUAYANJIU

王毅菲◎著

中国经济出版社
CHINA ECONOMIC PUBLISHING HOUSE
·北京·

图书在版编目（CIP）数据

文旅融合背景下文化遗产真实性与完整性价值解读及活化研究／王毅菲著．--北京：中国经济出版社，2021.6

ISBN 978-7-5136-6479-0

Ⅰ.①文… Ⅱ.①王… Ⅲ.①文化遗产-研究-中国 Ⅳ.①K203

中国版本图书馆 CIP 数据核字（2021）第 103925 号

责任编辑　杨元丽
责任印制　巢新强
封面设计　任燕飞设计

出版发行　中国经济出版社
印 刷 者　北京九州迅驰传媒文化有限公司
经 销 者　各地新华书店
开　　本　710mm×1000mm　1/16
印　　张　15.75
字　　数　233 千字
版　　次　2021 年 6 月第 1 版
印　　次　2021 年 6 月第 1 次
定　　价　78.00 元
广告经营许可证　京西工商广字第 8179 号

中国经济出版社　**网址** www.economyph.com　**社址** 北京市东城区安定门外大街 58 号　**邮编** 100011
本版图书如存在印装质量问题，请与本社销售中心联系调换（联系电话：010-57512564）

版权所有　盗版必究（举报电话：010-57512600）
国家版权局反盗版举报中心（举报电话：12390）　　服务热线：010-57512564

目录
contents

第一章 绪论

第二章 国内外文化遗产保护与利用研究

第三章 我国文化遗产保护与利用现状分析

第四章 文化遗产“真实性”与“完整性”价值解读与文脉整合

第五章 基于游客体验的文化遗产活化研究

第六章 文旅融合背景下文化遗产活化发展实证研究——以长江三角洲地区文化遗产为例

第一章

绪论

文化遗产资源作为历史的见证、文化的载体，承载了灿烂的历史和文明积淀，是其所在地国家和民族的精神象征，也是人类社会思想的结晶、人类文明交流互鉴的重要载体。我国的文化遗产分布广泛、数量众多、价值等级较高，特别是地理位置优越、自然条件好、历史文化悠久的地区，凝聚着中华民族独特的精神与智慧，是我国文化资源的精髓，具有很高的科学、艺术、历史价值。保护与合理利用文化遗产资源，是传承文化基因、维系民族情感、实现我国社会稳定的重要文化根基。

但随着社会的演变发展和经济的剧烈冲击，世界遗产保护、利用和发展的外部环境都发生了重大转变。党的十八大以来，习近平总书记曾多次指出“让收藏在博物馆里的文物、陈列在广阔大地上的遗产、书写在古籍里的文字都活起来”①，更是引发了关于文化遗产活化的广泛研究和深刻反思。2018年，国务院办公厅连续出台《关于加强文物保护利用改革的若干意见》《关于实施革命文物保护利用工程（2018—2022年）的意见》两大政策文件，将文化遗产事业改革发展整体纳入全面深化改革战略部署，开启了新时代文物保护利用的多领域、全方位改革。国家文物局2019年工作要点中也指出“推动文物保护由抢救性保护向抢救性与预防性保护并重、由注重文物本体保护向文物本体与周边环境整体保护并重转变”。随着2018年我国文化和旅游部的组建，“文旅融合”受到广泛关注并得以不断深化推进，尤其是在承载民族精神与文明内核的文化遗产领域。文化遗产合理的旅游化利用发挥了旅游产业

① 引自2014年3月27日习近平主席在巴黎联合国教科文组织总部发表的演讲。

和文化产业两方优势，有助于树立文化自信和文化认同，是建设文化强国、有力弘扬及传播中国传统文化和推动文化“走出去”的重要载体，事关国家的文化自信与国家软实力建设大局。

自联合国教科文组织发布的《世界遗产公约实施行动指南》中明确提出“真实性”与“完整性”两项遗产保护原则后，全球范围内便树立起了一系列的遗产保护标准。尽管人们在遗产保护中尽力遵循二元原则，但关于这两项原则的理解尚存在着较大的争议和分歧，二者之间的关系也不甚明晰，而这种对于二元原则关系的模糊认识又恰恰是极为重要和关键的问题，如果不加以清晰地界定，很可能导致在遗产保护和利用实践中存在不当行为和错误举动。如若忽视文化遗产同遗产地文脉、地脉及所依托当地社区之间的关系，也必将导致极为负面的影响和不良结果。

鉴于此，本书提出在文旅深度融合大背景下，我国文化遗产应如何实现遗产价值活化与特色文脉永续传承的问题，并展开深入研究。将群体体验的主观因素纳入考量范围，旨在构建一个将二元原则充分整合的理论模型，一套以深化遗产旅游体验、全面展现遗产文脉为核心宗旨的价值体系。该价值体系既涵盖了文化遗产主客观世界中物、场、人三方面要素，也包含了遗产地复杂文化系统的重要组成部分，有利于充分而深入地理解文化遗产的价值和文化脉络，在更全面范围和更深刻层次上实现我国文化遗产的综合保护与永续利用。

第一节　研究内容及意义

一、研究内容及总体框架

本书基于文旅融合视角，针对文化遗产保护与利用实践中存在的矛盾与冲突（如：遗产展示僵化、缺乏吸引力、商业化或工具化、文化断裂等问题），将"真实性"与"完整性"原则作为衡量标尺，对文化遗产地"物（object）—场（field）—人（experience）"三者之间的互动关系进行探析，由此搭建文化遗产"二元三维"价值体系模型，进而通过实证方法检验文化遗产旅游中旅游者的体验度和行为决策的影响因素，从而改变和纠正在文化遗产保护与利用中的不当行为及错误做法，有效实现文化遗产的价值活化，将遗产所蕴含的特色文化有效而全面地展示出来，真正实现传统文化的永续传承。

本书共分为八章：第一章为绪论，介绍了研究的背景及意义、研究方法与论证思路等内容；第二章为国内外文化遗产保护与利用研究，对已有的国内外关于文化遗产保护、活化利用、旅游开发，尤其是对遗产价值衡量与保护发挥重要作用的"真实性"与"完整性"原则的相关文献，进行了全面的梳理与总结，并进行述评；第三章对我国文旅融合背景下文化遗产保护与利用现状进行分析，指出我国文化遗产保护与利用实践中存在的问题及障碍因素；第四章对文化遗产的"真实性"与"完整性"原则进行深刻反思，探讨二元原则内在辩证统一的逻辑关系，并在此基础上提出文化遗产"二元三维"（FOE）理论模型，据此对文化遗产价值体系进行深入解构，进而对文化遗产文化脉络的有效整合进行理论和实践两方面的论述；第五章基于游客体验相关理论对文化遗产活化问题展开研究，对遗产旅游的游客体验本质进行理论论证；第六章在理论研究基础上，对文化遗产活化发展的实践展开实证研究，选取长江三角洲地区典型文化遗产，包括上海城隍庙/豫园、南京夫子庙/秦淮河、杭州清河坊/中山中路这三处历史文化街区，对其遗产旅游发展现状及活化质量进行实地调研与定量分析，在对比实证分析结果的基础上，探讨文化遗产旅游发展及价值活化的有效路径；第七章提出促进文化遗产价值活化与文脉传承的切实对策；第八章为结论与展望。

遵循“理论分析—构建框架模型—实证检验—结果分析与模型修正—对策建议”的思路，研究的思维模型和逻辑架构如图 1-1 所示。

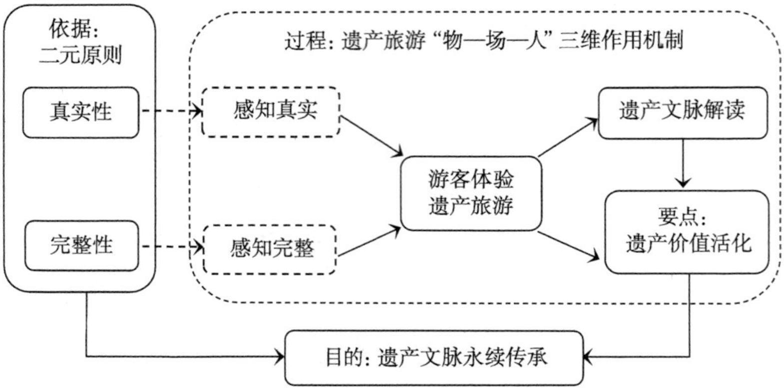

图 1-1　研究的思维模型和逻辑架构

二、研究的理论意义

本书在文旅融合的背景下，对文化遗产的价值解读和活化进行再思索，将原本用于文化遗产保护领域的“真实性”与“完整性”原则引入文化遗产利用与活化领域，构建了一个将遗产“真实性”与“完整性”二元原则充分整合，以古迹活化为途径，实现遗产文脉有效传承的理论模型。这一理论模型既涵盖了文化遗产主客观世界中物、场、人三方面要素，也包含了遗产地复杂文化系统的重要组成部分，为深刻理解文化遗产保护与利用的辩证统一关系、促进遗产文化价值的有效传承提供参照框架和理论基础。

同时，在此整合理论框架下对文化遗产价值体系进行深入分析和解构，并对典型文化遗产地进行实地考察与实证分析。该价值体系不仅涵盖遗产核心吸引物及有形实体，还将非物质的、主观体验性的、环境化要素纳入考量范围，综合考虑主观与客观、当代与未来之间文化遗产文脉的永续传承性，以及人们对于这种文脉的认同感与自豪感，一定程度上充实和丰富了遗产保护与利用的专业理论。

三、研究的应用价值

本书充分考量游览者的主观体验和心理因素，强调注重文化遗产所依托的文脉环境、文化背景和社区情感，并着眼于文化遗产同游览者体验之间的交融浸入程度，有利于包括游客在内的广大民众充分而深入地理解文化遗产的价值和文化脉络，拓宽和深化了文化遗产保护和利用的范畴与层面，在文化遗产管理实践中时常出现的过度商业化与僵化保护的悖论中，为文化遗产的管理者和利益相关者给出了更为理性和妥当的解决之策。

本书在对比实证基础上得出的促进文化遗产活化及文脉传承的对策建议，可以有效防范与规避遗产的“无序开发”及盲目利用，有助于遗产地的合理保护与永续利用，以及文化遗产地人与自然、人与物、人与人之间和谐有序的可持续发展，并将以民族精神为内核的文化遗产视为传统文化的重要承载和依托，为我国树立民族文化自信、传统文化伟大复兴提供更为全面和有效的理论依据和决策参考。

第二节　研究方法与技术路径

一、研究方法

本书采用理论规范研究和实证分析相结合的方法。综合运用管理学、规划学、心理学、消费者行为学及文化人类学等多学科的相关知识，兼用定性与定量分析，进行充分的理论分析与逻辑论证。现将主要的研究方法归纳如下：

1. 文献分析法

本书收集整理国内外大量相关文献和代表性理论，包括关于“真实性”与“完整性”原则、遗产活化及文旅融合等的基础理论，以及有关的理论研究成果，并进行述评。这些研究成果不仅为本书选题和分析提供了坚实的理论基础，也为本书理论框架的提出以及问卷测量项目的设计提供了理论支持。

2. 定性分析与理论建模

在文献研究和理论分析的基础上提出文化遗产物、场、人三者交互作用的概念化理论模型（FOE 模型）。该模型描述了文化遗产地物、场、人三者之间动态平衡的交互机制，从定性分析和理论思辨角度阐述了“真实性”与“完整性”原则在文化遗产旅游中扮演的角色，及其对遗产旅游的游客体验所产生的影响和作用，从而为研究假设的提出和后续实证研究的展开奠定相应的理论基础及逻辑依据。

3. 小样本精准测量与大样本抽样调查结合调研法

本书针对典型文化遗产采集相关数据，进行定量分析并对研究假设进行考量与验证。在每个遗址地分别针对参观游览者（又分为散客、团体游览者和专业考察人士 3 个细分亚组）、遗址管理方以及当地社区居民展开精准调研，调研方式包括问卷和小规模访谈（主要针对当地社区居民）。同时，对其他文化遗产地所在（属）区域（市、县、乡、镇）进行分层抽样调查，根据不同历史时期、不同地域文化特点、不同规划保护时间段进行分组大样本测量调查，被测方主要为当地社区居民及遗址地相关利益群体。

4. 数理统计与因子分析法

对测试结果及收集数据进行数理统计分析，通过方差分析、因子分析等，识别各要素之间的内在关系与影响作用，以进一步论证检验本书提出的理论模型和观点，并加以综合对比与总结（具体测度要素指标设计方案参见表4－1）。

5. 层次分析和制度分析法

运用层次分析法，通过调研、专家访谈和政府建议，设计具体的测度指标体系；并运用制度分析法研究文化遗产保护与合理利用的政策规制问题。

二、研究的技术路径

研究的基本思路与技术路径如图1－2所示。

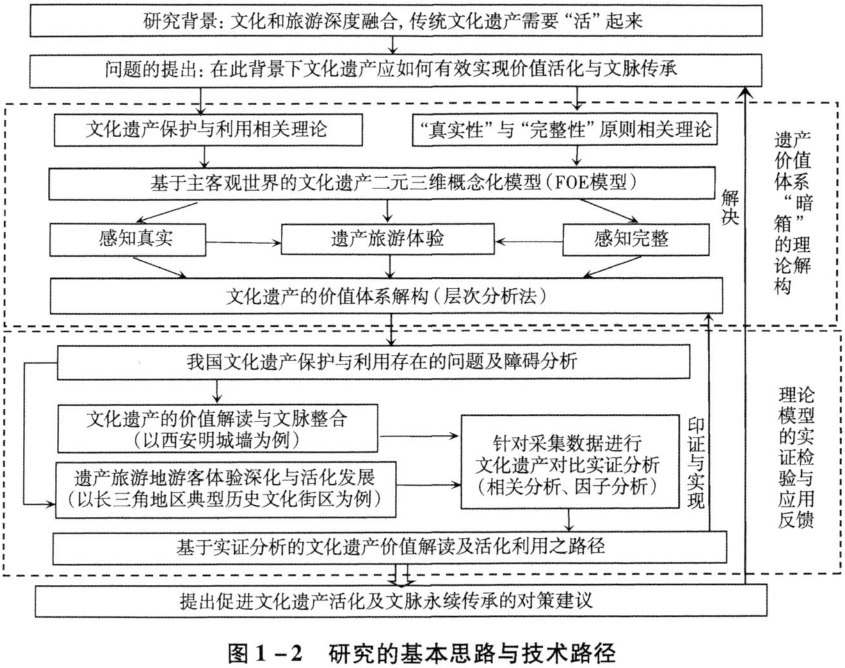

图1－2　研究的基本思路与技术路径

第三节　研究创新点

一、视角创新

在文旅融合视角下，将原本用于文化遗产保护领域的“真实性”与“完整性”原则引入文化遗产利用与活化领域，并将游览者的主观体验和心理因素充分纳入考量范围，拓宽和深化了文化遗产保护和利用的范围与层面。同时，不再仅仅站在规划开发者、经营商和政府管理部门角度，也不仅仅针对有形实体和旅游吸引物本身，而是更注重文化遗产所依托的文脉环境、文化背景氛围和社区情感，并着眼于文化遗产同游览者体验之间的交融浸入程度，综合考虑主观与客观、当代与未来之间，文化遗产文脉的永续传承性，以及人们对于这种文脉的认同感与自豪感。

二、理论创新

创新性地提出文化遗产“二元三维”（FOE）概念化理论模型，并据此对文化遗产的价值体系进行深度剖析与解构。FOE 模型考量文化遗产物（核心吸引物）、场（能量场、资源场、文化场）、人（游客、当地社区居民）三者之间动态平衡的交互机制，包含了文化遗产地中蕴含的有形及无形的文脉要素，以实现遗产地价值活化和文化传承为目标；价值体系不仅涵盖遗产核心吸引物及有形实体，还将非物质的、主观体验性的、环境化要素纳入考量范围，充实了遗产保护与利用理论。同时，在对比实证基础上得出促进文化遗产活化及文脉永续传承的对策建议，从而为文化遗产的保护和利用实践提供理论指导和决策参考。

三、方法创新

采用小样本精准测量与大样本抽样调查相结合的调研方法，选取典型文化遗产地进行数据采集和对比实证分析。通过相关分析和因子分析等定量分析，得出影响文化遗产游客体验的特征因素，识别各要素之间的关系与对遗产旅游游客体验的影响作用，以进一步验证本书提出的理论模型，并对调研对象的观测及统计分析结果加以综合对比与总结，进而提出促进文化遗产活化及文脉永续传承的对策与建议。

第二章

国内外文化遗产保护与利用研究

第一节　文化遗产相关研究

一、文化遗产的概念及分类标准

1. 文化遗产的概念

文化遗产是指人类社会发展历史中，各类社会活动所遗留下来的一切活动痕迹和遗物。文化遗产是人类历史的活动记录，它反映了特定历史时期的人类生活状况，是人类历史遗存环境的见证物。

遗产存在着不同层次或等级，分为世界遗产、国家遗产、本地遗产和个人遗产。二战结束后的几十年间，在联合国教科文组织的推动下，国际社会通过了一系列文化遗产保护的公约、宣言和建议案，世界遗产保护体系逐步建立，文化遗产保护逐渐成为全球的共同行动。1972 年的《保护世界文化和自然遗产公约》（*Convention Concerning the Protection of the World Cultural and Natural Heritage*，以下简称《世界遗产公约》），将这一框架体系进一步完善，将文化遗产改为世界遗产，包括文化遗产和自然遗产，其中文化遗产包含纪念物、建筑群和遗址三方面内容。20 世纪 80 年代，世界遗产的内涵进一步丰富，联合国教科文组织将同时符合自然遗产与文化遗产双重标准的遗产列入世界遗产体系中，称之为“双遗产”。1992 年，在美国圣达菲召开的第 16 届联合国教科文组织大会上，文化景观被列入世界遗产体系。进入 21 世纪，世界文化遗产体系又有了新发展，2001 年，联合国教科文组织在法国巴黎宣布了第一批“人类口头与非物质文化遗产代表作”名录。2003 年 10 月，联合国教科文组织在巴黎通过了《保护非物质文化遗产公约》，使文化遗产体系从原来的物质领域扩大到精神领域，从有形世界延伸到无形世界，从原来单一的客观物质层面发展到复杂的主观精神层面。

2005 年 12 月 22 日下发的《国务院关于加强文化遗产保护的通知》（以下简称《通知》）给出了中国对文化遗产的权威界定。中国的文化遗产包括物质文化遗产和非物质文化遗产。物质文化遗产是具有历史、艺术和科学价值的文物，包括古遗址、古墓葬、古建筑、石窟寺、石刻、壁画、近现代重要史迹及代表性建筑等不可移动文物，历史上各时代的重要实物、艺术品、文献、手稿、图书资料等可移动文物，以及在建筑式样、分布均匀或与环境景色结合方面具有突出普遍价值的历史文化名城（街区、村镇）等。非物质文化遗产是指各种以非物质形态存在的与群众生活密切相关、世代相承的传统文化表现形式，如价值观、习俗、礼仪、生活方式等，还包括诸如各类口头传统、传统表演艺术、传统礼仪和节庆等民俗、有关自然界和宇宙的民间传统知识和实践、传统手工艺技能等以及与上述传统文化表现形式相关的文化空间。

2. 文化遗产的分类

《通知》对文化遗产的界定和分类，在范畴上与《世界遗产公约》所表述的文化遗产略有不同，这点不同体现出中国文化遗产保护体系的形成，不仅受国际文化遗产保护理念的影响，同时也与中国文化遗产保护实际密切相关。它的形成过程既反映了中国文化遗产保护理念的变迁，也反映了中国文化遗产保护实践的多元化转变，这种改变和多元化趋势一直贯穿过去、现在和将来。

根据《通知》的表述，文化遗产包括物质文化遗产和非物质文化遗产。物质文化遗产又可进一步分为不可移动物质遗产（如古建筑、遗址遗迹等）和可移动物质遗产（如博物馆里的展品、档案馆里的文件等）。而根据《世界遗产公约》中第一条规定，文化遗产包括：

（1）历史纪念物（monuments）

从历史、艺术或科学角度看，具有突出、普遍价值的建筑物、雕刻和绘画，具有考古意义的成分或结构，铭文、洞穴、住区及各类文物的综合体。

（2）考古遗址（sites）

从历史、美学、人种学或人类学角度看，具有突出、普遍价值的人造工程或人与自然的共同杰作以及考古遗址地带，如古遗址、古墓葬、古建筑、石窟寺、石刻、壁画、近代现代重要史迹及代表性建筑等。

（3）建筑群（groups of buildings）

从历史、艺术或科学的角度看，在建筑形式、建筑式样、分布或与环境景色结合方面，具有突出的普遍价值的单独或互相联系的建筑群。

相较之下，中国文化遗产保护框架体系在内容和保护体制上更为完善，也更符合中国文化遗产保护的实际。同时，文化遗产也可以根据其特点加以分类，包括现存文化遗产（living cultural heritage），如时尚、美食和习俗等；文物古迹遗产（built heritage），如历史名城、教堂、纪念碑和古城堡等；工业遗产（industrial heritage），曾经在历史上对某一地区的发展和进步产生过重要影响的行业，如煤炭、伐木和纺织等行业；个人遗产（personal heritage），一个地区中对于某些个人和群体具有价值和意义的部分，如诺曼底海滩二战登陆地点、公墓和宗教场所等；黑色遗产（dark heritage），如实施过暴行、遭受战争或灾难等创伤性事件的地点或场所，死亡或痛苦的象征及记忆；等等。

二、文化遗产的意义、价值与功能

历史人文古迹作为一种历史叙述，反映了当时的生产水平和审美情趣，同时也见证了历史的变迁，因此往往成为历史与地方文化最直接的物质表征。而如何保护与开发这一宝贵的文化资源，是一个牵涉多方的复杂问题，中外学者从不同的角度对其进行了充分而细致的讨论。以下所列的若干篇文献，分别从历史人文古迹价值与意义、古迹与文化遗产保护的原则和方法，以及文脉与文脉整合三个方面进行综述，并在此基础上参考国外的理论成果，对比国内外研究热点与侧重点的不同，提出国内研究中存在的问题，并对需要进一步引起人们重视与思索的问题进行简要的分析，作为本书研究主题的切入点与探讨空间。

对于作为历史人文史迹重要一部分的古建筑，李雄飞（1981）认为，古代遗留下来的建筑是“丰富现代化的城市景观必不可少的部分”。世界各国的现代化城市，都非常重视对建筑古迹的保护和利用，以便形成一个有本民族特色的、和谐统一而又奇妙无比的城市景观。他借鉴了同样作为世界历史文化名城的威尼斯和罗马的保护经验，提出古建筑保存必须纳入城市总体规划，而且可以通过一些建筑空间处理的手法，将它们完好地保存下来，构成城市中景观组成的重要部分。

邓其生（1991）提出，“古建筑的历史价值和现实意义是必须引起重视的”。具体来说，古建筑是人们研究社会发展史等的实物凭证之一，能直接或间接反映出历史上其他学科的技术发展水平以及多种艺术的成就。此外，古建筑对今日的建筑也有借鉴作用，可以增进各民族间的文化交流和相互了解。

吴良镛（1991）将古建筑文物的价值归纳为两大类：“文化价值”与“实用价值”。前者包含了历史价值、美学价值、城市景观价值、风景与生态的价值等；后者则包括了功能价值、经济价值、社会价值与政治价值等。这就从一个较为广阔的视角比较全面地概括了建筑文物的价值，很好地呼应与总结了前人所述的各种观点。

潘晟（2004）则从一个较为新颖的角度来阐述这一问题，他将历史文化古迹归纳为具有象征性意义、具有实效性意义及二者兼具三种。所谓的“象征性意义”被解释为：复原历史人文古迹昔日风貌，使之激发人们对个体或群体历史文化的认同，使个体激起一种历史记忆并融入这种历史记忆，从而获得一种身心的自然回归和历史回归，就群体而言，这是其历史荣辱与群体生命意义的隐喻。“实效性意义”是指通过对具体历史人文古迹历史原貌的重建，使之所包含的历史文化因子能够在现代社会生活中继续发挥效用。

自“文化遗产”的概念在1972年的联合国教科文组织《保护世界文化和自然遗产公约》中正式提出后，历史人文古迹的概念就得到了进一步的深化，并逐渐走向标准化和统一化，针对文化遗产保护利用的问题也日益引起学术界的广泛重视，研究角度也拓展延伸到经济学、建筑学、地理学、社会学、民族学、旅游学等众多领域。

在文化遗产具有何种价值和功能问题上，郑易生（2002）认为，文化遗产具有存在价值、潜在和现实的经济价值。在此基础上，郑易生分析了与这三种价值相对应的三种利益群体——全社会成员、地区居民和开发经营集团之间的关系、存在的问题以及认识误区。陈立旭（2001）、鲍展斌（2002）分别探讨和论述了历史文化遗产的功能和价值；张成渝（2003）从遗产和自然环境的关系角度出发，分析了文化遗产的地质学价值。针对非物质遗产这一特殊种类，王宁（2003）认为其高度的个性化、传承的经验性和浓缩的民族性决定了非物质遗产具有不可取代的唯一性的价值。

值得一提的是，章建刚（2003）提出，应该从符号学的角度理解文化遗产，他认为作为符号的文物与遗址具有“真确性”（authenticity）价值。从这一角度审视文化遗产，既为衡量遗产价值提供了一个普适的标尺，也为遗产保护的原则引入一个重要的依据。

第二节　遗产保护与利用研究

一、国外文化遗产保护研究

国外对于文化遗产保护与利用的基本理论已较为成熟，因此往往偏重于通过案例进行实证分析。Ewen Michael 研究了作为旅游吸引物的文物古迹在澳大利亚的利用及保护情况；Gordon Waitt 则以澳大利亚悉尼的岩石区（The Rocks）为例，考察了游客对于该地历史真实性的感知情况及其影响因素。Giuseppe Gotti 研究了普罗旺斯、佛罗伦萨、萨尔茨堡等欧洲七大艺术城市的旅游发展情况，探索了旅游对于这些历史文化名城遗产的完整性的影响。Jean - Marc Douguet 将法国独特的自然遗产景观放在一个文化大背景中加以分析，提出要将其视为一个文化的集中承载物，保持其文化完整性。Bob McKercher 以中国香港为例，论述了旅游与文化遗产管理之间的关系。Gary R. Hovinen 重点考察了美国东北部宾州著名的遗产旅游胜地兰开斯特县，分析了旅游发展的新趋势给当地文化遗产以及环境带来的影响，尤其是给该郡文化遗产真实性带来的不利影响。Jonathan Wager 专注于对柬埔寨世界遗产地吴哥地区保护策略的研究，并试图在严格的古遗址保护与有计划的旅游开发及所依附区域的城乡发展之间找到一个平衡点。

二、文化遗产“真实性”与“完整性”研究

在认识了历史文化古迹的价值意义的基础上，文化遗产的保护要求日益强烈。如何对其进行保护、保存、利用和传承是一个极易引起辨析与争论的话题。

国际上对文化遗产保护理论与方法进行了长期不懈的探索，形成了《威

尼斯宪章》《华盛顿宪章》等一系列在全球范围内有影响的国际文件。1972年，《世界遗产公约》问世，1976年11月，联合国教科文组织在内罗毕召开大会的同时，举行了第一次缔约国大会，1977年6月27日至7月1日，举行了第一届世界遗产大会，建立起《世界遗产公约》的实施组织体系。由于《世界遗产公约》太过抽象，在联合国教科文组织事务局的组织下，专家委员会向第一届世界遗产大会提交了《世界遗产公约实施行动指南》（*Operational Guidelines for the Implementation ofthe World Heritage Convention*，以下简称《行动指南》）并得到通过。世界遗产委员会对《行动指南》拥有解释和修改权。该操作指南成为执行和实施公约不可或缺的文件，并由最初28个条目几经修订扩展到290个条目以及诸多附件。《行动指南》里规定了世界文化遗产遵循的6条标准，同时规定依据文化遗产标准（ⅰ）至（ⅵ）提名的世界遗产项目，必须满足真实性（authenticity，也译为“原真性”）的条件，而所有提名的世界遗产项目都必须满足完整性（integrity）的条件。于是，真实性和完整性成为文化遗产保护中特别重要的概念，既是文化遗产认证和评价的本质因素，又是文化遗产保护和管理的基本原则，适用于物质文化遗产和非物质文化遗产。

“authenticity”一词源于希腊语的“authentikos”和拉丁语的“authenticus”。在宗教占统治力量的欧洲中世纪，“authenticity”用来反映宗教经本及宗教遗物的真实程度，指称历史环境中某种真实的、诚实的、原来的成分，以“真正”（true）反对“虚伪”（false）；以“真实”（real）反对“伪造”（fake）；以“原作”（original）反对“复制”（copy）；以“诚实”（honest）反对“欺骗”（corrupt）；以“神圣”（sacred）反对“渎神”（profane）。1849年，它被定义为真实的意义，它是自我充足的，它肯定、保持、证明其自身，并从自身获得声望和权威性（McKercher and Cros，2006）。

由于遗产概念的流行，在对遗产进行评估时，确保遗产的真实性变得非常重要。人们对艺术品、稀有书籍以及其他物质文化遗产给予各种方式的严格审查，以保证它们可以被认定为是真实的，在18世纪和19世纪的欧洲，真实性成为一种新兴的艺术品和历史遗迹保护方式的组成部分。随着20世纪更大规模的批量生产和物质文化更高同质性的出现，很大部分工作的焦点转移到对前工业化时期遗产的保护，由此而形成的处理方式往往强调维持遗产原有的结构的重要性，尽可能减少干预。为此，人们不惜拆除建筑物中后期增添的部分，以回复到其“真实的”状态。

遗产“真实性”的概念最早出现于《威尼斯宪章》（*Venice Charter*，1964）。1964年5月，第二届历史纪念物建筑师及技师国际会议在威尼斯通过的《威尼斯宪章》，全称《国际古迹遗址保护与修复宪章》（*International Charter for the Conservation and Restoration of Monuments and Sites*），是国际文化遗产保护史上一个里程碑式的文件，该文件于1965年被国际古迹遗址理事会（ICOMOS）正式承认。作为古建筑和历史地段保护的国际性纲领文件，它明确提出“真实性”的概念为：“使它们（历史古迹）能以充分完整的真实性传承下去”（It is our duty to hand them on in the full richness of their authenticity），并且摒弃了仅仅强调回复“最初状态”的做法，承认遗产在其每个历史发展阶段的某种特点，保护其“完整结构”而不仅仅是“原始结构”。某一遗产“渗透着来自过去的信息，数个世代的人们的历史留存到今天，成为他们古老传统的活的见证”。对文化遗产的保护，不仅要保护“最早的状态”，而且要尊重“各个时代为一古迹之建筑物所做的正当贡献”（The valid contributions of all periods to the building of a monument must be respected）。该宪章被国际文化遗产保护视为普适性的经典文献。

不过，出于时代和文化背景的原因，《威尼斯宪章》对真实性的阐释尚存在局限。《威尼斯宪章》着眼于“静态遗产”，并且以“单体遗产”为主，主要针对石材质对象，重视遗产本体的物质真实性，即结构和形状材料、工艺、环境，没有考虑遗产与更大的时空中的人、物、事的联系，没有考虑遗产的精神和社会意义，更重要的是，《威尼斯宪章》以欧洲文化为中心，未能考虑其他区域特别是亚洲地区文化的差异性。鉴于此，在一系列专家会议成果的基础上，1994年11月，日本文部省（现称文部科学省）与联合国教科文组织、世界遗产中心、国际文物保护与修复研究中心（ICCROM）、国际古迹遗址理事会（ICOMOS）在奈良共同组织题为“与世界遗产公约有关的真实性”

的国际专家会议，其产物就是《奈良真实性文件》（*Nara Document on Authenticity*，以下简称《奈良文件》）。

《奈良文件》修正了真实性保护的原则。这些原则要求在对真实性的理解与管理上既要考虑西方的观点，又要考虑东方的观点。在遗产和文化的多样性方面，该文件也提出了一些主要观点。《奈良文件》对于真实性阐释的贡献在于：首先，指出“想要多方位地评价文化遗产的真实性，其先决条件是认识和理解遗产产生之初及其随后形成的特征，以及这些特征的意义和信息来源”，强调应从尊重文化多样性（culture diversity）的角度认识遗产的多样性，并理解和处理遗产真实性问题。其次，指出“有关‘真实性’翔实信息的获得和利用，需要充分地了解某项具体文化遗产独特的艺术、历史、社会和科学层面的价值”。强调文化遗产价值和真实性的认证不能仅凭一种固定标准，而应根据不同文化的特性，根据遗产的原始信息的可信度（credibility）与真实性（truthfulness），根据遗产所处的文化背景（cultural context，亦译作“文脉”）进行多学科评价。最后，强调与遗产真实性有关的信息应包括众多方面：形态（form）与设计（design）、材料（materials）与材质（substances）、利用（uses）与功能（functions）、传统（traditions）与技术（techniques）、位置（location）与环境（setting）、精神（spirit）与情感（feelings），以及其他内部因素（internal factors）与外部因素（external factors），“不同的文化和社会都包含着特定的形式和手段，它们以有形或无形的方式构成了某项遗产”。

《奈良文件》是迄今为止对遗产真实性阐述最全面和权威的文本，作为附件全文收录于《行动指南》，对其进行了极为详细的解释，不仅是衡量申报世界文化遗产项目真实性的依据，也是文化遗产保护的指导性文件。

此外，《行动指南》还对遗产的完整性做了详细的界定。完整性（integrity）一词来源于拉丁语，最初表示尚未被人扰动过的原初状态（intact and original condition），用于评价自然遗产，如原始森林或野生生物区等。世界自然保护联盟（IUCN）最早提出自然遗产“完整性”原则。《威尼斯宪章》中同样有关于完整性的论述，如在提到“历史遗迹”（historical sites）时指出古迹遗址必须成为专门照管的对象，以保护其完整性。在“保护”（conservation）部分提到：“古迹的保护包含着对一定规模环境的保护，凡传统环境存在的地方必须予以保存”“古迹不能与其所见证的历史和其产生的环境分离”。完整性用来衡量遗产及其特征的整体性和无缺憾状态，可以从三个方面评估：一是看是否包含足以表达遗产价值的所有元素；二是看是否具有足以保证完整表达遗产项目重要性的规模；三是看是否受到由于开发或忽视带来的负面影响。

在此之后，世界遗产委员会决定将完整性条件同样应用到自然和文化遗产上，为确认和评价世界遗产制定一套通用的方法。文化遗产完整性的要求也因之包含三个方面：第一，遗产的物质构造和/或其重要特点应该处于一种良好的状态，其退化的过程也得到控制。第二，较大比例的、承载着该遗产整体价值所必需的组成元素都应当齐备。第三，文化景观、古镇或其他活态的遗产中所表现的关系和动态功能，是其独特品质的本质，应得到维护。

从国内研究来看，鲍展斌和曹辉（2002）在《历史文化遗产保护和开发的对策思考》一文中曾明确提出：遗产保护的核心，就是保护遗产的真实性和完整性。

阮仪三（2002）总结了世界及我国文化遗产的保护历程，并提出遗产保护必须符合“原真性、整体性、可读性和可持续性”四个原则。其中的“原真性”原则对中国文化遗产的保护具有很大的意义和重要性，它是指保护历史文化遗产，对现有的历史环境要进行整治，而整治必须要坚持“整旧如旧、以存其真”的原则，包括保护遗产所遗存的全部历史信息，保护原生的、本来的、真实的历史原物。而其在另一篇文章《文化遗产保护的原真性原则》（2003）中，则专门针对“原真性”这一原则进行了论述。文章首先介绍了“原真性”一词的来源，随后提出该原则对中国文化遗产保护的意义和重要性，用来剖析当前文物古迹的修缮、重建和新建仿古建筑中存在的片面认识问题。作者认为，文化遗产保护面临的“最大敌人”便是各种片面的和错误的认识观念。

对于“真实性”与“完整性”原则，张成渝、谢凝高（2003）在《“真实性和完整性”原则与世界遗产保护》一文中曾经做过较为完整的阐释与分析。首先，文章中阐述了两大原则的概念，值得注意的是，文章并未仅仅停留在对两个概念的解释层面，而是指出了国际文献的局限性，即将“真实性”与“完整性”两个原则截然分开，真实性原则对应于文化遗产，完整性原则对应于自然遗产。对于这种做法，作者提出了质疑：如果在解决实际问题时一味完全照此来严格区分二者，就显得过于机械了。因而文章指出：“无论是文化遗产还是自然遗产，对它们的评定、评价与保护常常要涉及真实性和完整性两个方面。”换言之，自然遗产也存在真实性问题。而“完整性”同样平等地适用于文化遗产。其次，作者找出支持这一论点的现存理论依据：1972年《世界遗产公约》订立直至其1975年正式实施期间，在一份题为《美国历史纪念地提名进入〈世界遗产名录〉的建议标准》的文件中，术语“完整性”作为一个决定性因素被专门使用。《行动指南》《国际古迹遗址理事会意见书》（以下简称《意见书》）及《威尼斯宪章》均有相关的条目与章节明确规定将完整性条件平等地应用到自然和文化遗产上。同时，审视国际自然资源保护联盟（IUCN）认定的国家公园标准也可发现，如果从排除人为因素影响的特定角度考虑的话，无论是自然遗产还是文化遗产，都“面临着同样的问题”。这对于“真实性”与“完整性”二元原则是一个很好的补充与完善。最后，文章以泰山为例，说明世界遗产的“真实性和完整性”原则在保护世界遗产的过程中始终是衡量的标准与依据，发挥着有效的监督作用。

与此对应，张成渝在《国内外世界遗产原真性与完整性研究综述》（2010）以及《〈世界遗产公约〉中两个重要概念的解析与引申——论世界遗产的“真实性”和“完整性”》（2004）两篇文章中对世界遗产保护中“真实性”和“完整性”两个重要概念及其应用进一步进行了阐述与总结。在充分分析了自然与文化两大类遗产的评定、评价与保护的问题后，作者提出要对两大原则进行全面的理解：首先，无论是自然遗产还是文化遗产，它们的真实性实际上都面临着排除人为因素影响的同样问题；其次，作为一个概念，“完整性”适用于自然遗产，同样也平等地适用于文化遗产，即文化遗产也存在完整性的问题。因此，作者主张对两大原则进行全面的理解，将两大原则结合运用成为发展的必然。此外，文章还阐述了这两大原则在我国的实践和发展。

具体到文化遗产的保护问题上，张成渝将“完整性”原则的含义分为两层：一是“范围”上的完整性（有形的）；二是“文化概念”上的完整性（无形的）。人们往往着重于前者，而文化概念上的完整性则往往被忽略。因此，此处突出文化遗产伴随实物而来的概念上的完整性，是十分有必要的。

通过以上的论述不难看出，作为世界文化遗产评估与监督标准的“真实性与完整性”二元原则，既是衡量文化遗产价值的标尺，也是保护文化遗产的关键。维护真实性和完整性是文化遗产保护的基本原则，“能在更为深远的文化层面上展示当今世界对未来人类长远的人文情感”。而这种“人文情感”，或者说是历史文化传统与人文积淀，则集中体现在文化遗产地“文脉”的传承上。

三、文旅融合与遗产活化利用研究

1. 文旅融合研究

2018 年，随着我国文化和旅游部的组建，“文旅融合”逐渐成为当下理论界的研究热点。李先跃（2019）采用 CiteSpace 软件对我国文化产业和旅游产业融合研究进行可视化分析发现，文化产业和旅游产业融合可分为三个阶段，即萌芽期（2008 年以前）、起步和发展初期（2009—2017 年）、全面发展期（2018 年以后）。熊正贤（2017）认为，文旅融合发展有三种模式：文化产业交叉式融合模式、文化产品嵌入式融合模式及文化符号渗入式融合模式。而张胜冰（2019）则进一步将文旅融合的基本模式分为原生态文化保护型模式、文化资源开发利用型模式、IP 延伸授权型模式、“文化 + 科技”的娱乐型模式和“文化 + 地产”的休闲度假型模式等，并强调文旅融合的关键是深度融合，不能简单地把两者叠加在一起，而要通过系统内部的耦合关系促成两者在系统要素上密切关联，产生化学反应。“文旅融合”应以满足消费者需求为出发点，实现文化资源与旅游资源的深度融合，在促进经济增长的同时推动旅游产业与文化产业的进一步发展（冯健，2018）。柴焰（2019）也提出，文旅融合的内在价值表现在既能够产生强大的经济收益，为旅游目的地带来福祉，又能够增进基于理解和体验的文化创造、旅游分享价值，有利于文化遗产保护与创意产品开发，尤其在强化民族形象的塑造、增强文化认同和文化自信方面发挥着重要作用。张朝枝、朱敏敏（2019）指出，践行文旅融合，增强旅游者文化旅游体验的第一、第二、第三层次路径，可能会分别面临文化工具性、文化过度商业化与文化体验失真等批判。

2. 遗产活化与遗产旅游研究

文化遗产活化的议题近年来得到政府、学界、业界高度关注。“活化”强调以利用促进保护，通过给文化遗产注入新的活力，将文化遗产从静止、无活性的状态转变为具有活性的状态，从而让文化遗产“枯木逢春”，使其在功能上更加符合现代社会的需求（王新荣，2012）。欧美国家的遗产活化主要指的是遗产复兴以及遗产再利用，国内遗产活化研究起源于台湾“古迹活化”概念，即指古迹的重生和再生。

随着人类对世界遗产理解的不断深入和中国参与世界遗产项目的不断增多，中国对世界遗产的价值理念和利用模式的认知也开始转变。薛岚、吴必虎等（2010）通过对世界遗产历史发展的回顾，以及国内外遗产发展现状趋势的对比总结，提出五个转变思路：从高贵到朴素、从专业到大众、从经济到教育、从静态到动态以及从保护到传承。龙茂兴（2013）指出，遗产活化是让静态的遗产生动化，借助于“有声有形、有神有韵”的文化产品来展现遗产所蕴含的传统文化特色。对于不同的遗产赋存状况，遗产活化的途径是不同的，遗产原真性体验也是不同的（张建忠、孙根年，2012）。

在对文化遗产资源“活化”策略的相关研究中，喻学才（2010）总结了通过旅游开发进行遗产活化的常见方法。吴必虎、王梦婷（2018）认为，遗产活化呈现模式可划分为三种基本范式：一是客观主义的活化模式（静态博物馆模式）；二是建构主义（实景再现）模式；三是述行主义（舞台化表现）模式。通过结合实际案例来探讨具体的“活化”策略，张环宙（2010）提出，应在原真完整保护运河遗产资源的基础上，通过恢复缺失的历史断面、活化传统文化、再现运河辉煌等方式来促进运河遗产资源的活化。马晓、周学鹰（2013）提出了通过恢复古村落的传统建筑及保留文化传统等方式来促进古村落的活化。齐一聪、马卉等（2015）进行了工业遗产价值认定及活化途径的研究，指出应在加强对地域工业遗产原真性保护的前提下采取适宜的工业遗产再利用方式，将工业遗产积极融入城市系统中，使之重新获得生命力。戴林琳（2016）以京郊地区三家店村为例研究了传统村落的遗产活化问题，指出活化有别于传统的静态保护，应该是在保护的前提下对传统村落文化资源进行适度的开发与利用，从而让传统村落空间恢复经济活力等。苏卉（2018）则指出，文化遗产资源的“活化”策略应结合文化遗产资源的保存状况与价值状况进行差异化设计：承袭式“活化”注重将文化遗产资源所承载的历史文化信息真实地表达与传承下来；修复式“活化”注重通过修复来实现文化遗产资源的完整性；还原式“活化”注重还原已毁损的文化遗产资源的历史原状；适应式“活化”强调对文化遗产注入新的机能以适应社会需求；再生式“活化”强调通过环境营造等方式来延续文脉、让遗产重新获得生命力；创意式“活化”强调结合现代创意技术来挖掘文化遗产资源的价值，提升文化遗产的当代价值。

而在多种活化途径中，旅游领域的活化无疑是其中最为直接、受众面最大、社会及经济效益最突出的一个方向（吴必虎，2018）。喻学才（2010）指出，遗产活化的意思实际上是“如何把遗产资源转化成旅游产品而又不影响遗产的保护传承”，即“遗产旅游”。张映秋、李静文（2014）同样主张遗产活化即是在保证遗产真实性、不影响遗产保护与传承的前提下，通过遗产开发将其转变为文化旅游产品的过程。

遗产旅游的产生与遗产概念和内涵的不断商业化紧密相关（邹统钎，2010），一般认为，1975 年欧洲的“建筑遗产年”是遗产消费成为大众消费需求的标志（张朝枝，2008）。关于遗产旅游概念的界定，早期得到大家认同的是耶尔（Yale）的定义，即遗产旅游是“关注我们所能继承的一切能够反映这种继承的物质与现象，从历史建筑到艺术工艺、优美的风景等的一种旅游活动”，即到特定的遗产地去游览的活动就是遗产旅游。

波里亚等（Poria）指出，在遗产地存在三种不同类型的旅游者：游览遗产景点并视其为自身遗产一部分的旅游者；游览与自身遗产无关的遗产景点的旅游者；游览挂牌遗产景点但却没有意识到那里是遗产地的旅游者。虽同是到访遗产地，三种旅游者显然具有不同的旅游动机。据此，波里亚等将遗产旅游定义为“一种旅游类型，旅游者游览旅游景点的主要动机源于该景点的遗产特色以及他们对自身遗产的认知”。美国学者戴伦·蒂莫西（Dallen Timothy）则认为，遗产旅游是指旅游者观赏或者体验建筑遗产、活态文化或现代艺术。旅游的动机来自增强个人文化修养、学习新知识、陪伴亲朋好友、满足自己的好奇心或者打发时间，简言之，遗产旅游包括一系列的旅游动机、旅游资源和旅游体验，因人而异，也因参观的地方而异。其在《文化遗产与旅游》（2014）一书中进一步指出文化遗产旅游包含建筑遗产、活态的生活方式、古代的手工艺品和现代艺术与文化等内容，这是比较宽泛并且更接近现实中实际操作的表述。

第三节　国内外研究现状对比分析

对于历史文物古迹的价值意义、世界文化遗产保护的“真实性”与“完整性”二元原则以及文脉的传承与文脉整合等方面的问题，我国理论界已分别有不同水平的研究，近年来发展较快，研究的广度和深度亦不断扩展，总体来说取得了一定的研究成效，但对比国外的研究状况，我国研究还在很多方面有所欠缺，尤其在实证研究方面还有待进一步开拓、深化与完善。此外，由于“真实性”与“完整性”二元原则以及“文脉”的概念均源自国外，属于“舶来”的概念，因此这些普适性的原则在与我国各地的文物古迹保护和旅游开发具体实践相结合的过程中，还存在逐渐中国化、本土化、具体化与细节化的问题。在用这些原则指导实践的时候，需要结合各地的具体自然地理背景与历史文化传统、社会、经济环境等因素，因地制宜、综合全面地运用，切忌生搬硬套，搞本本主义，将理论片面化、孤立化与静止化。这样，对上述理论的研究才具有现实的价值和意义。

结合以上理论研究成果，笔者认为，我国目前的研究现状尚存在以下几点问题：

首先，人们已经理解并强调“文脉”的概念，并用以指导历史古迹保护与旅游开发的实践，但是对于“文脉整合”则相对较少涉及，也未能注重将“文脉整合”概念融入文物史迹的保护中去。

其次，目前的研究尚未能将世界文化遗产保护的“真实性”与“完整性”二元原则全面而有机地渗入、延伸到历史文物古迹的保护中去，正如张成渝所述，往往将二元原则割裂开来，尤其是对于文化遗产或文物古迹的“完整性”没有给予足够的认识与重视，往往只是强调其历史“真实性”，这对二元原则的全面理解与把握构成了一种阻碍和危害。因此，充分体现历史文化遗产“完整性”（尤其是无形的文化概念上的完整性）的“文脉整合”概念，尚未能引起理论界的广泛重视；二元原则对古迹保护中文脉传承问题的渗透与贯穿尚未得到人们深刻的理解与把握。

最后，综观我国历史文化古迹保护与利用的研究，其只是统一地将所有类型的文物古迹作为一个无差异的同质整体来看待，而忽视不同种类的文物古迹的异质性与差异性。虽然也有一定数量的区域案例分析，但普遍缺乏针对各种不同的历史遗存、文物古迹的总体梳理与专门而深入的细致化研究，在面对各种历史文物古迹保护与利用问题时，往往缺乏针对性的理论指导，还需要汲取国外成熟的理论成果与实践经验，来加深、完善我们自身的认识，提高我国历史人文古迹保护的研究水平，进而更好地指导文化遗产保护利用的实践活动。在文旅融合的大背景下，在对文化遗产的保护和利用研究中，将体验性、环境化要素纳入考量范围，考察遗产旅游受众的感知真实与感知完整程度，从而真正使其做到对遗产地文化的深入理解和文化认同，为文化遗产的价值解读与文化传承提供更为广阔和崭新的视角。这也正是本书研究的出发点。

第三章

我国文化遗产保护与利用现状分析

第一节 文旅融合现状及趋势

一、文旅融合现状

2018年，文化和旅游部的组建以及各地文化和旅游机构改革的完成，开启了文化与旅游融合发展的新篇章，文化与旅游融合成了各界关注的焦点。2018年政府工作报告中提出“推动文化事业和文化产业改革发展”“发展壮大旅游产业”“加强文物保护利用和非物质文化遗产传承”等与文化和旅游密切相关的内容。

文旅融合即文化产业与旅游产业融合发展的现象，文旅融合已经成为我国第三产业融合发展的典范模式。文化产业与旅游产业融合是因为多种因素相互作用而形成的，可以简单地概括为融合的必然性、融合的外在力量推动、促进融合的基础和条件三个方面，具体包括消费者的需求、产业升级转型、政策驱动、文化创意、技术支撑等。推动文化产业与旅游产业的融合，是培育新增长点、形成新动能的关键举措，是坚定文化自信、推动社会主义文化繁荣兴盛的内在要求，是形成绿色发展方式、建设美丽中国的重要途径。在国家政策层面，自2011年以来召开的众多会议与出台的若干文件，都表明要推动文化产业与旅游产业融合发展，要培育新型的文化业态。

文旅融合理论以文化作为旅游产业的核心内涵，使旅游业成为现代社会文化传播与传承的重要途径之一。当下的一些文化资源如文创产品都使旅游的文化附加值得以提升，同时还进一步增强了旅游市场的吸引力，给文化与旅游融合发展带来了契机。因此，没有旅游，文化就是孤立的；没有文化，旅游就是空洞的。旅游提供文化产业化的最佳模式，文化则为旅游提供了丰富的内容，充实了旅游本身的内在价值。

现阶段，文旅融合最多的是文化遗址游、旅游演艺等，呈现出被动式观赏为主的特性，而内在的文化认知和体验比较少，缺乏对深层次文化内涵的挖掘与文化氛围感知方面的营造。未来文化和旅游更高效地融合发展，还需要跳出产品思维，更好地沉淀和思考文化旅游的教育属性，做好传统文化的现代表达、厚重文化的轻松表达、中国文化的国际表达，在延续传统优秀文化的基础上，为优质旅游提供强大的内容支撑。

当下“文旅融合”已成为一个热门议题，文旅融合业已成为社会共识。文化和旅游的融合发展，将创造更加舒适、便利的旅游环境。文化和旅游部原部长雒树刚表示，旅游既是大产业，又是大民生，我们要大力发展全域旅游和乡村旅游、研学旅游、休闲旅游、康养旅游等业态，大力改善旅游场所的基础设施，提高旅游场所的接待和服务水平，使旅游环境更加个性化、舒适化、便利化①。

1. 以文促旅，提升旅游产品的文化内涵

在全国各地，越来越多旅游景区更注重提升文化内涵和游客的文化体验感。从市场需求来看，随着人们的文化生活需求不断提高，文化旅游已经成为更受欢迎的旅行方式。各地的乡村民俗旅游通过丰富文化内涵，增强文化体验和互动项目，品质有了明显提升。“百里不同风，千里不同俗”的民俗文化为乡村旅游发展提供了重要基础，丰富多样的乡情民风、服饰、歌舞、文字、习俗成为独具价值的旅游资源。

近两年研学旅游的热度不断增长，也印证了文化旅游需求的增长，更多游客希望通过旅游增长知识、拓宽视野。国内的研学旅游基地，从红色历史、文化古迹到科技场馆、生活体验，都深受学生们的欢迎；境外的研学旅游线路，满足了学生们对了解异国文化的需求。

“文化满足人民的精神生活需要，其中很重要的一种方式就是通过旅游实现的。”中国社科院旅游研究中心主任宋瑞认为，旅游发展到今天应当脱离仅

① 2019年3月8日，十三届全国人大第二次全体会议结束后，全国两会第三场“部长通道”会议上，文化和旅游部原部长雒树刚在答记者问环节指出。

仅注重风景观光的初级阶段，应当是具有文化内涵的产业，不论是故宫、天坛、兵马俑等传统旅游资源，还是主题公园、文旅小镇等新兴旅游资源，都离不开文化的支撑。如今单纯的景点观光已不能满足旅游消费者的精神文化需求，旅游需求已经从“有没有、缺不缺”向“好不好、精不精”转变，这也对旅游产品供给提出了更高的要求。文化旅游者更注重文化体验，这就要求旅游目的地将历史文化、民俗文化等集体文化记忆转化为场景、故事、体验项目等，引发游客的文化共鸣，促使“门票经济”向“体验经济”转变。

清华大学文化创意发展研究院执行院长胡钰建议，未来文化与旅游深度融合需要面向家庭型、学习型、休闲型的度假需求，将文化内容和创意设计结合起来，打造“旅游新场景”，实现面向美好生活的旅游产业供给侧结构性改革。

2. *以旅彰文，旅游为文化传承带来动力*

四川省宜宾市屏山县中都古镇，积淀着厚重而灿烂的古蜀文化。这个古称“夷都”的地方，近两年通过加强文化旅游发展、开展文化主题交流活动走进了更多人的视野。这个有3000年历史文化的古镇成了一个受人注目的古蜀夷都文化品牌。

在我国历史悠久、物产丰富的大地上，诞生了具有不同民族特色、民间文化特色的历史文化，在旅游业的带动下，这些文化进入更多人的视野。如今，80后、90后已成为主要旅游群体，他们对了解旅游目的地的历史文化和当地人的生活方式有更加明显的需求。如何将丰富的文化资源合理挖掘出来，发挥文化的潜力，更好地传承和发扬优秀传统文化，已成为重要课题。

戏曲文化与旅游结合、非物质文化遗产与旅游结合等新形式，让这些优秀文化在旅游业的引领下得到了更好的弘扬。湖南省凤凰县作为非物质文化大县，近年来借力旅游，走出了“一馆一戏多产业融合”的非遗保护传承新格局，凤凰·湘西非遗馆展示了湘西丰富的非遗文化，非遗大戏《巫傩神歌》讲述了苗族的迁徙史与独特的民族风情。

文化节庆也同样是文化旅游的重要内容，地域文化、民族文化、宗教文化等以节庆活动的形式，让游客在参与体验中理解旅游目的地的文化。江西景德镇的国际陶瓷节，将中国陶瓷文化传递给来自世界各地的游客；江西龙虎山的道教文化节和古越文化节，让人们感受到道教文化与古越族民族文化融合的特色；举办多届的浙江乌镇戏剧节已成为耳熟能详的文化品牌，成为众多戏剧爱好者的聚集地。

文化古迹、文化遗产的修复，同样也与旅游业结合起来。在保护的前提下合理开发旅游业，让一些古老的文化“活起来”。近年来台儿庄古城复建项目，复兴了古城文化、生活和商贸场景，将枣庄打造成全国重要旅游目的地。

旅游业的蓬勃发展，让文化不再只是悬挂式的符号，而是人们共同感知、共同参与创造的知识与活动。旅游作为文化的载体，让文化变得更接地气，给文化产业的发展带来动力。实现文旅深度融合，需要通过现代手段，将更多文化遗产、文化资源、文化要素转化为深受旅游者喜爱的旅游产品。除关注旅游的经济效益外，应更加关注旅游在改善民生福祉、促进文化发展、提升国家形象等方面的作用。通过旅游产业化、市场化手段，丰富文化产品和服务的供给类型和供给方式。随着更多优质文化资源转为优质旅游资源，多样化的文化将逐渐走向大众，走向世界。

二、文旅融合的表现形式

1. 体验型文旅融合

体验型文旅融合主要通过开发节庆活动、演艺和体验类旅游活动，通过市场手段让游客参与其中体验文化遗产。对文化遗产进行体验型开发主要是将遗产类旅游景区和民间舞蹈、民间音乐和民俗宗教活动等相结合进行开发，形成综合性的旅游体验类活动。这类融合中，游客的参与性极强，目前的代表有日本清水寺舞龙游行、中国台湾祭妈祖、非洲莫桑比克和纳米比亚等国的土风舞、毛里求斯的塞卡舞、巴西狂欢节等。巴西里约旅游局数据显示，2018 年，里约狂欢节吸引 600 万人参加，其中，游客达 150 万，同比增长近 40%。

2. 活化型文旅融合

活化型文旅融合是指对现有的物质文化遗产进行延续利用与活化改造来

发展旅游。活化型文旅融合在保留原有文化的基础上，迎合现代人的需求，在功能上除了作为博物馆延续利用，还可以利用餐饮、酒店、民宿等形式进行活化改造。例如，马六甲和乔治市内一些具有历史价值的中国寺庙、西洋教堂、清真寺、印度神庙等仍旧发挥着其原有的宗教作用，而另一些历史建筑经过修复翻新，改造成博物馆、酒店旅社或餐厅等。又如，吴哥窟于1992年被列为世界濒危遗产，在一系列法律和吴哥国际协调委员会的保护下，于2004年被列入世界文化遗产名录，2014年迎来了450万人次游客，预计2021年将有超过700万人次游客。

3. 保护型文旅融合

保护型文旅融合指的是以文化线路为主要对象，通过对文化的保护和旅游的开发利用实现文旅融合。例如，印加路网、立陶宛琥珀之路、日本纪伊朝圣之路以及丝绸之路等多处线性遗产先后被列入世界文化遗产。文化线路不仅能为旅游和文化的交流提供平台，通过对线路的开发还可以促进区域旅游合作。文化线路具有巨大的潜力，可以鼓励城市居民与游客广泛参与文化活动，提高对共同文化遗产的体验性认识。

4. 创意型文旅融合

创意型文旅融合是指通过文化创意设计将文化与旅游结合起来，形成新的文化创意产业，促进旅游业发展。旅游与创意旅游之间的关键环节是文创产业。2007年大英博物馆推出“秦始皇·中国兵马俑特展”，借展费用高达30万英镑，外界担心这是桩“亏本买卖”。然而，大英博物馆配合展览推出的兵马俑纪念品大受欢迎，轻松赚回了借展费用。纽约现代艺术博物馆MoMA在馆内和馆外开设3家自营的艺术商店MoMA Store（收藏品的衍生展台），通过售卖馆藏衍生品增加新的盈利。“传统新造”不是新鲜话题，而在华语文化圈里，能将馆藏衍生品开发得充满文创话题和获得较大经济效益的，只有台北故宫博物馆。2013年推出风靡一时的康熙手书复制品“朕知道了”纸胶带，是台北故宫博物馆由“传统馆藏仿制品”制造走向“现代文创”开发之路的重要标志。美国迪士尼乐园与迪士尼周边商品作为迪士尼文化产业链上的重要环节，是文化创意和旅游融合的成功实践。这种融合业态突出了旅游的功能，与动画电影、周边产品融合成一条产业链。美国加利福尼亚州的迪士尼乐园2017年接待游客1830万人次，同比增长2%。另外，巴黎时装周以“时尚设计”为主题，以“基地+博览”为载体，推动了文化创意产业和旅游产业的融合发展。

5. 重组型文旅融合

重组型文旅融合是指打破原有的旅游和文化产业的界限，将旅游产业和文化产业重组构成新的产业链。以新加坡博物馆节、塞尔维亚世界音乐节、英国爱丁堡艺术节为代表的节事旅游，以日本为代表的动漫旅游，以韩国为代表的影视旅游等都吸引了大量游客。如参观奥地利布雷根茨音乐节的人数从1987年的12.6万人次增长到2007年的近20万人次。

6. 延伸型文旅融合

延伸型文旅融合指的是旅游业与文化产业互相延伸从而实现文化与旅游的交叉融合。在文化产业与旅游产业互动中，文化产业向旅游产业延伸所形成的影视基地、动漫主题乐园、创意设计园区、会展中心等，都属于文化产业向旅游产业延伸所形成的文化产业景点，如美国好莱坞影视基地、东京海贼王主题乐园等。2017年，全球十大主题公园游客总量增长8.6%，好莱坞环球影城的哈利·波特主题区的游客在首个运营全年中增长了近100万人次。

第二节 我国文化遗产保护与利用现状

一、文化遗产保护理念的转变

文化遗产保护的思想源于欧洲，真正形成是在19世纪中后叶。文化遗产保护是一个内涵深刻并且不断发展丰富的概念。

（一）价值观的转变

1. 文化遗产保护领域从物质领域拓展到精神领域

人们对遗产概念的认识与所在的社会背景、文化基础及价值观紧密相连。人类认识由注重物质向注重文化、注重精神的转变，推动着对文化遗产价值认识的日益深化，价值观由注重古迹的纪念性和艺术价值转变成注重其蕴含的历史信息和历史记忆。2001年，昆曲入选联合国教科文组织“人类口头与非物质文化遗产代表作名录”。2004年8月，全国人大批准中国加入《保护非物质文化遗产公约》。2005年，国务院下发了《关于加强文化遗产保护的通知》，明确提出文化遗产由物质文化遗产和非物质文化遗产构成，非物质文化遗产保护在中国文化遗产保护中的地位得到确认，而过去不受关注的优秀民俗民间文化也被纳入非物质文化遗产保护体系中。2011年2月25日，中华人民共和国第十一届全国人民代表大会常务委员会第十九次会议通过了《中华人民共和国非物质文化遗产法》，非物质文化遗产保护在中国文化遗产保护中的地位得到了法律保障。目前，非物质文化遗产普查工作已经完成，围绕国、省、市、县四级的非物质文化遗产保护名录已经建立并不断得到充实，传承人保护机制也得以确立，非物质文化遗产保护措施从多个维度促进了中国优秀传统文化的保护和传承。

2. 文化遗产保护观从“单体保护观”成长为“整体保护观”

早在1931年ICOMOS颁布的《雅典宪章》中已经开始关注遗产所在环境：“出于对历史古迹周边环境的考虑，杜绝设置任何形式的广告和竖立有损景观的电杆，不许建设有噪声污染的工厂和高耸柱状物，配置装饰性花木，优美的眺望景观也需加以保护，新建筑的选址应尊重城市特征和周边景观。”但《雅典宪章》仅仅认识到遗产环境的美学价值和景观价值，着重于不损害历史古迹的空间视觉审美环境。《威尼斯宪章》则认识到遗产环境所承载的文化意义，并要求对其实施整体性保护，倡导的是一种讲求规模的保护，因为只有整体性的、规模化的保护，才能将所有物质的和非物质的遗产价值纳入保护范围。经过几十年的发展，“古迹遗址与周边环境”整体保护理念逐渐被更多人认可。2005年，在中国西安召开了国际古迹遗址理事会第15届大会，大会通过的《西安宣言》将环境对于遗产和古迹的重要性提升到一个新的高度。《西安宣言》指出：有必要承认、保护和延续遗产建筑物或遗址及其周边环境的有意义的存在，以减少上述进程对文化遗产的真实性、意义、价值、整体性和多样性所构成的威胁。同时，《西安宣言》对遗产环境做了进一步解释：从空间上看，既包括历史古迹的周边环境，也包括与历史古迹有联系的更广阔的环境；从概念范畴上看，既指实物和视觉环境，也指所有过去和现在的人类社会的传统习俗、精神活动等其他形式的非物质的文化环境，以及当前活跃发展的文化、社会及经济氛围。《西安宣言》对环境的注解，使文化遗产保护从注重物质层面转变到同时关注非物质文化价值，从注重遗产单体保护到整体保护观的确立，标志着文化遗产保护理论的又一重要提升。

（二）保护范畴的拓展

1. 遗产保护空间范围的拓展

文化遗产保护最初仅限于对具有历史纪念意义的单体建筑的保护，后来才逐步扩展到保护历史建筑群、历史地段、历史城区。此外，文化遗产保护向因历史和自然相关性而构成的“大型文化遗产”和“线性文化遗产”等文化遗产群体的保护方向发展，以至伸向空间范围更加广阔的“遗产地”“线性遗产”“遗产廊道”等，甚至空间尺度向跨地区、跨国家的方向发展。

2. 遗产保护时间的延伸

基于“历史纪念物”的概念，文化遗产保护从“古代文物”“近代史迹”的保护向同时重视20世纪遗产及当代遗产的保护方向发展。近年来，西方国家又提出文化遗产的“30年原则”，明确保留一些仅仅只有20年、30年历史的工业遗弃地，与保护上千年的文化遗产具有同等重要的意义。

3. 遗产保护类型的丰富

《威尼斯宪章》（1964）指出历史古迹的概念不仅包括伟大的艺术作品，还包括一些较为朴实的艺术品。以《威尼斯宪章》为标志，文化遗产保护的概念从保护城市重要史迹及代表性建筑，发展到对普遍存在的一般性历史建筑的保护。“包括能从中找出一种独特的文明、一种有意义的发展或一个历史事件见证的城市或乡村环境”，至此，历史城镇与城区、历史园林、乡土建筑等被列入古迹范畴，后来还发展到工业遗产、20世纪遗产、水下文化遗产等。此外，保护类型由静态的遗址向运河、枣园等活态遗产转变，由保护实体建筑物向保护景观和遗址的风貌转变，并注重思考城市发展与遗产保护、文化保护间的关系。

（三）保护形态与方式的成熟

随着社会的发展和理论研究的不断完善，人们逐渐发现单纯以防止文化遗产资源受到损害为目的的限制型保护模式，既大大限制了文化遗产资源服务社会的空间与能力，也难以实现文化遗产地与周边区域发展的协同，存在很大的弊端。文化遗产资源的保护工作不是将其隔离起来，重要的是要在新的历史条件下重新诠释和重新创造文化意义，促进其发挥蕴含的情感、文化、社会、科学等方面的价值。文化遗产保护开始更关注区域社会的可持续发展，主要体现在以下几个方面：

一是越来越重视文化遗产保护与文化发展关系的协调。在中国文化现代化的建设中，没有将传统文化遗产保护与文化现代化发展相割裂，而是积极协调文化的“新”与“旧”的关系，诸多形态文化遗产已经成为社区文化活动和社会精神文明建设的有效载体，成为中国现代文化建设的着力点，成为文化创新与文化内容创造的智慧来源，成为公共文化服务体系和文化产业发展的支撑，从多个层次促进了中国社会发展和区域文化软实力与文化竞争力的提升。

二是越来越重视文化遗产保护与经济发展关系的协调。面对中国经济的快速发展和人们文化消费需求的日益旺盛，中国对文化遗产在现代社会中的功能进行了重新定位，积极发挥文化遗产在传播文化和休闲娱乐中无可替代的作用，坚持“合理、适度”的原则，正确处理文化遗产保护与经济发展的关系，将文化遗产保护放在开发利用之前，以保护为主，以开发促进保护。通过合理规划和有序利用，文化遗产资源已经成为文化创意产业发展的亮点，成为地方经济新的增长点。

三是越来越重视文化遗产保护与民生改善关系的协调。21 世纪以来，中国已将文化遗产保护与地方民生发展关联起来，从民生发展与社会进步角度去衡量文化遗产保护，如在大遗址保护、历史文化名城（镇村）保护和非物质文化遗产保护中，都在努力做到合理协调文化遗产保护与民生发展的关系，做到与民同利，推动民生的发展，让民众享受现代文化遗产保护的成果。这种民生既体现为具体生活中的物质民生，也体现为提高居民幸福感的文化民生，且更加注重社区参与，使社区居民真正体会到文化遗产保护与利用所带来的好处，享受文旅融合所产生的红利和幸福感，提升了广大民众对本土文化、民族文化的认同感和自豪感，增强了文化自信。

文化遗产的“活化”即是在这种背景下逐渐形成的一种新型的文化遗产资源的保护与利用理念。遗产活化的意思实际上就是如何把遗产资源转化成旅游产品而又不影响遗产的文脉保护与传承。

二、文化遗产保护与利用的辩证关系

遗产具有生态价值、文化价值、科研价值、审美价值、经济价值，因此，遗产只有在利用过程中才能实现可持续发展。但旅游开发和遗产保护又是一对客观存在的矛盾，因此，如何使遗产保护与旅游发展和谐共生，就成为一个迫切需要加以研究的非常重要的问题。

文化遗产类旅游资源的开发是旅游业发展的基础和前提条件，但从某种意义上讲，开发既是一种保护，又是一种破坏。一方面，旅游资源开发将改善、美化资源环境，因开发而带来的旅游收益也为资源保护创造了经济条件；另一方面，伴随旅游开发而来的环境污染、游人的不文明活动行为以及外来文化的冲击等都会对旅游资源造成破坏。旅游资源开发和保护既相互联系又相互矛盾，两者是辩证的矛盾统一体，并在辩证联系中共同改善旅游资源与环境的关系，推动旅游业的可持续发展。

（一）开发和保护是相互联系、相互依存的

1. 保护是开发和发展的前提，保护是为了更好地开发

旅游资源是旅游者进行旅游活动的基础和前提条件，一旦破坏殆尽，旅游业将失去依存的条件，也就无开发可言了。因此，保护是开发的前提，是开发与保护这对矛盾中的主要矛盾。例如，红原大草原旅游资源非常丰富，其中不少是国家级乃至世界级的，特别是湿地草原、安多游牧文化，是独一无二的。这些自然的、人文的旅游资源，就目前的客观条件，要很好地全部进行开发可能还存在一定难度，因此，先进行保护是关键。而有些旅游资源，还存在如何开发的争议，并涉及开发后带来的环境、社会、经济及可持续发展问题，可以先予以保护，而后开发。

2. 开发是保护的必要体现，是旅游业发展的基础和前提条件

从旅游业可持续发展的角度看，资源保护归根结底是为了旅游业更好地发展。因此，旅游资源必须经过开发利用，才能招徕游客，发挥其功能和效益，也才具有现实的经济意义和社会意义；旅游资源保护的必要性只有通过开发才能得以体现。对旅游资源的开发是旅游业发展的先导，是旅游资源价值的充分体现。随着社会发展和人们物质文化生活水平的提高，人们对旅游的需求也多样化和复杂化，开发能反映民族特色的旅游资源和以环保、可持续发展为主题的生态旅游产品，已成为旅游业发展的新方向。开发本身意味着保护。一般情况下，合理的、科学的旅游资源开发，是对旅游资源加以整修，而非令其“自生自灭”，以延长其生命周期；对旅游资源、环境进行改善、美化，以增加其可进入性；对人文旅游资源进行搜集和整理，使其重现光芒。同时，旅游资源开发促进旅游业发展带来的旅游收益的一部

分，也可以通过各种形式返回资源地，用于资源地的环境改造、基础设施和环境建设。

（二）开发和保护是相互矛盾的

从某种程度上看，开发也是一种破坏，包括旅游开发造成的破坏。虽然旅游资源的破坏并不仅仅是开发所造成的，还有其他社会、文化等方面的深层原因，但开发所造成的破坏是显而易见的，这与资源保护是背道而驰的。

首先，旅游资源的开发不可避免地会造成某种破坏。

旅游资源开发需要对资源地进行适度建设，这种建设是以局部范围的破坏为前提的。可以说，没有破坏也就没有开发，破坏和开发在一定程度上是共生的。由于旅游业是一个新兴的产业，目前普遍存在粗放型的开发模式，使积极的开发也会带来破坏。

其次，从人为角度看，旅游资源的开发也会产生极大的破坏作用。

因管理不善，资源地游客涌入量往往超过其承载力，从而给资源本身造成致命的损坏。例如，大量游客形成的喧哗，破坏了寺院庄严肃穆的氛围；游客乱刻乱画等不文明行为更是对旅游资源的极大破坏。

最后，由于旅游资源（尤其是人文旅游资源）所具有的文化性，开发带来的外来文化的冲击，也可能对旅游资源造成毁灭性打击。

尽管旅游者与资源所在地的交流以及两种文化之间的影响和作用是相互的、双向的，但事实上，外来文化、外来旅游者对资源所在地（旅游地）的冲击和影响远大于他们所接受到的资源地的影响。旅游开发带来了诸多消极的影响，如资源所在地居民观念意识的变化，旅游地经济状况、经济意识、审美倾向、社会关系等的改变，民俗风情的同化、庸俗化等，给旅游资源及其环境造成了直接或间接的破坏。

与此同时，保守式的保护，亦妨碍了开发。因害怕开发造成破坏，为“防患于未然”，片面强调保护，从而忽视了对资源的开发。因片面地保护而没有对资源进行开发，就不能体现出资源本身所具有的价值，旅游业也就得不到发展。

三、我国文化遗产保护与利用的成就与进展

经过 40 余年的发展，中国物质文化遗产保护体系不断得到完善，保护范围从点扩大到线、面，大运河、丝绸之路、长城等线性文化遗产和历史文化名城保护成为中国物质文化遗产保护的新亮点，在关注文化遗产本身的同时，也积极关注物质文化遗产依存的自然环境和人文环境；物质文化遗产保护范围不断扩大，新型文化遗产，如乡土建筑、工业遗产、20 世纪遗产等都被纳入物质文化遗产普查和保护范畴中，水下文化遗产的发现和保护也成为物质文化遗产工作的重点；物质文化遗产保护法制化建设水平不断提高，从《宪法》《中华人民共和国文物保护法》到地方性文化遗产保护法规，从相关国际公约到国内文化遗产保护专项条例，从《历史文化名城名镇名村保护条例》到物质文化遗产维修规范、安全规范以及相关经费使用规范，中国物质文化遗产保护法制不断健全和完善；随着中国物质文化遗产从业人员素质的提升和中国科技的发展，物质文化遗产的普查、调查、测绘、保养以及维修等物质文化遗产保护水平不断提升；中国文物保护机构和从事文物保护事业的人数持续增长。

中央和地方各级政府日益重视文物古迹等物质文化遗产保护工作，文物古迹保护各项工作有序展开，如文物普查、文物征集、文物古迹修缮、文物流通、文物对外交流、文物的人才队伍建设、文物保护的法制建设等工作有条不紊。中国物质文化遗产保护从可移动文物、遗址、建筑群到大遗址、历史文化名区、名城（村镇），再到工业遗产，范围日益增加，从最初的条例到法律，文化遗产保护的法制化建设不断加强，此外，文化遗产对外交流、人才队伍建设、文物安全、文化遗产数字化以及世界遗产申报与保护等工作都取得显著成效。

（一）文物普查工作顺利进行

自 1981 年起，第二次文物普查在全国展开，通过对全国文物家底的大调查，共调查登记不可移动文物 40 余万处，并在以后 20 多年间相继公布了2351处全国重点文物保护单位，8000 余处省文物保护单位，6 万余处市县级文物保护单位。2007—2011 年，国务院又下达了第三次文物普查的通知。在这次普查中，将乡土建筑、文化景观和工业遗产等全部纳入普查范畴。经过 5 年的细致调查，

投入人力超过5万人，全国共登记不可移动文物66722处（不包括港澳台地区）。其中，新发现登记不可移动文物536001处，复查登记不可移动文物230721处。新发现登记占登记总量的69.91%。从类别构成方面：古遗址类193282处、古墓葬类139458处、古建筑类263885处、石窟寺及石刻类24422处、近现代重要史迹及代表性建筑类141449处、其他类4226处。

（二）文物保护经费持续增长

改革开放以来，国家对文化遗产保护的重要体现之一就是文物保护经费的逐年增长。1978—2008年，中央政府逐年增加文物保护专项经费投入。2001年开始，中央财政安排文物保护专项转移支付资金跃上了2亿元的新台阶，并呈现出加速增长的态势，2005年达到5.87亿元，2007年超过15亿元，2008年超过25亿元。到2018年全国文物事业费则增加至378.79亿元，同比上年增加29.57亿元，增长幅度高达8.3%；文物事业费占财政总支出的0.17%。

除常规经费外，还设立一些专项经费，如2005年设立大遗址保护专项经费，2007年设立文物普查专项经费，2008年又设立了博物馆免费开放专项经费。《中华人民共和国文物保护法》中明确规定："县级以上人民政府应当将文物保护事业纳入本级国民经济和社会发展规划，所需经费列入本级财政预算。"如今，地方省市财政逐年加大对文化遗产保护的投入力度，另外，一些社会责任感较强的企业和个人也积极投身文物保护事业，通过捐钱、赠文物或购买文物来支持中国文化遗产保护事业，例如，中国保利集团多次回购文物捐给国家，澳门何鸿燊先生斥资6910万港元购得铜马首并捐献给国家。

（三）文物保护工作有序展开

改革开放后，我国的历史文化名城保护制度建立，全国重点文物保护单位机制持续完善，文物古迹修复工作有序开展，文化遗产保护机制与国际接轨。1982年2月，第一批中国历史文化名城公布，同年公布的还有第二批全国重点文物保护单位，共有62处入选；1988年，第三批全国重点文物保护单位公布，共258处入选；1996年，第四批全国重点文物保护单位公布，共250处入选；2001年，第五批全国重点文物保护单位公布，共518处入选，并将第一批所公布的2处合并为1处；2006年，第六批全国重点文物保护单位公布，共1080处入选，与现有全国重点文物保护单位合并的共106处；2013年，第七批全国重点文物保护单位公布，共1143处入选，与现有全国重点文物保护单位合并的共477处。目前，中国共公布重点文物保护单位4200多处，山西、陕西、河南等文物大省拥有遗产文物数量居前，且基本实现了四有（有保护范围、有标志说明、有记录档案、有保管机构）。各省、市、县建立并逐渐完善了省、市、县三级重点文物保护单位制度，中国物质文化遗产保护四级名录制度逐步完善。这一时期还公布了三批国家级历史文化名村、七批国家级历史文化名村名镇，评选了5届共计50处中国历史文化街区。

1985年，我国加入《世界遗产公约》。1987年，长城等6处文化遗产入选世界遗产名录，此后，我国的世界遗产名录日益增多，截至2019年7月，有55处世界遗产，其中，文化遗产37处（包含文化景观5处）、自然遗产14处、文化与自然双重遗产4处（见表3－1），世界遗产总数与意大利并列世界第一（均为55处）。此外，我国还建立了世界遗产预备名录制度。同时，截至2018年年底，我国入选联合国教科文组织的非遗名录（含“急需保护名录”和“优秀实践名册”）的项目已达40处，也是世界上拥有世界非物质文化遗产数量最多的国家。

表3－1　中国的世界文化遗产及非物质文化遗产名单（截至2019年7月）

世界文化遗产	遗产名称	所属区域	注册及扩增时间
文化遗产（含文化景观）	周口店北京人遗址	北京	1987年12月
	明清故宫	北京（北京故宫）	1987年12月
		辽宁（沈阳故宫）	2004年7月
	秦始皇陵及兵马俑坑	陕西	1987年12月
	莫高窟	甘肃	1987年12月
	长城	黑龙江、吉林、辽宁、河北、天津、北京、山东、河南、山西、陕西、甘肃、宁夏、青海、内蒙古、新疆	1987年12月
	拉萨布达拉宫历史建筑群	西藏	1994年12月
	承德避暑山庄及其周围寺庙	河北	1994年12月

续表

世界文化遗产	遗产名称	所属区域	注册及扩增时间
文化遗产（含文化景观）	曲阜孔庙、孔林和孔府	山东	1994 年 12 月
	武当山古建筑群	湖北	1994 年 12 月
	庐山风景名胜区（文化景观）	江西	1996 年 12 月
	丽江古城	云南	1997 年 12 月
	平遥古城	山西	1997 年 12 月
	苏州古典园林	江苏	1997 年 12 月
	北京皇家祭坛—天坛	北京	1998 年 11 月
	北京皇家园林—颐和园	北京	1998 年 11 月
	大足石刻	重庆	1999 年 12 月
	龙门石窟	河南	2000 年 11 月
	明清皇家陵寝	湖北（明显陵）	2000 年 11 月
		河北（清东陵、清西陵）	
		江苏（明孝陵）	2003 年 7 月
		北京（明十三陵）	
		辽宁（盛京三陵）	2004 年 7 月
	青城山—都江堰	四川	2000 年 11 月
	皖南古村落—西递、宏村	安徽	2000 年 11 月
	云冈石窟	山西	2001 年 12 月
	高句丽王城、王陵及贵族墓葬	吉林、辽宁	2004 年 7 月
	澳门历史城区	澳门	2005 年 7 月
	安阳殷墟	河南	2006 年 7 月
	开平碉楼与村落	广东	2007 年 6 月
	福建土楼	福建	2008 年 7 月
	五台山（文化景观）	山西	2009 年 6 月
	登封“天地之中”历史古迹	河南	2010 年 8 月
	杭州西湖（文化景观）	浙江	2011 年 6 月
	元上都遗址	内蒙古	2012 年 6 月
	红河哈尼梯田（文化景观）	云南	2013 年 6 月
	大运河	北京、天津、河北、山东、河南、安徽、江苏、浙江	2014 年 6 月

续表

世界文化遗产	遗产名称	所属区域	注册及扩增时间
文化遗产（含文化景观）	丝绸之路：长安—天山廊道的路网	河南、陕西、甘肃、新疆	2014 年 6 月
	土司遗址	湖南、湖北、贵州	2015 年 7 月
	左江花山岩画（文化景观）	广西	2016 年 7 月
	鼓浪屿：历史国际社区	福建	2017 年 7 月
	良渚古城遗址	浙江	2019 年 7 月
文化与自然双重遗产	泰山	山东	1987 年 12 月
	黄山	安徽	1990 年 12 月
	峨眉山—乐山大佛	四川	1996 年 12 月
	武夷山	福建	1999 年 12 月
非物质文化遗产：入选人类非物质文化遗产代表作名录	昆曲		2001 年
	古琴艺术		2003 年
	新疆维吾尔木卡姆艺术、蒙古族长调民歌		2005 年
	中国传统蚕桑丝织技艺、南音、南京云锦织造技艺、宣纸传统制作技艺、贵州侗族大歌、粤剧、藏族《格萨尔》史诗、龙泉青瓷传统烧制技艺、热贡艺术、藏戏、新疆《玛纳斯》史诗、蒙古族呼麦、花儿、西安鼓乐、中国朝鲜族农乐舞、书法、篆刻、剪纸、雕版印刷、传统木结构营造技艺、端午节、妈祖信俗		2009 年
	京剧、中医针灸		2010 年
	皮影戏		2011 年
	珠算		2013 年
	二十四节气		2016 年
	藏医药浴法		2018 年
非物质文化遗产：急需保护的非物质文化遗产名录	羌年、黎族传统纺染织绣技艺、中国木拱桥传统营造技艺		2009 年
	麦西热甫、中国水密隔舱福船制造技艺、中国活字印刷术		2010 年
	赫哲族伊玛堪说唱艺术		2011 年
非物质文化遗产：入选非物质文化遗产优秀实践名册	福建木偶戏传承人培养计划		2012 年

资料来源：联合国教科文组织官网，http：//whc. unesco. org/zh/list/。

30 多年来，国家文物局和各地方在文物抢救与古迹修复方面投入了大量人力和财力，并取得了积极成效。配合重大工程施工进行的文物抢救，如配合南水北调、三峡工程、西气东输、青藏铁路、宝兰铁路复线等工程进行的抢救式发掘，最大限度地保护了文物。在一些自然灾害中，中国物质文化遗产保护也经受住了严峻的考验，如 2008 年玉树地震中，青海省成立文物保护工程领导小组，聘请中国文化遗产研究院、敦煌研究院等单位的专家，对玉树震后文物进行全面修复。在文物日常保养中，也投入巨资对重点古迹建筑进行修缮，代表性的工程有故宫、布达拉宫、罗布林卡、萨迦寺、曲阜三孔、承德避暑山庄、敦煌莫高窟、云冈石窟、大足石刻、大昭寺、西什库教堂、涿州辽代双塔、福州三坊七巷、青海塔尔寺、应县木塔、山海关长城等的修缮。为加强对古迹文物维修的管理，1986 年，文化部颁布《纪念建筑、古建筑、石窟寺修缮工程管理办法》，划分了维修的五大类别，提出了维修单位的资格问题，阐明了维修的审批程序以及施工中需要注意的事项。进入 21 世纪，国家文物局不断推动文物保护与维修标准的编制，《古代壁画脱盐技术规范》《碳十四考古样品采集规范》《文物展柜质量检测技术规范》《文物建筑防雷技术规范》《文物建筑消防技术规范》《文物建筑保护工程竣工报告编写要求》《文物建筑保护工程竣工报告出版要求》等标准的制定工作有条不紊地展开。

2005 年，国家文物局发布中国文化遗产标识，新标识以金沙“太阳神鸟”为主，外围辅以中国文化遗产字样。同年 12 月，国务院印发《关于加强文化遗产保护的通知》，明确了中国物质文化遗产保护的方针：保护为主、抢救第一、合理利用、加强管理；决定自 2006 年起，每年 6 月的第二个星期六为“全国文化遗产日”。文化遗产日的设立，提高了民众对文化遗产保护的认识，也有利于营造文化遗产保护的良好氛围，同时标志着中国文化遗产保护进入全新阶段。

（四）数字化技术得以广泛应用

科学技术是文化遗产保护的助力。随着科学技术的发展，虚拟现实、多媒体宽带网络与数据库等数字化信息技术为文化遗产保护提供了有效手段，

20世纪90年代以来，数字化技术在保护文化遗产方面显露了引人注目的效果，文化遗产保护进入数字化时代。

北京师范大学信息科学与技术学院院长周明全教授领衔的“文化遗产数字化与保护新技术的研究及应用”项目，利用计算机图形学、图像处理、虚拟现实等信息领域最新发展技术，结合传统的文物保护与修复工作，形成文化遗产的科学保护理念和程序。项目的研究主要涵盖了三维文物以及文物碎片虚拟修复、二维古字画的修复、数字博物馆与文物数字化四个方面，项目组完成了多项文物数字化、文物虚拟复原修复、数字博物馆、数字考古方面的科研项目，解决了文物的三维数字化真彩色信息的采集、基于网络的虚拟现实浏览技术等关键技术问题，形成了系列的文化遗产数字化处理与保护的方法与科技成果。

例如，其与秦始皇兵马俑博物馆合作完成的计算机辅助文物复原系统，通过三维输入设备将文物碎片分别数字化输入计算机，由计算机根据曲面的形状自动匹配和建立待复原文物的三维实体模型。然后计算机会以一块较大的碎片为基础，对采集到的其他碎片样品逐一分析，直到找到吻合最完美的另一块碎片。这样不断比较下去，当一个陶俑各个部位的所有碎片都被找齐后，一个完整的陶俑排列图也就产生了。这样可以将文物修复的效率提高数十倍。这一技术同样可用于古字画的虚拟修复和复原。

又如，世界遗产地敦煌莫高窟有492个小石窟和洞穴庙宇，以其雕像和壁画闻名于世，展示了延续千年的佛教艺术。然而，随着时间的流逝，壁画和彩塑不可避免地在衰老。将1908年拍摄的莫高窟壁画照片和现在的壁画照片进行对比发现，这100多年变化非常大。现在的壁画很模糊，在不知不觉中壁画的颜色在逐渐褪去，如何在将现有的文物信息准确记录下来的同时保护文物，成为一个迫切需要解决的问题。始于20世纪90年代的“数字敦煌”的作业，利用摄影和计算机技术相结合的办法，实现高精度、色彩逼真的数字壁画采集、存储及处理，为敦煌莫高窟的每一个洞窟、每一幅壁画、每一尊彩塑都建立一个数字档案，把珍贵的敦煌文物资料采集存储下来使之可以永久真实保存，并可为敦煌学研究提供准确详细的资料。2010年开建的敦煌莫高窟数字展示中心，将虚拟漫游技术及三维测量重建技术结合进来，实现洞窟的逼真再现，同年4月建设的“虚拟莫高窟暨游客中心”，于2014年9月正式开放运行，在中心的虚拟漫游厅，观众能身临其境、细致入微地观看洞窟建筑、彩塑和壁画，还可以利用多媒体展示，满足多种参观需求，获取敦煌文化信息，然后再去洞窟实地感受。在球幕影院里，四周的墙壁、屋顶乃至地板都将投射成洞窟的模样，游客将置身“真正”的洞窟之中，还可以尽情欣赏10个不同朝代的特级洞窟。此举利用洞窟数字化的成果，不仅为游客提供多角度、全方位的在真实的洞窟中不可能实现的观赏体验，改变传统单一游览方式，还压缩了游客在洞窟内停留的时间，减少游客参观给珍贵而又脆弱的壁画、彩塑带来的潜在威胁，缓解大量游客对莫高窟造成的压力，实现对遗产的有效保护。

数字化为文化遗产保护、开发与展示提供了新的发展契机，创造了新的技术和物质手段，同时也改变了传统的文化遗产保护方式，推动社会公众更广泛地享有文化遗产的宝贵价值。

（五）人才培养得到加强

物质文化遗产保护、修缮与管理等工作需要大量专门人才。新中国成立之初，这方面的人才异常匮乏，这种现象延续到改革开放初期也没有得到缓解。改革开放后，为缓解物质文化遗产保护人才匮乏的问题，国家文物局采取多种措施解决物质文化遗产保护的人才荒。采取的主要措施如下：

一是举办各类专题培训班。例如：考古领队培训班、古建维修培训班、古籍整理训练班、文物修复培训班、古建筑测绘训练班等。20世纪80年代中期，全国共培训文物干部16000多人次，占全国文物系统总人数的63%。为促进全国文物系统人员的培训，国家文物局还在承德、太原、郑州、咸阳、成都、长沙、泰安、扬州设立8个培训中心。1985年后，前6个培训中心划归地方，但国家文物局有使用权，国家文物局仅保留扬州和泰安培训中心。

二是高等教育办学。20世纪80年代以来，国内一些高校陆续设立考古学专业、博物馆学专业，一些职业技术学校也设立了文物修复专业。如今，北京大学、吉林大学、山东大学、西北大学、中国社会科学院考古所、南开大学、复旦大学、南京大学等高校成为中国物质文化遗产保护人才培养的摇篮。

三是与高校合作举办进修班。20 世纪 80 年代以来，清华大学、北京大学、山东大学、吉林大学等高校都利用自身优势与地方合作，举办文物古迹保护培训班，为地方物质文化遗产保护输送了大量人才。

四是出国培训与学术交流。1987 年开始，国家文物局选派业务骨干赴外国参加考古技术、文物保护、水下考古、文物修复等理论和技术的学习，选送去的国家有美国、法国、荷兰、日本、意大利、英国、德国等，这些跨国培训极大地拓展了中国物质文化遗产保护工作者的视野，促进了中国文物保护事业的发展。截至 2018 年年末，全国共有各类文物机构 10160 个，其中，文物保护管理机构 3550 个，占 34.9%，博物馆 4918 个，占 48.4%；全国文物机构从业人员 16.26 万人，比上年年末增加 1.11 万人。其中，高级职称 9682 人，占 6.0%，中级职称 20679 人，占 12.7%（见图 3－1）。

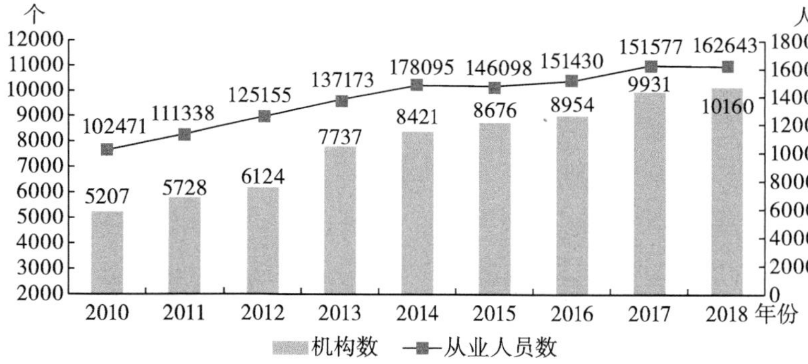

图 3－1　2010—2018 年全国文物机构及从业人员情况

（六）文物法制建设取得突破

1980 年 5 月，国务院印发《关于加强历史文物保护工作的通知》，要求各地对各项工作中存在的文物加强保护，禁止出现破坏文物的行为。同年 6 月，全国文物工作会议召开，会议讨论保护法制建设、考古发掘、博物馆建设、文物出口、对外交流、组织建设等问题，为下一步文物保护工作的顺利开展奠定了思想基础。1982 年 11 月，第五届全国人大常委会第 25 次会议通过了《中华人民共和国文物保护法》。虽然早在 1979 年，全国人大就已将违反文物法规、破坏国家保护的珍贵文物等行为列入《中华人民共和国刑法》，但该法律毕竟不是文物保护的专项法律，而《中华人民共和国文物保护法》是我国第一部由最高立法机关颁布的有关文物古迹保护的法规。1982 年新修订的《宪法》中，更是增加了"国家保护名胜古迹、珍贵文物和其他重要历史文化遗产"。《宪法》中的表述也表明了国家对文化遗产保护的态度。

随着经济发展和社会进步，我国文物保护面临很多新形势和新问题。文化部、国家文物局和公安部等多个部门出台了多项政策和意见，促进文物保护工作的规范化。1981 年至今，国务院、文化部、公安部、国家文物局等先后制发了《文物工作人员守则》《关于加强安全措施防止文物失窃的意见》《田野考古工作规程（试行）》《博物馆安全保卫工作规定》《博物馆藏品管理办法》《纪念建筑、古建筑、石窟寺等修缮工程管理办法》《文物藏品定级标准》《关于打击盗掘和走私文物活动的通告》等多个通知、文件，这为文物工作规范性、法制化建设提供了积极保障，促进了中国文物古迹保护工作的快速开展。

1987 年以来，我国的世界遗产不断增多，为履行保护世界遗产的责任，切实做好保护，我国政府和文化主管部门先后出台了《关于采取切实措施加强世界文化遗产地保护管理工作的通知》（文物办发〔2003〕17 号），《关于进一步加强长城保护管理工作的通知》（2003 年），《关于加强我国世界文化遗产保护管理工作的意见》（2004 年），《长城保护条例》（2006 年，新中国第一次就单项文化遗产颁布的专项法规），《世界文化遗产保护管理办法》（文化部令第 41 号，2006 年），《关于加强和改进世界遗产保护管理工作的意见》（文物办发〔2006〕16 号），《中国世界文化遗产监测巡视管理办法》（2006 年）和《中国世界文化遗产专家咨询管理办法》（2006 年）等文件。

随着我国文物对外交流范围的不断扩大，文化主管部门和国家文物局也出台了一些制度和规章，以规范文物对外交流行为。此类法规有《关于外国人拍摄一级品文物需经国家文物局批准的通知》《博物馆涉外工作的通知》《关于文物事业涉外工作的几点意见》《关于加强文物出口监管公告》《关于加强文物对外交流与合作的意见》《文物出国（境）展览暂行管理办法》《文物出国（境）展览细则》《出国（境）文物展品包装工作规范》《出国（境）

文物展览展品运输规定》和《文物、博物馆单位接受国外及港澳台地区捐赠管理暂行规定》等。在《文物保护法》中，对文物出境进境，尤其是文物出境展览也做出了详细规定。

（七）对外交流日益频繁

前文已提到考古和博物馆对外交流，除此之外，我国政府也积极参与国际文化遗产保护活动，向世界展示中国文化遗产的风采。1985 年 11 月，我国加入《世界遗产公约》，这是我国文化遗产保护走向世界，与世界接轨的重要一步。此后，我国先后于 1989 年加入联合国教科文组织《关于禁止和防止非法进出口文化财产和非法转让其所有权的方法的公约》，于 1993 年加入国际古迹遗址理事会（ICOMOS），于 1997 年加入国际统一司法协会《关于被盗或者非法出口文物的公约》，于 2000 年加入联合国教科文组织《武装冲突情况下保护文化财产的公约》，于 2001 年加入国际文化财产保护与修复研究中心（ICCROM）。

在国与国交往中，考古发掘、文物保护、文物展览、培训学习和合作打击跨国犯罪等成为双方合作的重要领域，2002 年以来，先后有中柬、中意、中蒙、中阿（阿富汗）、中印（印度）、中委（委内瑞拉）等 7 个文物领域的合作协定在国家元首的见证下签署。另外，中国派技术人员参与了多个国家的考古、文物修复等工作，中国文物保护工作者已经频繁地活跃在国际文化遗产保护舞台上。

（八）新兴文化遗产保护力度不断加大

进入 21 世纪以来，随着人类对文化遗产判别标准的不断变化，越来越多的新兴文化遗产走进人类的视野。中国文化遗产保护界也掀起新兴文化遗产保护的热潮，工业遗产、20 世纪文化遗产、线性文化遗产及水下遗产等新兴文化遗产成为各地文化遗产保护的新亮点。

国际工业遗产保护联合会于 2003 年通过的旨在促进工业遗产保护的《下塔吉尔宪章》（*Nizhny Tagil Charter*）中对工业遗产的界定是“由工业文化的遗留物组成，这些遗留物拥有历史的、技术的、社会的、建筑的或者科学上的价值。这些遗留物具体由建筑物和机器设备、车间，制造厂和工厂，矿山、处理精炼遗址，仓库和储藏室，能源生产、传送、使用和运输以及所有的地下构造所在的场所组成，与工业活动相联系的社会活动场所，如住宅、宗教朝拜地或者是教育机构都包含在工业遗产范畴之内”。这类文化遗产是工业活动的证据，是群众生活的一部分，拥有积极的科学价值、审美价值、社会价值和经济价值，加强对这类文化遗产的保护就是保存人类文明的见证。为加强工业遗产的保护，2006 年 4 月，在无锡召开“中国工业遗产保护论坛”，会上通过了关于工业遗产保护的《无锡建议》，由此拉开了中国工业遗产保护的序幕。与此同时，工业遗产基础上兴建的工业遗产旅游景区也开始面向大众开放，立体展示了近代工业文明和工业遗产沧桑变化的历史变迁，比较成功的例子诸如广州的“太古仓”、北京废弃工厂改建的 798 艺术区、西安原大华纱厂旧址之上兴建的工业遗产博物馆及“大华 1935”步行街区等。

除工业遗产外，近年来，我国也加大了对乡土建筑、20 世纪文化遗产、农业遗产和线性文化遗产保护的力度。文化遗产保护范围也逐渐从陆地扩大到水下，水下遗产的保护逐渐完善。我国水下考古早在 20 世纪末就已出现。1987 年年底，我国第一家水下考古机构——中国历史博物馆水下考古学研究室成立，这标志着我国考古的探索和研究领域从陆地拓展到海洋。1998 年，中国历史博物馆第一个水下考古工作站在浙江宁波挂牌，与之同时开展的还有水下考古人员的培训和培养以及水下考古技术的训练。经过 20 多年的努力，中国水下考古队伍不断壮大，考古的足迹涉及渤海、东海、黄海和南海，开展的工作既有基本的水下文物普查，也有水下文物考古。例如，2007 年浙江省第三次文物普查将水下的不可移动文物列入普查范围。同年，宁波市文物考古研究所与国家博物馆水下考古研究中心再次合作，启动浙东沿海水下文物普查；2008 年，浙江继续实施沿海文物普查工作，共发现水下文物遗存疑点 24 处，其中象山 9 处，台州 15 处。水下考古在短期迅速发展，并取得了巨大成就。辽宁绥中的水下考古被评为 1993 年全国十大考古新发现，“南海 1 号”沉船的考古与打捞工作以及“南海 2 号”沉船的发现，都是中国水下考古的代表性成果。

（九）非物质文化遗产传承水平不断提高

我国不断加大非遗代表性项目和代表性传承人保护力度。截至 2018 年年末，我国共有40个项目被列入联合国教科文组织人类非物质文化遗产代表作名录。我国对涉及中华文明发源地、文化发祥地的国家级非遗代表性项目开展研究，认定并公布第五批国家级非遗代表性传承人。截至2018年年末，共有国家级非遗代表性传承人3068人，国家级非遗代表性项目1372项。此后，我国进一步加强国家级非物质文化遗产保护利用设施建设，安排中央预算内投资2.01亿元支持建设26个国家级非遗保护利用设施，有效地推动了非物质文化遗产保护传承与经济社会发展的有机结合。

我国不断完善研培工作机制，拓展覆盖范围，深入实施中国非遗传承人群研修研习培训计划；印发《中国非物质文化遗产传承人群研修研习培训计划实施方案（2018—2020）》，确定112所院校参与2018年研培计划，全国累计举办各类研修、研习、培训班628期，培训学员2.65万人次，加上各地延伸培训，共计培训9.5万人次；继续探索新门类非遗项目的研培试点，支持中央民族大学在湖北举办民间文学类非遗传承人群研修交流等活动。

此外，我国创新传播方式，提升非遗传播专业水平，推动形成全社会传承发展优秀传统文化的良好局面。全国共举办大中型非遗宣传展示活动3700多项，例如，组织开展2018年“文化和自然遗产日”活动；举办全国曲艺周，第一次在全国范围内将127个曲艺类国家级非遗代表性项目进行集中展演；制作播出《非遗公开课》，宣传非遗保护理念，普及非遗知识；开展非遗影像展、非遗服饰秀、非遗讲座月等品牌传播活动；以“活态传承、活力再现”为主题，举办第五届中国非遗博览会，展示近年来全国非遗保护工作取得的进展；支持和指导各地做好非遗活动进校园、非遗项目进课堂、非遗知识进教材，发挥非遗在青少年健康成长中的积极作用。

截至2018年年末，全国共有非物质文化遗产保护机构2467个，从业人员17308人。全年全国各类非物质文化遗产保护机构举办演出65495场，观众4960万人次；举办民俗活动16844次，观众4850万人次。

（十）大遗址规划、遗址公园建设不断推进

大遗址是文化遗产的重要组成部分，是构成我国古代文明史史迹的主体，主要包括反映中国古代历史各个发展阶段政治、宗教、军事、科技、工业、

农业、建筑、交通、水利等方面历史文化信息，规模宏大、价值重大、影响深远的大型聚落、城址、宫室、陵寝、墓葬等遗址、遗址群。大遗址理念在中国出现时间较早，1964 年 3 月，文化部在易县召开大型古遗址保护研讨会，1983 年 10 月召开第二次大型古遗址保护研讨会。1997 年，大遗址明确出现在《关于加强和改善文物工作的通知》中。此后，国家文物局围绕大遗址进行了专题调研。进入 21 世纪，随着全国重点文物保护单位的增多，尤其是重点文物保护单位中大型古遗址的增多，以及考古发掘的古城址越来越多，大遗址保护越来越受到重视。2005 年，我国政府开始设立大遗址保护的专项资金。2006 年，国家文物局制定并颁布了《“十一五”期间大遗址保护总体规划》，提出完成大遗址保护管理体系建设，编制重要大遗址保护规划纲要和保护总体规划，继续实施中央主导和引导的大遗址保护示范工程，对已列入项目库的 100 处大遗址实行统筹规划、分步实施，建成 10 ~ 15 个具有较高质量、较高标准的大遗址保护展示示范园区（遗址公园）和一批遗址博物馆，全面提升大遗址保护和利用水平，确保大遗址公园“建一个成一个”。围绕大遗址保护，各省纷纷开始了探索之路，比较成功的案例有良渚国家遗址公园和大明宫国家遗址公园。这两个国家遗址公园是集保护、利用、开发、展示和产业经营于一体的综合体。遗址公园以考古为基础，发掘遗址的文化内涵，以展示为桥梁，有效衔接经济效益和社会效益，既带动了大遗址的保护，也推动了地方文化建设和区域社会发展。

（十一）文化遗产事业迎来全面改革与活化

随着市场经济的发展，针对文物保护与利用关系的争论逐渐激烈。1992 年和 1995 年，在西安召开了两次全国文物工作会议，提出了“有效保护、合理利用、加强管理”的工作原则，明确文物保护与利用的关系。1997 年，国务院下发《关于加强和改善文物工作的通知》，提出“正确处理好文物保护与经济建设的关系、文物事业发展中社会效益和经济效益的关系”。2002 年 10 月，新修订颁布的《中华人民共和国文物保护法》将“保护为主，抢救第一，合理利用，加强管理”文物工作方针上升为法律规定。2018 年，国务院办公厅连续出台《关于加强文物保护利用改革的若干意见》《关于实施革命文物保护利用工程（2018—2022年）的意见》两大政策文件，将文化遗产事业改革发展整体纳入全面深化改革战略部署，开启新时代文物保护利用的多领域、全方位改革。党的十八大以来，习近平总书记曾多次指出“让收藏在博物馆里的文物、陈列在广阔大地上的遗产、书写在古籍里的文字都活起来”，更是引发了关于文化遗产活化的广泛研究和深刻反思。

（十二）文旅深度融合，遗产旅游方兴未艾

随着2018年我国文化和旅游部的组建，“文旅融合”受到广泛关注并得以不断深化推进，尤其是在承载民族精神与文明内核的文化遗产领域。

目前，我国旅游产业中，文化遗产旅游所占比重最大，全国重要的旅游目的地以世界遗产为主，如泰山、故宫、秦始皇兵马俑博物馆、云南丽江、苏州园林等都是中国重要的世界遗产。故宫2002年游客数量大约为700万，到2012年接待游客1530万。而秦始皇兵马俑博物馆1979年10月开馆，至2006年，接待游客超过5000万人。2018年，全国各类文物机构共举办陈列展览27919个，比上年增加1874个。其中，基本陈列13676个，比上年增加651个；临时展览14243个，比上年增加1223个。接待观众122387万人次，比上年增长6.6%，其中，未成年人29665万人次，增长2.6%，占参观总人数的24.2%（见图3－2）。博物馆接待观众104436万人次，比上年增长7.5%，占文物机构接待观众总数的85.3%。

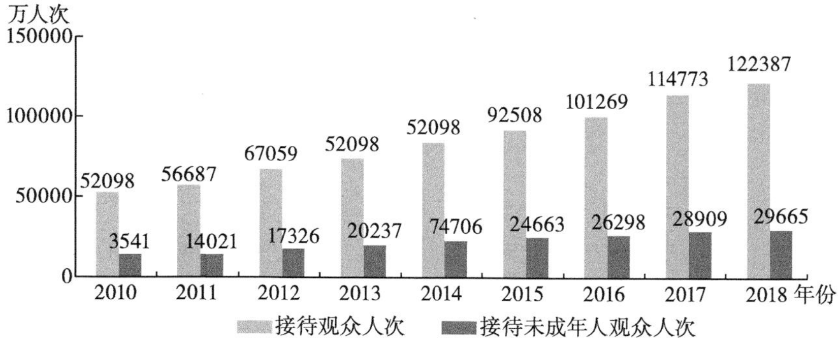

图3－2　2010—2018年全国文物机构接待观众人次及未成年人观众人次

第三节　我国文化遗产保护与利用存在问题及障碍分析

如前文所述，我国文化遗产的保护与利用工作虽然取得了显著成绩，但也应该看到，随着经济社会快速发展，我国仍存在着各方面需求的高标准与文化遗产事业发展不充分、不平衡之间的矛盾，保护和利用方面的不足在高标准下日益明显。《国务院关于进一步加强文物工作的指导意见》（国发〔2016〕17 号，以下简称“国务院 17 号文”）中指出，近年来，我国文物事业虽然取得了显著成就，但是“全社会保护文物的法制观念有待提升，文物保护的配套法规体系尚需完善；一些地方履行文物保护的责任不到位，法人违法行为屡禁不止；一些文物保护单位因自然和人为因素遭到破坏，一些革命文物的保护没有得到足够重视，尚未核定公布为文物保护单位的不可移动文物消失加快；文物建筑火灾事故多发，盗窃盗掘等文物犯罪屡打不止；文物执法力量薄弱，执法不严、违法不究现象时有发生；文物拓展利用不够，文物保护管理的能力建设有待加强”。这说明管理者对文物的保护不到位，同时对文物利用的开展力度不足；执法者依据的法律法规尚不完善，且未能做到严格执法；公众法制观念还需提高。

从保护角度看，统计数据中文物总量、范围、类型等要素的增幅大于文化遗产保护工作机构、人员队伍、经费投入、相关设施的增幅，保护状况在高标准下不容乐观；从利用角度看，过度、不可持续的利用比比皆是，利用强度过大、超过资源环境承载力的案例经常见诸媒体。利用不足、利用不科学的情况也很多，且这种情况常常与制度建设有漏洞或滞后有关。

以下从不同方面分析总结当前遗产管理工作中普遍存在的保护与利用的不足，并分析引发的主要原因与制约因素。

一、文化遗产保护方面

文物保护是遗产工作的基础，亦是做好遗产管理工作的前提。我国遗产保护不到位主要体现在以下两个方面：

（一）遗产保护的覆盖范围仍较为有限

主要是指遗产保护和文物管理工作的覆盖范围。尽管全国重点文物保护单位已经颁布七批，不可移动文物“三普”和可移动文物“一普”后，绝大多数价值较高的文物已经初步被纳入管理体系，不可移动文物的“四有”工作也比十年前有了很大改善，但现状仍不容乐观。以现存的近77万处不可移动文物（第三次全国不可移动文物普查显示，我国不可移动文物有76.67万处）为例，保存状况堪忧的占多数，其中，保存状况较差的占17.77%，保存状况差的占8.43%，约4.4万处不可移动文物已消失，其中，50%以上是人为破坏和建设工程等造成的。级别较低的文物保存状况尤为不好，四川省乐山市文化广电新闻出版局副调研员王军的《田野文物保护的“硬伤”在哪里?》指出：“（不可移动文物的）83.3%散落在县（区）以下的农村地区或广袤的乡野间。近年来，由于受分布范围广、数量规模大、监管能见度低等客观因素制约，全国乡野文物失管、失防、失窃案件频发。”

从管理角度而言的覆盖范围仍不到位，这至少可从以下三个方面显现：

（1）数据入库和资源确权工作还有很多漏洞

国务院17号文“重在保护”一条中第一款就是“健全国家文物登录制度”，其中规定“建立国家文物资源总目录和数据资源库，全面掌握文物保存状况和保护需求，实现文物资源动态管理，推进信息资源社会共享”。换言之，真正全方位摸清家底，将文物存量中逸散在民间的家底也摸清并将其纳入数据库动态管理，才是基于细化保护需求的动态精细化全覆盖。这种做法才算得上与人口普查等措施和制度较先进的工作看齐。否则，总有看不到或“看”不住的文物，出现想不到或想不起的事件。而资源确权方面的漏洞更多，大量文物仍处于无权可依乃至流离失所的状态。

（2）遗产的管理机构和管理措施不够完善

近些年遗产外延的不断拓展、工作要求的不断提高，显著扩大了遗产保护工作的范围，不仅近现代建筑、重要史迹和工业遗产等被不断“迭代”进入文物范畴，与大运河、万里茶道等不断加强保护的线性文化遗产等有关的更多的实体也会被确定为文物，或者具有高度关联性的区域也将被纳入文物工作统筹的范围。然而与此同时，遗产管理机构和管理措施则没有相应跟上。像大运河这样实际上包括了物质文化遗产和非物质文化遗产、自然遗产的综合体，没有综合性的文物管理机构来统筹协调，甚至没有文物部门可发挥主导作用，进行整体规划及搭建广泛通用的信息共享平台。对这些跨区域、跨领域的综合性遗产，文物部门缺少管理手段，很有可能出现“失控”状态。

（3）遗产保护方面的日常安全工作还有漏洞，不平衡现象非常突出

文物安全防范基础工作仍显薄弱，文物安全工作被动局面尚未得到根本性扭转。此外，文物保护中的不平衡现象非常突出，这在不可移动文物中体现得尤为明显。省级以下文物保护单位的保护状况普遍较差，与全国重点文物保护单位的保护状况、保护机构人员经费配置等差别非常大，低级别文物被随意破坏的现象基本没有得到遏制。

保护不到位方面的问题，可能在某些文物保护中集中出现。例如，“大运河文化带”是以大运河为文化和自然线索关联起来的区域总称，具有以下三个特点：强文化关联性，即与运河相关的物质文化遗产和非物质文化遗产可以文化或经济的方式吸引人流、物流；强自然关联性，即与运河同处于一个水生态系统中，包括支流和运河两岸的集雨区；区域的经济社会发展等已与运河产生了密切关联。按这样的标准，文物工作的覆盖范围远远超出《大运河遗产保护管理办法》及其他类似法规、规章等规定的大运河文化遗产的外延范围。只有文物系统与其他部门携手才可能将大运河文化带发展中的文物工作做好。贯彻专业监督，才能发现文物的安全漏洞。所以，在文物保护工作覆盖范围方面，还必须做好配套制度建设，形成共抓大保护的合力。

（二）遗产保护中高技术手段的运用范围仍较为有限

我国的文物保护技术在世界上并不落后，可移动文物和不可移动文物的

修复工作有许多方面在世界领先，博物馆的保管技术和安防技术也享受到我国制造业的红利，甚至技术输出已经蔚然成风，但两方面的短板仍然明显：

首先，低级别的文物难以获得高技术手段保护，大多数不可移动文物仍然处于人防为主、防不胜防的状态。例如，与博物馆安防技术手段相比，中国田野文物安全技防工作近年来才进入实施阶段。田野文物分布面广、站多线长、位置偏远、经费不足、技术受限，省、市、县（区）、乡（镇）四级监管网络不通，现有的技术防范手段安全监管能见度很低，造成大量案件不能及时发现，或时过境迁缺乏侦查条件。

其次，遗产保护与其他系统的先进技术平台衔接不够。例如，不少地方的田野文物位于人迹罕至的偏远山野，文物部门虽然落实了专门看守人员，但很难做到24小时驻守看护。没有智能化、信息化等技术手段的运用，就很难加强保护。而公安部门天网工程、治安雪亮工程等早已全面覆盖，如果县级以上田野文物保护单位与其衔接，建立视频监控和适用的入侵探测、自动报警及巡更系统，则遗产保护就有了技术手段的支持。

二、文化遗产利用方面

（一）遗产利用不合理、不充分

《关于促进文物合理利用的若干意见》从五个方面概括了文物利用问题。“文物利用仍然存在着文物资源开放程度不高、利用手段不多、社会参与不够以及过度利用、不当利用等问题。”这五方面问题，在各地有不同的体现形式。

1. 遗产过度开发，缺乏可持续性，反噬保护

文博事业的“产出”在经济新旧动能转换之际展现潜力，所以文物不仅有历史传承价值，还有巨大的经济价值。以文物大省山东省的情况来举例说明：由2018年的经济数据可知，山东8000多亿元的旅游收入中，文物景点带动的收入达3000多亿元。一方面，这是山东文物景点带动旅游经济快速发展的“好消息”，另一方面，这却是“十三五”期间1500多处文物出于自然损毁、人为破坏等原因而消失的“坏消息”。2012年年底，《关于进一步做好

旅游等开发建设活动中文物保护工作的意见》（国发〔2012〕63 号，以下简称“国务院 63 号文”）专门就容易引发文物保护问题的开发行为进行了规定，并配套了相应措施。2016 年，国家文物局印发的《关于促进文物合理利用的若干意见》（文物政发〔2016〕21 号）也明确了“文物利用必须以确保文物安全为前提，不得破坏文物、损害文物、影响环境风貌。文物利用必须控制在文物资源可承载的范围内，避免过度开发”。我国还有不少地区仍处理不好经济建设、城乡发展与文物保护的关系，文物保护意识落后，违法事件时有发生。过度开发和不合理利用致使一些历史文化名城、名街名店、古建筑、古遗址风貌等遭到破坏。

首先，没有建立文物相关补偿机制。这种机制的缺失，对大遗址的影响较为明显。部分大遗址项目区（如良渚大遗址）已经初步构建了文物相关补偿机制，出台了直补、以奖代补和产业扶持等多种类型的补偿措施。然而，大遗址项目整体上尚没有建立完善的文物相关补偿机制，造成大遗址的利用和建设对周边经济社会产生的负面影响无法弥补。从概念和机制设计的角度看，应构建具备全面性和可行性的大遗址补偿机制，从制度上明晰“为何补、补给谁、谁来补、补多少、怎么补”五个问题的答案和操作细节。另外，大遗址的类型差异较大，不同空间位置、不同管理方式、不同保护利用状况的大遗址，所产生的负面影响不尽相同，补偿方式也应该有所差别。

其次，文物经营机制不健全造成经营超过保护的“度”。中国在文物经营机制建设上仍处于摸索期，许多文物经营机制难以合理把握保护与利用的“度”，难以保证公益性。文物管理单位既当“裁判员”又当“运动员”的现象十分普遍，屡屡发生不利于文物全面发挥公益性功能乃至影响文物本体保护的事件。尤其是在高级别政府财政难以承担主要事权的情况下，许多文物管理单位不得不开展多种方式的经营，还有一些文物管理单位在地方政府支持下主动开展甚至“刻意绕开法规”后开展经营活动。全国出现了较多的不利于文物保护甚至直接损坏文物的负面案例。

2. 文化遗产利用效率低下，遗产价值未能实现有效活化

与此同时，诸多散布在田野中价值一般的遗址或古建筑则没有得到全面利用。田野文物有着与馆藏文物同等或更高的历史、艺术、科学价值。由于田野文物分布广、数量多，具有不可随意移动的特性，通常遵循原址保护原则，因而其保护性开发利用工作难度大。不少地区在发展乡村文化旅游项目时，往往选择交通便利、综合环境较好的田野文物单位进行开发利用，而对位置偏僻的文物单位关注度不高，保护性开发利用率低。这也是当前田野文物安全保护工作面临的一个弊病。

图3－3是位于陕西榆林靖边县城北58公里处的统万城遗址，1996年被列为全国重点文物保护单位，但是在笔者实地调研时发现，遗址保留了大夏国都城轮廓和结构，但部分夯土开裂，表面风化剥蚀现象较为严重，生态环境管理较为粗放，虽能一定程度上让游客感受历史更替变迁的沧桑荒凉之感，但是不可否认的是，展示形式较为单一、内容较为简单；设施设备及解说标识系统均较为陈旧（见图3－4）；规划片区和功能布局不够完备，欠缺整体观和层次感；相应地，也未能向游客充分展示和传播遗址的历史文化内涵和价值，在遗址的管理和保护以及活化利用和文化品牌营销方面，均处于相对滞后和粗浅的阶段。所幸的是，靖边统万城国家考古遗址公园建设项目已经立项，并于2016年成功启动，目前还在修建中，对于其建成后的效果，人们

图3－3 陕西榆林靖边县白城则村统万城遗址

图 3－4　统万城遗址解说标识系统

仍拭目以待。另外，部分遗产地存在一些并非真正需要保护的利用“禁区”。在遗产旅游的发展中，有些博物馆将对部分藏品安全系数的要求扩展到整个文物库房，将文物库房变成利用的禁区。大部分博物馆倾向于将藏品的安全和保护作为第一要务，尽量减少藏品与外界接触的机会，减少藏品的提用次数，对如何有效地利用藏品则考虑得很少，大量高品质文物资源因为文物库房制度过于苛严而难以变成有效的旅游资源。主观上，博物馆工作中也存在着“重藏轻用”的思想。博物馆系统没有把充分有效地利用藏品以满足公众和社会的需要作为衡量博物馆工作的标尺，许多制度的本意是将博物馆定位为文物收藏机构，认为其主要职责在于收藏，而非满足公众文化需求。

文物系统的资金机制和经营机制等存在的弊端也成为遗产利用效率不高的障碍因素。资金机制上，呈现以财政拨款为主、市场和社会渠道相对滞后的局面，且地域差距明显。文物保护单位资金整体不足是影响利用效率的主要“瓶颈”之一。经营制度上，没有划分空间范围和业务范围。在博物馆发展文物旅游过程中，没有建立全面的博物馆馆藏文物共享机制，也是文物利用效率不高的重要原因。目前，馆际文物资源共享机制和交流沟通机制不畅，严重限制了文物的合理流动，导致博物馆总体展出率偏低。2012 年，国家文物局对中央和地方共建的 9 个博物馆馆藏文物展出率进行统计，其中最高的不足 50%，最低的仅 12%，平均不足 28%；新建的一些市县博物馆，馆藏文物还无法满足基本陈列。

3. 文化遗产管理粗放，缺乏规范性和精益求精的“工匠精神”

遗产地故步自封、利用效率低下、管理僵化等对增加文物系统的经济贡献，尤其对文物旅游扩大发展规模、提高发展效益等存在着较大的负面影响。原因是文物旅游管理在“统一、规范”标准上所面临的问题：管理不“统一”，文物旅游管理政出多门、权责不明，难以实现有效的行业管理；管理不“规范”，缺少针对文物旅游的统一、规范且具有可操作性的管理规章和标准。同时，文物系统基层管理机构的权责不匹配，人力资源不足，在保护任务完成的基础上，难以进一步拓展利用的范围、程度和精度，从而显著制约了文物利用的效率性，以及文物价值的有效展示与活化。图 3－5 为陕西省历史博物馆馆藏文物《架鹞驯犬图》的中英双语标志牌，可清晰看到上面的英文翻译不够准确，显得有些“不知所云”，中国很多遗产旅游景区都存在类似的问题，在遗产文化解说方面做得较为粗糙，欠缺精益求精的“工匠精神”。

图 3－5　陕西省历史博物馆馆藏文物《架鹞驯犬图》的中英双语标志牌

（二）遗产旅游发展供需不平衡，供给侧改革亟待进一步深化

遗产文物的合理适度利用的体系标准，为保障文物及其相关的供给提供了更为具体的依据。而过去这方面的工作还存在诸多漏洞和短板，实践中，文物领域的供给侧改革才刚刚起步，亟待深化。

这种供给侧和需求侧的脱钩其实是各项社会事业中的普遍现象，不单单是文化遗产事业独有。文化遗产事业发展中的供需不平衡体现在三个方面：空间分布的不平衡、总量的不平衡和结构的不平衡。

1. 遗产资源空间分布的不平衡

指的是缺乏合理规划下的热门地区和冷门地区之间、东西部间、城乡间的差距。部分热门博物馆（如故宫等）和遗址（如兵马俑、八达岭等）旺季参观人数过多，有时甚至对文物安全造成威胁；然而大部分地方博物馆缺乏自身特色和布展上的推陈出新，很多遗址缺少可视性和可参与性，造成门可罗雀的现象。

2. 遗产旅游产品供给总量的不平衡

包括供大于需和供小于需两种情况。供小于需的情况仍然是普遍的，首先体现为级别较低的不可移动文物保护不足甚至在管理上的“失控”，即保护工作还远远没有满足保护需要；还表现为文物工作与人民对美好生活的需求脱节，如部分历史村落、重要遗址提供了大量的文化、历史、自然及经济等资源，然而这些资源并没有被公众认识并合理利用，没有全面体现社会效益及经济效益，以致相关保护完全成了当地居民的负担，又如真正的文化全民共享应是文物保护和利用成为居民日常生活的一部分而不是少数人追逐的对象，但是现有的文物利用方式和程度并没有达到这样的标准。

3. 遗产旅游发展结构的不平衡

主要包括供需对象和供需内容不平衡。文物是传承中华民族文化的重要途径，但也应该是促进地方文化、社会和经济发展的重要渠道。文物主要提供的是文化和社会价值，但是很多政府和地方居民需要的是经济价值。其中，地方居民的利益诉求和多样化参与应是这一过程中的主要考虑对象，但是当

前参与者却主要为投资商（房地产商、文化产业公司等），内容也主要针对游客（对文化或旅游有一定需求的人群），受益者中当地居民位置靠后，且获得利益较少。空间、总量和结构不平衡最终导致了利益结构的不平衡，即没有充分考虑文物保护和利用中的不同利益相关方，难以构建融合发展的格局，也难以形成共赢的核心价值观以及利益共同体和发展共同体。

三、遗产法规与制度建设方面

从近年发生的许多事件来看，对文物的保护不到位，并不都是利欲熏心者或尸位素餐者无视保护所致，许多保护不到位的案例实际上也与制度不合理有关。制度建设不仅是相关保护措施常态化、专业化的基础，也是形成遗产“齐抓共保护”局面的基础性手段。从中央建设生态文明体制的做法来看，主要是抓了两方面的制度建设来形成遗产保护的合力——自然资源资产产权管理和国土空间用途管制。只要这两方面管好了，就守住了遗产和文物保护的底线，遗产保护的责有攸归、前置控制、齐心协力的局面就能达成。这方面的经验套用到文物工作上来，就是制度建设既要全面，又要有基础，且一定要明确主体责任，只有这样才可能把以保护为主的绿色发展方式通过文物平台在地方先行先试。但从全国总体来看，文物系统这方面的制度建设情况与其他民生领域，诸如教育、环保、社会稳定等相比，仍然较为滞后，尤其缺少中央环保监管部门对某项遗产利用工作是否真正依法合规、是否受到主要领导优先重视、是否形成全局合力的综合评估和奖惩。因此，全国的普遍情况是：地方主要领导对文物缺少敬畏心；对文物工作缺少压力感；对“保护文物也是政绩”缺少实践。

首先，从产权管理来看，文物系统迄今没有形成与国家宏观管理制度改革接轨的晰权操作程序。中国设立了大量的不同级别、不同类别的文物管理机构，但对文物的权利人身份、主管部门的权责、权利受损如何维权等问题未进行明确。这就导致级别较低的不可移动文物在管理上比较松散，无权利人对权利受损进行维权，各类违法违规问题更是无法杜绝。特别是许多文保单位在设立之初就存在各种硬伤：在计划设立时就未征求拟纳入文保单位范围所有土地权利人、林地权利人、历史存在的镇村负责人、企业农田权利人等各类生产生活设施权利人的同意，未通过补偿、置换、征用等措施与原来的权利人达成协议，相关法规及规章也未对解决这些历史遗留的问题进行明确规定。虽然国土资源部曾经发文明确土地权属不影响管理权限，但在实际操作执行中难度很大，因此发展和保护之间时常产生矛盾。另外，权利人不明确也导致文保单位的主管部门以及所在地的地方各级政府不愿意主动投入大量的资金来解决这些历史遗留问题，导致部分文保单位实际无责任人真正进行产权管理，导致破坏文物行为往往蔓延成多方参与、多种形式状态，如长城诸多未划入国保单位的部分，被周边居民、施工项目法人单位等肆意破坏，虽然有些行为被查处，但基本不可能禁绝。

许多不可移动文物尤其是长城、大运河这样尺度大且跨界的线性文化遗产和范围大、近自然遗产形态的大遗址，还难免引发“公地悲剧”，即没有将权属落实到具体的机构并配套相应的制度，导致这些文物欠缺实质上的产权管理者。在国家自然资源已经统一管理、自然资源资产确权制度和不动产登记制度初步建立的情况下，文物系统的这种制度建设漏洞显然不仅不可能形成各行各业对遗产齐抓共保护的合力，而且难以明确责权统一的真正责任方。

其次，从国土空间用途管制来看，“要将文物行政部门作为城乡规划协调决策机制成员单位，按照‘多规合一’的要求将文物保护规划相关内容纳入城乡规划”是个很好的提法，但没有形成很好的做法，原因是文物部门对“多规合一”的重要性认识不足，少数先进典型的经验没有得到推广。

这些不足在中国大遗址的管理上体现得尤为明显。大遗址保护的核心问题是所有权不明确，还有在此基础上形成的公权和私权法律上的不完善，以及在处理公共利益时缺乏可以依据的法理程序。大遗址保护范围内的土地所有权与使用权是分离的，所有权有全民所有和集体所有两种情况，使用权主体也有国家机关、事业单位、企业单位、集体和个人多种。作为各级文物保护单位的大遗址尽管划定了保护范围和建设控制地带，但这些保护区划内的土地所有权没有从集体转移到国家，使用权也没有从单位和个人手中转移到代表国家行使保护和管理权的文物行政机构或事业单位。因而，文物主管部门在保护涉及大量土地和居民的大遗址时，不得不寄希望于地方政府采取行政手段来处理矛盾和问题。文物保护和管理部门实际上难以对大遗址保护行使《文物保护法》赋予的权力，处于无能为力的尴尬境地。

大遗址所在地的地表下埋藏着古代的遗迹和遗物，而在其地表以上则往往是现代人耕作的田地和居住的房屋。文物行政主管部门依照《文物保护法》来管理地表以下的遗址，国土、住建、农业和林业等其他职能部门按照《土地管理法》《城乡规划法》《森林法》等来管理遗址以上的地面部分。此外，县区和乡镇则按照《政府组织法》等管理遗址上的人及其社区。而居住在遗址之内和之上的城市居民和乡村居民，则按照《物权法》《土地承包法》及中央制定的政策与政府相关部门进行互动，以保证和维护他们在这片土地上的权益。这样，依附于土地的这些不同的利益群体自然就会有不同的利益诉求。政府的职能部门和基层组织自然会优先满足自己的直接责任对象的相关诉求，而将包括文物保护在内的责任排在相对靠后的位置。土地权益问题会直接影响各级政府部门的权益，当然也会产生各种各样的矛盾和冲突，无疑成为影响大遗址保护的关键问题。

习近平总书记担任福州市委书记时，针对文物保护现状，曾开创性地探索形成了“四个一”（一个局、一个队、一颗印、一百万元）的治理模式，即设立文物管理局，成立一个考古队，城建项目立项时需要征求文物部门的意见，加盖市文物局的印章，财政每年拨款100万元作为文物保护专项资金。这样的措施可使文物部门获得最重要的“权、钱”制度的保障，自然能发挥更大的作用。

四、人才结构与管理方面

（一）行政编制欠合理，基层工作人员数量不足

近年来，国家对遗产保护与发展的重视力度可以说是超乎寻常。不仅国家文物局增加行政编制，而且北京市文物局的行政编制也不断扩大至百人规模。但这方面的诸多管理要求，多数地方并未达到。如健全县（市、区）、乡镇（街道）、村（社区）三级文物安全管理网络，逐级落实文物安全责任；发挥乡镇综合文化站作用，完善文物保护员制度，推行政府购买文物保护服

务，逐步落实文物安全责任单位或责任人等。

受编制体制制约，目前各地区有限的文保人员主要集中在国保单位，守护古遗址、古墓葬、石窟、石碑石刻等田野文物的人数占比低，人员比例分布严重不平衡。机构设置仍有待加强。据国家文物局2017年的统计，全国2853个县（市、区）政府中单设文物局的很少，大部分为文广新局、文广旅局或文广体局，由一位副局长兼管文物工作，还有近1/3的县（市、区）政府既没有编制机构，也没有专人负责文物管理工作。有一部分县甚至连一个文管所都没有，基层一线管理近乎空白。田野文物保护单位数量多、分布广，与编制机构缺、文管人员力量弱的矛盾显而易见。在2018年中央政府机构改革后，地方政府的机构改革使文物行政管理机构的设置形势更不乐观。

（二）高素质、高质量的专业人员较为欠缺

随着城市化进程加快，农村人口加速流动，一些农村地区青壮年外出打工，只有老人、妇女和儿童留守，加之基层文物保护员工作生活保障机制不健全，田野文物保护员的来源成为现实问题。此外，管理人员能力不足的问题也较为突出。县以下单位的文管人员中，“半路出家”的较多，基层一线老龄化现象严重。由于工资待遇低、工作条件差，散落于田野的文物单位几乎还停留在“一个老人一条狗”的传统看护模式，无法实现对田野文物的有效保护。

有关数据显示，目前全国文管从业人员为15万余人，多数人员集中在省市文物部门、文保事业单位和博物馆，而基层文管所专业人员比例很低。全国3000多万件馆藏文物中，有病害的占到近一半，而全国的专业修复人员仅有2000人左右；对于不可移动文物，彩绘、壁画和石质文物修复人员最为短缺。

策展人制度等人事制度的创新不足及人事制度的不健全也阻碍了文物参与旅游商品“制造”。当前，国有博物馆的展陈人员多侧重于器物研究，举办器物类展览方面的能力较强，但从事历史文化传播相关展览的能力较弱；国有博物馆尚没有建立起自己的策展人培养体系，缺乏成熟的策展人特别是展览内容设计人才，对此类人才的需求非常迫切。

第四章

文化遗产“真实性”与“完整性”价值解读与文脉整合

第一节 “真实性”与“完整性”二元原则辩证关系

一、对“真实性”与“完整性”概念的界定

遗产的真实性和完整性是《保护世界文化和自然遗产公约》中的两个核心概念（王晓梅、邹统钎，2013）。真实性（也译作“原真性”）作为一个遗产保护准则，基于《奈良文件》（*the Nara Document*，1994），为文化遗产价值的界定及评估提供了关键性基础；作为一个学术概念，真实性最初源于博物馆与文物的相关研究，用来描述“我们每况愈下的环境特质下，人们对于物质存在和个体存在的可信度所产生的焦虑”（Trilling，1972）。自此，来自不同学科的研究者对其学术意义进行了不断的发展和丰富，并将其研究范围拓展到了各个不同的领域，包括文化人类学、社会学（建构主义视角下的真实）（Cohen，1988；McIntosh and Johnson，2005；Olsen，2002；Taylor，2001；Pearce，2005；Araoz，2013）、哲学（真实的“自我”）、社会心理学（Cohen，1979，1988，2002，2007；Bruner，1989，1994，2005；Turner and Manning，1988；Selwyn，1996；Wang，1999；Taylor，2001；张成渝，2010；Park，2019），甚至政治学（真实化的社会过程）（Cohen and Cohen，2012）。

1973 年，MacCannell 提出“舞台真实”理论，第一次将这一概念引用到旅游界学术研究中去，引起了人们的广泛关注，逐渐发展成为旅游社会研究的核心概念之一。很多历史学家和古建筑保护专家曾一再强调，“真实性”从其本质可理解为文化价值的“全面展现”（Jokilehto，1994；Alberts and Hazan，2010）。然而在文化遗产地旅游中，“真实性”概念更加复杂，不同的文化背景下和对不同的文化受众而言，“真实”的含义也不同（Knox，2008），中西方文化的差别也导致中外学者对“真实性”存在理解上的差异（王会战、

李树民，2014）。“真实性”进一步被解读为客观性真实、建构性真实和存在性真实，客观性真实和建构性真实都属于“基于客观对象的真实”，而存在性真实则更多是基于体验的真实（Wang，1999）。建构性真实影响存在性真实，而后者则对游客体验具有深刻影响（Park，2019）。同时，当地社区居民的角色也在遗产真实性价值解读中发挥越来越重要的作用（Deacon，2013；Boccardi，2019）。

在遗产地保护中，“完整性”原则亦作为衡量遗产价值的标尺（张成渝，2004），然而在承认《世界遗产公约》使全世界认同完整性原则的同时，还应谨慎对待对其概念界定的机械观点，这一观点牢固地植根于将遗产“物质化”的认识中（Zancheti and Hidaka，2011）。完整性最初仅用于评估自然遗产遗址的价值，它强调保持遗产突出的外在美感的需要，并确定生态系统保护和生物多样性的必要因素（Stovel，2007）。一些学者对这一狭义概念界定提出异议，认为遗产的所有要素都需要展现出其与众不同的普世价值，非物质文化属性也应包括在被评价的范畴中，“完整性”原则应同时关注对自然遗产及文化遗产文化属性的完整呈现（Jokilehto，2006；Stovel，2007；Zancheti and Hidaka，2011）。Jokilehto（2006）还将“完整性”定义为遗产地的各项特征能够在多大程度上完整、全面、安全地体现其文化价值，能否充分考虑到遗产地过去及现在所依托的文脉。宋奕（2012，2016）从人类学的角度论述文化遗产保护的整体性原则，认为“人对物质的文化遗产的占有与控制转变为一种‘在家感’，物质的、非物质的文化遗产以及其中的人都是相互联系着的、有着共同的‘亲族血脉’的各元素所构成的一个生态总体”。艾菊红（2017）亦指出文化遗产保护的整体性是人、物质与非物质、空间与时间有机统合在一起的，具有可持续发展的文化遗产保护原则。

二、二元原则的异步性

国内外对于文化遗产保护与利用的研究已有较为深厚的积累，对“真实性”与“完整性”原则和遗产活化的理解也愈加趋向多元化，尽管《行动指南》明确指出在遗产地保护和可持续发展中要联合运用“真实性”及“完整性”原则，然而在实践中，对于二元原则的理解和运用都需要进一步明确的认识。

“真实性”的概念，作为一个引起广泛关注的研究课题，学者对其进行了跨学科、多角度的研究：从考古及文物研究到旅游研究领域；从人类学角度到哲学角度的思辨；从针对旅游者真实性体验的社会心理学研究到针对“真实化”过程的社会政治学研究（Cohen and Cohen，2012）。与此相反，“完整性”这一议题则往往被局限于遗产保护领域，更准确地说是自然遗产地的保护。这种对于二元原则认识上的不平衡主要表现在两点：

首先，对这两个概念的界定和理解始终存在着异议，对于文化遗产“真实性”与“完整性”原则的研究存在一定程度上的异步性：一方面，“真实性”的概念作为一个引起广泛关注的研究课题，吸引了跨学科、多角度的研究，而“完整性”则更多停留在自然类遗产的保护领域，对于文化遗产而言，人们往往只是强调其历史“真实性”，对于其“完整性”则相应缺乏足够的关注与重视，而对遗产旅游者“感知完整”的研究则更是鲜见，这对于文化遗产保护与利用研究的进一步深化，无疑构成一种限制和阻碍；另一方面，对这两个概念的界定和理解始终存在着异议，中西方文化的差别也导致中外学者对“真实性”存在理解上的差异（王会战、李树民，2014）。这种对二元原则不同程度的理解和异步研究，不利于对遗产地文化价值的全面和深入理解。

其次，二者之间相互依存、互为因果的辩证关系往往被忽视。很多旅游行业的从业者和学者，将“完整性”与“真实性”分别视为两个各自独立的概念，对于二者的区别加以明确分辨，但对于二者之间如何相互联系、共同作用于不同文化背景下的内在关系与机制则鲜有提及。

此外，对二元原则在文化遗产活化中的应用鲜有提及。二元原则易被片面理解为遗产保护原则，而往往忽视其在遗产旅游开发与管理、遗产文化解读及有效传承方面的重要作用。即“真实性”和“完整性”原则作用于文化遗产旅游者主观体验、促进文化遗产的文化发掘和价值活化的内在机制，尚待进一步充分阐述。

三、二元原则的辩证关系

如果进一步揭示“真实性”与“完整性”的内在本质与适用范围，会得到一个对这两个概念间辩证统一关系更为全面的认识。Pocock 曾指出：遗产地旅游和遗产地保护应当构筑起一个更加全面的文化和历史体验。而这种“真实”的旅游者体验，应当包括基于遗产地文脉之上的各种变化、流动性与创新，而不是单纯将“真实”理解为一种绝对静止的、一成不变的状态（Pocock，2006）。Pocock 这一观点在遗产地保护和文化遗产旅游领域都引起广泛的关注和讨论，更重要的是，引发了人们对于二元原则内在本质上的统一性的深入思考。这种内在共通点即为：无论是“真实性”还是“完整性”，都从不同角度衡量着遗产地价值的“全面展现”（completeness）。

很多历史学家和古建筑保护专家曾一再强调“真实性”从其本质可理解为文化价值的“全面展现”，Jokilehto（1994）曾指出遗产地有形和无形的元素应当互为补充。许多遗产地包含多层次的文化含义，因为它们是在一个相当长的时期内逐渐形成的，并在不同的历史时期、不同的社会群体影响和作用下产生出相应的变化（Alberts and Hazen，2010）。因此，相比于将“真实”单纯定义为一个静止的、原始的、严格限定时间范围的概念，将其视为一个随着历史变化而不断动态发展着的概念，才能够更好地反映出文化遗产实际的历史与社会文化变迁（Labadi and Long，2010）。因此，遗产地的真实与否应当放在一个更加广阔的文化背景中来考量，这种文化背景即遗产地人与物所根植的文脉（Jamal and Hill，2004）。然而，这一观点在旅游研究中则未得到相应的重视，尤其在文化遗产地旅游研究中，“真实性”概念更加复杂，不同的文化背景下，对不同的文化受众而言，“真实”的含义也不同（Knox，2008）。Hagen（2005）曾援引了德国罗腾堡古镇（the town of Rothenburg）的例子。即使该古城曾经为达到“视觉上的真实感”而大规模地重建过，罗腾堡依然被当地的游客和旅游经营者视为一座原汁原味的中世纪古城。真实性不仅仅是强调有形实物的原真性，更包含了多种多样的视角、评判依据、先入为主的印象以及地域性和社会政治影响（Yang and Wall，2009）。这一观点与 Tayler 的观点不谋而合。Tayler（2001）认为理解真实性概念的基础即在于全面认识主观与客观、彼处与此地、过去与现在，以及传统（原始）与现代间辩证统一的相互关系。这种历史（包括史前）同现代之间文化的“延续性”应当被完好地、合理地保存、强化以及展现（Juan，2018）。

由此可见，“真实性”对于文化价值的“全面展现”原则与“完整性”从本质上来说达到了内在的一致性。Jokilehto（2006）将“完整性”定义为遗产地的各项特征能够在多大程度上完整、全面、安全地体现其文化价值，并能否充分考虑到遗产地过去及现在所依托的文脉。历史文化遗产的文脉，长久以来都被认为是一个用以评价文化遗产和历史遗迹价值的不可或缺的要素。因此，“完整性”不仅展现出了不同种文化的多元性，还使人们能够追本溯源，了解到不同文化都分别是何时、何地以及如何形成的，熟悉这些文化所植根的土壤和发展出来的脉络，以及不同文化间复杂交错的相互关系。换言之，“完整性”原则强调着这种文化的“延续”与传承，而正是这种“文化延续性”（culture continuity）如纽带一般将遗产地的过去和现在紧密联系到了一起，无论古代还是当代、有形还是无形的要素和属性，都属于这种文化延续性的一部分，需要人们从不同的角度（如地理学、心理学、社会政治学等）对其加以综合考量（Alberts and Hazen，2010；Jokilehto，2006）。

由此可见，“真实性”与“完整性”这两个概念实际上是相互呼应的一对镜像概念。二者都强调并突出了遗产地的文化延续性，即从其特有的文化根源衍生出来的历史、遗迹和共同的价值观（Tasci and Knutson，2004）。Stovel（2007）将这一观点进一步解释为：“真实性”与“完整性”二者之间的辩证关系可以用一些亚元素来进行更深入的说明，即全面性、完好程度、遗产的特征属性、空间与形态的真实程度及其功能的延续性等。Alberts 和 Hazen（2010）则强调了这一观点的重要性在于，在“真实性”与“完整性”这两个概念之间达到了一种平衡，而平衡点就在于两个重要因素：遗产地价值的“全面展示”及其“文化延续性”。

具体来说，“真实性”与“完整性”的辩证关系表现在三个方面：

首先，究其实质而言，“真实性”和“完整性”就是相互呼应的，“真实性”同样暗含了遗产地身份与价值的“全面”和“完整”，以及联系起遗产地时间和空间要素的文化“延续性”。

其次，“完整性”本身要求的“完好无损”，并不单单针对有形实体或客观对象，也应同时包括主观的旅游者体验，尤其从后现代旅游观来看，旅游者的主观感受和个人经历体验是极其重要的。

最后，尽管“真实性”与“完整性”经常被人们视为两个独立的原则，分别从两个方面去衡量遗产地的各种属性，实际上，二者是相互交融、辩证统一的镜像元素，正如同一枚硬币的两个面，它们在旅游地的保护和发展实践中，共同作用于旅游者的印象并最终影响着人们形成对遗产地的综合感知与体验。

第二节　基于主客观世界的文化遗产“二元三维”（FOE）理论模型

对文化遗产而言，“真实性”与“完整性”二元原则互为镜像，衡量和维系着文化遗产的价值存在与文化内涵，但在文化遗产的旅游化利用实践中，情况则复杂得多：文化遗产旅游的主客观世界中，还包含了物（核心吸引物）、场（能量场、资源场、文化场）、人（游客、当地社区居民）三个维度，存在着物、场、人三者之间循环不息、动态平衡的交互机制，可以通过抽象化的模型加以说明（见图4-1）。

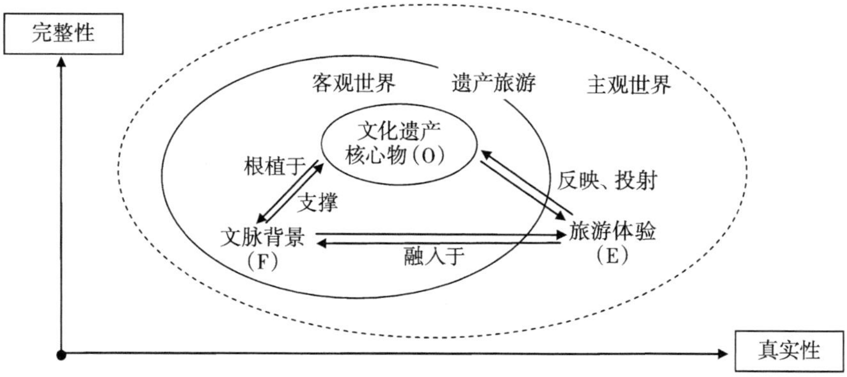

图4-1　文化遗产旅游地“二元三维”概念化理论模型（FOE模型）

注：O代表“物”（Object），F代表“场”（Field），E代表“人（的主观体验）”（Experience）。

如图4-1所示，旅游标的物及其周围环境构成了旅游客观世界，这种客观世界作用于并影响着旅游者的主观世界，并最终反映在旅游者的个性化体验中。如果“真实性”可被解读为客观性真实、建构性真实和存在性真实（Wang，1999），那真实性的体验的构筑应既包括基于客观对象的真实，也包括基于主观体验的真实。对于文化和遗产旅游来说，不仅其核心旅游吸引物及外围背景迥异，旅游者对其的感知也各不相同。然而，总是有千丝万缕的联系使客观世界与主观世界紧紧联系起来。在遗产地旅游中，文化遗产作为旅游客体，深深植根于其所处的文化背景（即文脉）中，而文脉又同旅游吸引物相呼应，形成目的地独特的文化价值，给旅游者带来独特的体验。尽管旅游者的体验是主观的、因人而异的，但也是对客观世界的一种反映和投射。因而在主观世界和客观世界中以及旅游标的物及其所依托的文脉间，不断进行着能量与信息的交换与沟通，形成了一个物、场、人三者动态变化、相互作用且交互影响的能量场。

在这种不断发展变化和能量相互交换与沟通的过程中，遗产地的文化延续性则发挥着文化纽带和桥梁的作用，将历史（包括史前）同现代紧紧联系在一起（Taylor，2001），被游客和接待地社区居民所共同感知：对于接待地居民来说，他们需要保持一种专属于他们的“特有身份”，将他们与其他群体区分开来，从而获得相应的文化认同感、集体回忆、群体情感联系和文化共通感，并保持着该社区群体的文化延续性和完整性（Gillis，1994；Tasci and Knutson，2004）。接待地社区成员在旅游过程中只有保持这种文化真实性（完整性）特质，才能回答“我是谁”这类认清自身本质的问题，才能抱着真诚和信念面对真实的自我及所处的环境（Cooper，1983）；而对于旅游者来说，他们对于遗产旅游地的综合印象和体验都是在遗产地真实性（完整性）价值的基础上形成的，甚至根据“存在真实”理论（Wang，1999），大多数情况下旅游者会成为这种价值的决定性因素的一部分，因为旅游者不一定是只会被动接受的“局外人”，他们甚至会充当起遗产地和其环境之间文化交流与信息互通的一个积极的媒介。

第三节 基于FOE模型的文化遗产价值体系解构

为进一步说明“真实性”与“完整性”之间错综复杂和多维的相互关系，并将它们同遗产地旅游相联系，本书尝试提出一个概念化整合模型，探讨在文化遗产旅游规划和适度开发的过程中，“真实性”与“完整性”所包含的各个亚属要素及其相互之间的关系。这一概念化模型将“真实性”与“完整性”视为两个互补共生的维度，每个维度又可以细分为不同的亚类来表征遗产地旅游活动的不同方面与特性。

一、“真实性”维度

真实性可以分为客观性真实、建构性真实和存在性真实三类（Wang，1999）。客观性真实和建构性真实都属于“基于客观对象的真实”，而存在性真实则更多是基于体验的真实。这一理论划分很好地总结了关于真实性的理论研究，本书依然延续这种划分方法。然而应该注意的是，尽管该理论提出的三类真实认识到了客观世界和主观世界的界限，却仍需要进一步对物、场、人三者进行充分的权衡和考虑，尤其是在判断、评价一种旅游体验是否“真实”之前，对于文化延续性以及旅游标的物同其所处环境之间的复杂关系也应进行充分的了解。而这种“文化延续性”又恰恰是需要同时借助于“完整性”原则来一并考量，才可以被充分理解和认识的。

因此，在本书的概念化模型中，“真实性”概念被放在一个更为广阔的视角中，细分为不同的组成元素，并尝试性地在文化遗产旅游中，构建起物、场、人三个关键性要素之间的平衡。

二、"完整性"维度

要评价遗产地的完整程度，很重要的一点是要理解遗产的组成要素及其形成过程中所处的环境（Berg，1988）。正如上述所言，旅游是由包含旅游标的物及其所依托环境的客观世界和主观世界所组成的系统，涵盖了物、场、人三大关键要素，系统地在各要素之间不间断、持续地进行着信息和能量的交流和交换。因此，完整性作为一个最初用来衡量遗产保护的完整和完好程度的概念，不仅是针对旅游核心吸引物，更与吸引物所依托的文脉密不可分。

旅游标的物本身包括有形特质和无形特质，同理，其所依存的文脉也包含有形和无形两个方面。比如，遗产的有形特质可以具体表现为形态、层次布局、材质和装饰等，而无形特质可以是凝结在有形特质之上的宗教信仰、民间传说故事等。因而遗产的完整也应包含具体属性（功能、外观等）和抽象属性（象征、含义等），以及有形元素（建筑、景观等）和无形元素（气氛、感觉等）。

然而，一旦将主观世界纳入考虑范畴，情况将变得更加错综复杂，完整性也应同真实性一样，涵盖"基于客观对象"和"基于主观体验"两个层次，从直观可见的遗产结构完整到看不见摸不着的旅游者体验的完整；探讨范围也从相对明显的客观世界跨入颇为神秘的主观世界，并且应在有形和无形、抽象与具体的不同层面加以考量。

三、二元原则的整合

通过对上述两个维度的梳理，得出二元原则的概念化整合模型（见表4－1）。在该模型中，客观性真实（完整）被进一步解释为以下几个方面：

旅游标的物的有形属性：原始形态、设计、材质及物理纹理；外观、内部构造、装饰和功能；有史可考的真实文物等遗存、遗迹（Bruner，1994）；史料记载的信息和数据。

旅游标的物的无形属性：历史事件和真相；宗教信仰；内在的艺术及审美价值。

旅游标的物的具体化环境：遗产所坐落的独特位置；外围环境及景观；

周围的建筑体及自然环境；缓冲带。

旅游标的物的概念化环境：当地传统和习俗；相关的故事、人物、民间传说和传奇等；呼应性的文化要素。

建构性真实（完整）则可以由以下几个方面来解读：

旅游标的物的有形属性：历史性重建和复原；不同历史时期变迁过程的完整展示和再现。

旅游标的物的无形属性：文化符号及象征；隐含的指示和信息；历史文化的内涵和意义解读。

旅游标的物的具体化环境：空间结构及其分布；支持和解释性的配套设施及服务；“视廊”建设。

旅游标的物的概念化环境：建构性的目的地形象；文化现象；文化一致性；社会政治和社会经济背景。

存在性真实（完整）或基于体验的真实（完整）则通过以下几个层次的元素来反映：

旅游标的物的有形属性：高参与性的活动和项目；历史仪式和场景表演；历史（包括史前）文明的再现（E. Cohen and S. A. Cohen，2012）。

旅游标的物的无形属性：遗产文化价值的个人感知和主观评价；文化认同感和共鸣。

旅游标的物的具体化环境：游客和当地居民的交流与互动；对整体环境和氛围的融入程度；对遗产旅游地的总体情感和综合印象。

旅游标的物的概念化环境：同遗产地及其文化背景间富有意义的接触（Jamal and Hill，2004）；文化冲撞；主客观世界的“共睦态”（a sense of communitas）（Turner，1973）。

表 4-1　文化遗产真实性与完整性二元三维价值体系解构

完整性(Authenticity)		真实性(Integrity)		
		基于对象的真实←旅游体验(E)→基于体验的真实		
		客观性真实(EO)	建构性真实(EC)	存在性真实(EE)
遗产核心物(O)	有形属性(OT)	原始形态、设计、材质及物理纹理 外观、内部构造、装饰和功能 有史可考的真实文物等遗存、遗迹史料记载的信息和数据	历史性重建和复原 不同历史时期变迁过程的完整展示和再现	高参与性的活动和项目 历史仪式和场景表演 历史(包括史前)文明的再现
	无形属性(OI)	历史性事件和真相 宗教信仰 内在的艺术及审美价值	文化符号及象征 隐含的指示和信息 历史文化的内涵和意义解读	遗产文化价值的个人感知和主观评价 文化认同感和共鸣
背景环境(F)	具体化环境要素(FS)	遗产所坐落的独特位置 外围环境及景观 周围的建筑体及自然环境 缓冲带	空间结构及其分布 支持和解释性的配套设施及服务 “视廊”建设	游客和当地居民的交流与互动 对整体环境和氛围的融入程度 对遗产旅游地的总体情感和综合印象
	概念化环境要素(FC)	当地传统和习俗 相关的故事、人物、民间传说和传奇等 呼应性的文化要素	建构性的目的地形象 文化现象 文化一致性 社会政治和社会经济背景	同遗产地及其文化背景间富有意义的接触 文化冲撞 主客观世界的“共睦态”(a sense of communitas)

第四节　文化遗产的文脉整合

一、文脉概念

“文脉”一词是从英文“context”翻译而来的，“context”原意为“（文章中字、词、句等的）上下文；（事物）发生的环境、背景”。而在我国，最早引入文脉概念及其应用意义的是陈传康（1995）和李蕾蕾（1998）。早在1990年，著名旅游地理学家陈传康给“文脉”下了一个经典的定义。他认为，所谓“文脉”，是指旅游点所在区域的地理背景，包括地质、地貌、气候、土壤、水文等自然环境特征；同时也包括当地的历史、社会、经济、文化等人文地理特征。李蕾蕾（1998）认为，文脉是一种“综合的、地域性的自然地理基础、历史文化传统和社会心理积淀的四维时空组合”，进而把文脉作为旅游形象内容的源泉。此后，郭来喜、范业正（1998）在此基础上又以旅游地资源属性及其周边环境因素为依据，提出了“地脉”的概念与之对应，用来表示区域自然地理背景或旅游地的自然构成因素，从而使“文脉”这一概念集中于表现文化的内涵。王铮、李山（2004）则认为，文脉不仅仅是文化内容。在旅游区水平上，文脉是“由自然景观、文化景观的‘绮交’而体现的旅游区文化形象，它‘脉注’在旅游区，体现文化主题或者说文化精神，给旅游者以特有的文化感受”。

随着旅游开发实践的进行，文脉的概念逐步得以明确和完善，人们对于文脉也有了新的认识。

吴涌等（2003）认为文脉的原意除了传统的文化意味外，还包括人工环境、城市肌理等众多的含义。张宏瑞（2004）则认为，除了当地的地理和社会背景以外，区域的本土文化中能够对异地游客产生吸引力的当地人的思想倾向，以及乡土文化氛围也是本土文脉的重要构成。

文脉不再只是一个单一孤立的概念，而是与历史人文古迹保护，旅游区域规划、开发及形象策划，乃至整个城市的规划与建设问题结合在一起，在多领域为人们提供了新的思路及新的研究视角，因此也产生了许多新的概念。作为对原概念的衍生与拓展，赵荣等（2002）提出了“景观文脉”的概念，认为它是指旅游目的地自然景观和人文景观的文化内涵及其有机联系。郑志权（2004）提出“城市文脉”（Urban Context）的概念，主要是指在城市建筑及外部空间环境规划设计时要与人的需求、文化、历史、社会和自然生态等外部条件相匹配。他将城市文脉分为两类：“显性文脉”与“隐性文脉”。前者是指通过研究城市环境表层物质形态而产生的设计手段和处理方法，对旧建筑外貌的保护与维护即属于此类；后者则是指城市环境各实体要素和城市环境中潜在隐形规则之间的联系，不仅仅局限于实体要素本身而谋求的城市环境设计的改造方法。

二、文脉的特征及意义

王铮等（2004）指出了旅游区文脉的特点：文脉是一种传承的文化表现；文脉是一种历史遗产的现代传承；文脉来自对地理背景的现代美学提炼。在此基础上，作者提出了以下的文脉规划原则：文脉是游客可以理解的；文脉需要有历史继承性；文脉要体现旅游区特定的功能；文脉是符合现代美的；文脉要求旅游区的整体配合；文脉是全局的；文脉是需要改进的；文脉指导旅游区营销形象。

张宏瑞（2004）进一步分析了文脉对区域文化形成的影响及其在文化资源旅游开发中的主导作用，总结出文脉是区域文化旅游开发的关键所在，它不仅提供了众多的实体文化景观，还积淀了底蕴极其深厚的无形文化遗产。

吴必虎（2001）强调了旅游规划中地方性研究的重要性，尤其强调对地方历史文化特征的研究。这体现出人们对文脉特殊意义的强调与把握。

郑向敏等（2004）认为，文脉具有承上启下的传承功能以及阐释人类生活的符号功能，它依托于各种物质载体以及人类的活动。由于具有较强的独特性与差异性、不可移植性与复制性，以及较强的展示地域个性与特性的标志功能，文脉是文化的“精神与灵魂”，文物等文化实体一旦失去了文脉，就失去了灵魂，而变得孤立、干枯而没有内涵；同时，文脉若失去了文物的支撑，也就会因失去了躯干和土壤而变得虚渺和不可视。

三、文脉在遗产保护与利用中的应用研究

关于文脉的研究和分析对于文化遗产地的发展起着重要的作用，在人们的历史文物古迹保护以及旅游开发的现实实践中，得到了较为广泛的应用。

张宏瑞（2004）强调，区域文化旅游开发必须紧紧抓住当地文脉，合理地确定开发的文化主题，塑造富有当地特色的文化旅游品牌。另外，他还对文化资源旅游开发中的产品创新与文脉突破问题提出了一定的见解。赵飞羽等探讨了旅游开发主题与当地的地脉和文脉之间存在的三种关系，认为旅游项目成败的关键在于正确确定旅游开发主题，而主题的确定又取决于对当地地脉、文脉的准确把握和对客源市场的深入分析及定位。齐子鹏等（2003）以武汉市为例，分析了如何在旅游规划中加强文脉分析，强调旅游规划的制定应当充分考虑文脉在历史进程中的地位与影响；旅游地应当尊重历史文脉，顺应原有的肌理，把握与提炼地区特色与文化传统，并从现代生活中汲取活力，使文脉成为旅游地的生命，在旅游发展进程中延续并发展。李山等（2004）将计算机软件工程领域中面向对象的思想和方法引入了旅游区规划的研究和实践中，提出面向对象景区总体规划应符合“文脉一致”原则。林兴良等（2003）结合广东省台山市（县）的文脉和资源特色，对台山市（县）旅游形象系统做了初步探讨。郑志权（2004）总结出城市文脉常用设计手法在城市环境改造与景观再创造中的应用。单霁翔（2007）论述了文脉在城市文化遗产保护与文化城市建设中的重要作用；张硕（2015）以考古学为视角对汉水流域的襄阳文脉进行了梳理；胡方、陈进等（2019）则以日喀则为例，探究如何以整体空间格局的延续性、多元文化风貌的关联性、特色文化要素的整体性为核心策略，建构空间特色发展框架，从而传承历史文脉，增强文化自信。

对于文物古迹保护问题，郑向敏（2004）分析了文物保护的必要性与文脉中断的原因，认为文物保护不当造成文脉中断的原因主要是意识缺乏造成

文脉中断以及单体保护观。其中，后者是指只重视单体的保护，而缺乏对文物的整体性保护。作者认为，文物所在环境是文物生存的土壤，文脉是物质要素与精神要素的融合，注重文物实体的保护而忽视对其所在环境的保护同样是对文脉的破坏，特别是一些对环境依赖性较强的重要古遗址、历史街区等。文章援引天津市城市规划设计研究院专家石坚的观点，指出“人们应该转变思路，对能够代表和反映一个特定历史时期或一种生活环境的区域整体进行保护。只有再现其独特的人文环境的氛围和气息，建筑这个凝固的历史才能使人读出深刻的内涵来”。这一观点提供给人们一个认识古迹保护、文脉传承的新角度，也为“文脉整合”概念的提出奠定了理论基础。

四、文脉整合

“整合”是理解的一个层次、一个阶段，且是一个更高的阶段，它帮助人们加深理解，达到认知的统一。在此基础上，曲冰、梅洪元（2004）就以“整合”的方法为思维方式，以系统的方法为研究手段，把建筑放置于文脉中，探索两者间相互依存又相互矛盾的辩证关系。赵荣、郑国（2002）运用文化地理学的观点，从对区域景观文脉的认知入手，论述了区域旅游规划中景观文脉整合的重要性，并阐述了区域旅游规划中景观文脉整合的方法。

二元原则与文脉整合相关文献逻辑关系如图 4－2 所示。

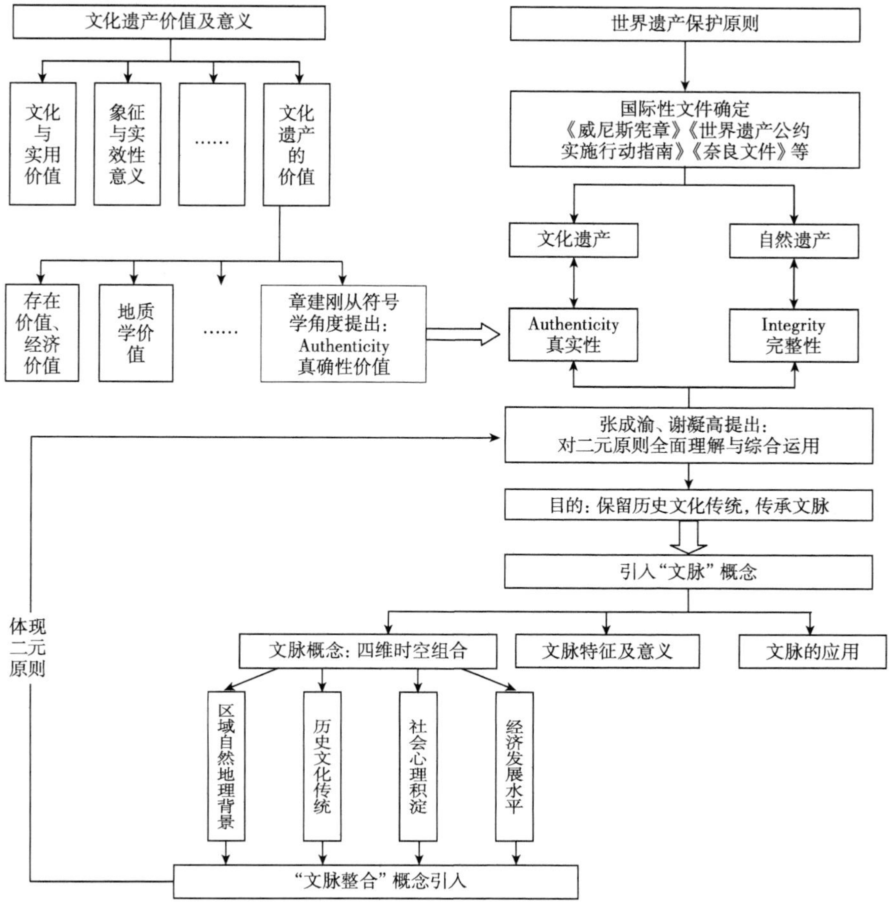

图4-2 二元原则与文脉整合相关文献逻辑关系

五、文化遗产文脉整合路径分析——以西安明城墙为例

(一) 西安明城墙历史与构造情况

1. 历史演进

城是人类社会发展到一定阶段的产物,就其作用而言,最初主要适用于防守,以确保城内居民的安全。随着阶级社会的发展和等级制度的完备,城的本身也深深烙上了社会形态的印记,使得城的种类、功用不断增多,也使得城的发展史成为古代历史的重要组成部分。

“城墙”一词是从“城”字引申而来的，“城”的本义是筑土围民而成国，因此引出“城墙”一义。城墙，是人们为防御外来侵袭所修造的自卫设施，它的出现与人们的定居生活紧密关联。远古时期，人们从流动的狩猎生活转向农业劳动，有了较稳定的居住区，为提防野兽和外部落的袭击，人们在居住地周围挖掘深沟。经考古发掘证实，距今6000年的西安半坡遗址就建有这种防御设施。若把半坡村落视为城市的最初萌芽，则这些壕沟就是当时相当于城墙的设施，对于聚落起着一种防护作用。

尽管这种极为简陋的原始防御设施尚不具有军事目的，但却孕育了后代雄伟而精密的军事防御体系。待人们发明筑墙技术后，城墙自然伴随城市同时诞生，成为古代城市的显著标志。据汉代《吴越春秋》记载：“鲧筑城以卫君，造郭以居，此城郭之始也。”大约是在距今4500年的原始社会晚期。城墙随着私有制的建立开始出现，逐步成为中国古代城市传统而典型的防御设施。

现存的西安城墙，其历史可以追溯到唐代首都长安城内的皇城，后经五代、宋、元等时期，于明洪武七年到十一年（1374—1378年），在明太祖朱元璋的“高筑墙、广积粮、缓称王”政策指导下，在隋唐皇城的基础上正式建成，至今已有600多年历史，是我国目前保存最为完整的一座古代城垣建筑。

2. 构造简述

西安明城墙位于西安市市中心区，呈长方形，墙高12米，底宽18米，顶宽15米，东墙长2590米，西墙长2631.2米，南墙长3441.6米，北墙长3241米，总周长14千米，城垣面积11.5平方千米。城墙的厚度大于高度，因此十分稳固，顶部可以驾车与操练士兵。明建西安城共有四座城门：东长乐门、西安定门、南永宁门以及北安远门。每个城门都由箭楼和城楼组成。城墙主体包括护城河、吊桥、闸楼、箭楼、正楼、角楼、敌楼、女墙、垛口等一系列军事设施，构成严密完整的军事防御体系（见图4-3）。

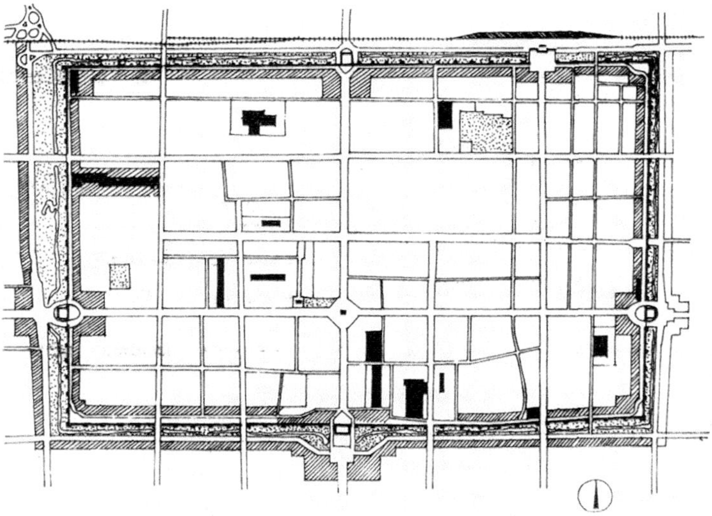

图 4－3　西安古城墙构造示意

（二）西安明城墙保护与利用现状分析

1. 现状概述

现存西安城墙是明隆庆二年（1568 年）包砌青砖后，又于清乾隆年间大规模整修后的遗物，风格上延续了汉唐的风貌旧制。城墙自建成后共经历了三次大的整修：明隆庆二年陕西巡抚张祉主持修复使土城第一次变成砖城。清乾隆四十六年（1781 年）陕西巡抚毕源主持对城墙和城楼做了整修。自 1983 年以来，陕西省和西安市人民政府对古城墙进行了大规模的修缮，补建已被拆毁的东门、北门箭楼、南门闸楼、吊桥；治理护城河；打通环城北路；改造环城绿化带。南城体现城墙的主体特色，城楼上建文物保护展览馆；东城体现古代战争攻防守御的特点；西城用造园手法，巧布 3 处“园中园”，城楼上设有文物史迹展览馆；北城与铁路并行，显示古城雄姿。古城墙整体是一个全新的形象：城堡高筑、城河深下，城河之间是花木组成的绿化林带。如今已初步形成了城、河、林、路一体的近 14 公里长的带状城墙景观，并已成为目前西安的一大旅游景观。

2. 西安明城墙保护与利用实践中存在问题分析

经过笔者的实地考察与现场问卷调查，发现目前城墙保护与利用现状中尚存在以下一系列问题：

首先，城墙景观带存在内外隔断且缺乏环境呼应，削弱景观整体性。

西安城墙景观带由三个圈带状景观系统构成：一是包括城墙、城楼、箭楼、角楼、敌楼、箭垛、马道、门洞等在内的城墙建筑景观系统；二是城墙外侧，包括林地、护城河、小广场、桥涵、水榭、康体游憩设施、环城路林荫走廊在内的环城林地绿色休闲景观系统；三是城墙内侧，包括顺城路沿线、街铺、卷曲、宗庙、寺观、历史街区、传统民居、旅游景点、文物市场在内的顺城路古城人文景观系统。这三个系统作为城墙景观带的有机组成部分，共同为人们（包括当地居民、游客以及研究考察学者等）所感知，构成人们对城墙景观的整体认知。然而，城墙内外侧的两个景观系统却以城墙为“分水岭”割裂和隔断开来，二者无论是在主题功能、空间布局、生态环境及文化氛围，还是在建筑风格、分布肌理以及色彩搭配上，都存在着迥然的差异：城外，鳞次栉比的高楼大厦环绕车水马龙、川流不息的环城路，郁郁葱葱的环城绿化林带围拥城墙，几近淹没人们观赏城墙的视线，完全呈现出一派热闹繁华而又千篇一律的现代都市景象；城内，顺城巷一带本有着极为丰富的包括传统民居、宗教名胜、书法曲艺、民俗旧制等在内的人文景观与历史遗产，但由于缺乏统一的规划、管理与保护，到目前为止，这些历史遗存大都散落于城墙根的一隅，根本无法形成浑然一体的整体文化氛围与大气候。顺城巷沿线一带建筑物虽然高度得到了一定的控制，但多是些矮小破旧的水泥民房，呈现出一派杂乱残破的景象，与城外的景观形成了强烈的反差、隔断与互不协调。而城墙则成为一道显在视觉景象与潜在文化氛围的双重屏障，隔断着内外空间，使三大系统无法达到形式和内容上的统一与协调。城墙本身更是由于缺乏环境的支持、呼应与烘托，实际上成为一个孤零零的文化单体，尴尬地立于现代都市之中。这些都在一定程度上削弱和破坏着城墙这一历史古迹的“真实性”与“完整性”。

根据笔者在城墙现场做的问卷调查，在发放的200份（中英文各100份）

问卷中，回收有效的中文问卷 68 份、英文问卷 76 份。当问及“城墙及周围景观是否古朴”时，在被调查的国内游客中，约有 17.6% 的人认为“十分古朴”，而 76.5% 的人则认为“不够古朴，过于现代化”；国外游客中，52.6% 的人认为“antique enough”（非常古朴），42.1% 的人则认为“modern rather than antique”（现代化而不是古朴），还有 5.3% 的游客则认为“completely modern”（看上去完全现代化）（见图 4－4）。

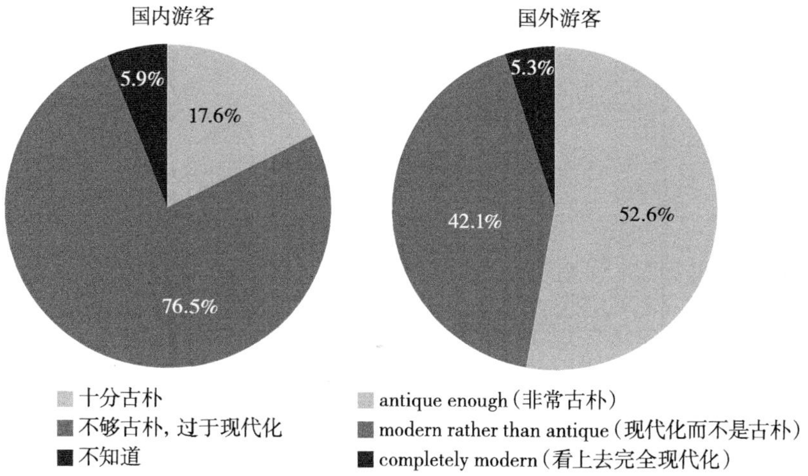

图 4－4 “城墙及周围景观是否古朴”调查结果统计

其次，虽然人们已经意识到城墙的历史、文化、艺术以及科学价值，并对其进行了一定程度与一定范围内的保护、修缮与旅游景观开发，但却缺乏对城墙文脉的深层次认知与挖掘。

西安拥有长达 3100 多年的城市发展史，其中近一半的时间是作为 13 个朝代的都城，地上、地下历史遗存极为丰富，尤其是周、秦、汉、唐四大文化久负盛名。西安城墙虽是明代所建，但是却延续了汉唐的风貌旧制以及文化积淀，因此凝聚在城墙实体中的是跨越多个朝代的、多层次的、错综交叉的综合文化体系，这一体系，连同西安其他的历史遗迹、文化遗产、传统民俗以及社会心理积淀等，共同构成了西安特有的文脉。对城墙保护的最终也是最为高尚的目的，就是延续这种文脉，即所谓的“在更为深远的文化层面上展示当今世界对未来人类长远的人文情感”。然而，在文脉的传承问题上，对于城墙文脉，甚至整个西安的文脉的认知就比较模糊不清。城墙的历史沿革、经历的历朝历代的风俗旧制、思想文化与时代精神的层次、相互之间区别却又融会贯通的复杂联系，都需要有一个全面的把握才能切准其文脉所在。另外，对于本地文脉的独特性的精准认识与把握也相对欠缺，这种独特性可以通过纵横对比得知：横向上，西安城墙区别于南京城墙、平遥城墙、苏州城墙以及原北京城墙的是什么？它们内在积聚的文化又有何不同？纵向上，西安城墙从最初的唐皇城，跨越千年沧桑物变至今，在本身的建筑性质、功能用途都发生改变时，不变的是哪些物质与非物质的历史遗存？贯穿始终的文化内核历经何种改变，其中又有哪些保持了相对稳定的状态保留至今并将继续传续下去？对于这些问题，理论界尚处于探索阶段，未能给出全面而完善的答案。

最后，在文脉的传承与体现上力度不够，未将文脉充分糅杂到景观中，形成了无形文化与视觉景观二者的剥离。

在同批问卷调查中，对于“站在城墙上能否感受到中国古代历史文化的冲击与震撼”这一问题，国内游客中，36.8%的人回答“能感受到”，而57.9%的人则表示“感受不深”；国外游客中，64.7%的人给予肯定回答，29.4%的人则持否定的态度（见图4－5）。

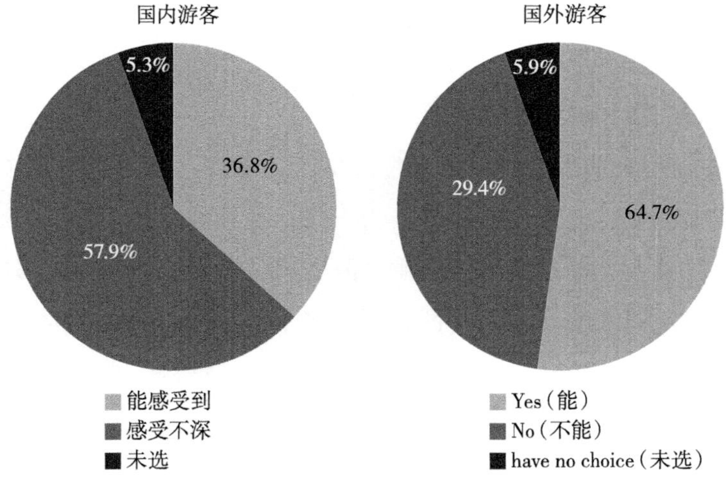

图4－5　“站在城墙上能否感受到中国古代历史文化的冲击与震撼”调查结果统计

这一结果一定程度上说明，即使对城墙景观的文脉已有较好的把握，但如果不能将文脉物化和展现出来，加以强调、凸显，也会使这种文脉逐渐"孱弱"下去。正如王铮、李山（2004）所说，文脉是"由自然景观、文化景观的'绮交'而体现出的一种'文化形象'，它'脉注'在文物古迹或旅游资源上，体现其文化主题或者文化精神，给旅游者以特有的文化感受"。因此，文脉最基本的特点"应是游客可以理解的"。

（三）西安明城墙文脉整合系统

1. 景观文脉整合概念的研究背景

针对以上提出的城墙保护与利用现状中存在的一系列问题，传统的"单体保护观"已十分不适宜了。这种文物保护观不仅不能有效地传承文脉，延续文物古迹独有的文化特质与传统，还会造成文脉的中断。其中，"单体保护观"是指只重视单体的保护，而缺乏对文物的整体性保护。文物所在环境是文物生存的土壤，文脉是物质要素与精神要素的融合，注重文物实体的保护而忽视对其所在环境的保护同样是对文脉的破坏，特别是一些对环境依赖性较强的重要古遗址、历史街区等。天津市城市规划设计研究院专家石坚也曾郑重指出："人们应该转变思路，对能够代表和反映一个特定历史时期或一种生活环境的区域整体进行保护。只有再现其独特的人文环境的氛围和气息，建筑这个凝固的历史才能使人读出深刻的内涵来。"这一观点提供给人们一个认识古迹保护、认识文脉传承的新角度，也为"文脉整合"概念的提出奠定了理论基础。"整合"是理解的一个层次、一个阶段，且是一个更高的阶段，它帮助人们加深理解，达到认知的统一。曲冰、梅洪元（2004）就以"整合"的方法为思维方式，以系统的方法为研究手段，把建筑放置于文脉中，探索两者间相互依存又相互矛盾的辩证关系。赵荣、郑国（2002）则运用文化地理学的观点，从对区域景观文脉的认知入手，论述了区域旅游规划中景观文脉整合的重要性，并阐述了区域旅游规划中景观文脉整合的方法。目前，对于"文脉整合"的研究有待进一步拓展与深入。

2. 西安城墙文脉整合系统的建构

对于西安城墙这一具有特殊价值的历史文物古迹，无论是对其文脉的保护、传承，还是对文脉的进一步深化挖掘，都应遵循“真实性”与“完整性”原则。在全面理解遗产保护二元原则后，对于文化遗产的“完整性”，尤其是文化概念上的完整性，应给予足够的重视。这体现在文脉的挖掘与传承上，就是如何将“真实性”与“完整性”二元原则结合起来；将历史人文史迹的文化内涵、历史文化传统、社会心理沉淀与社会经济大背景这多维的时空组合“整合”起来，形成一个有机的、层次分明但又主体鲜明的统一文化实体，也即“文脉整合”理念的引入。在这一理念的指导下，针对上述保护与利用现状中存在的问题，不妨尝试着初步构建西安城墙综合景观系统。

西安城墙作为历史遗迹，忠实体现了中华民族在历史发展中对于环境的理解、对历史承继过程中的空间环境和人类活动的历史规律的认知，在这些景观区域中，空间的信息基因在历史的荡涤中顽强地体现着历史的延续和地方特色，同时把抽象的历史形象再现出来，成为今天人们在城市文化生活中认识历史、了解地方文化、建立民族自尊和自信的重要因素。在悠久的历史发展过程中，城墙景观中的文化基因，形成了自身特有的文化信息演进模式和发展规律。正是由于城墙及周围环境作为一个整体景观区域，具有“历史性和空间性的双重文化属性”（任云英，2003），所以可以构造出两条向不同方向纵横延伸的二维坐标轴：时间轴和空间轴。然后分别沿着纵横交错的双轴进行思路的延伸和拓展，即从不同的角度审视同一主体，以不同视角寻求解决问题的最佳方案和途径。

（1）时间轴

时间轴是以城墙、西安，乃至整个中国的历史发展为主线，从历史的源头发端，贯穿各个朝代，延续至今，并将继续向未来延伸开去。西安自周文王选作都城起，历经3000余年，在其自身发展中，各个历史城市，包括西周的丰镐二京、秦咸阳城、汉长安城及隋唐长安城，已经不是由于历史的因素而相互作用，而是构成一个由各个历史时期的都城遗址及其所形成的整体的历史文化景观区域。它们的产生、兴盛与衰落是有各自的依据的，但作为历史文化发展的物证，它们的生存基础则是共同的。西安特有的周、秦、汉、唐四大文化，也并不是完全割裂的，而是有着千丝万缕的联系，彼此之间相互交叉重叠。

从周朝的“城”的雏形，直至汉代官城的发展，城墙在隋唐正式定址并成型，又历经五代、宋、金、元、明、清各朝代在此基础上的修建、沿用、改造与修葺，形成了多样的功能与文化叠加，留下了丰富的历史信息。尤其是隋唐城市布局所体现的典型封建礼制思想与帝国气象，以及明清城防建筑所展现的严谨形制和庄严华丽，使其无论是在器物层面还是在文化象征层面都具有崇高的地位，并且也打上了四大文化的深深烙印。它所反映的不仅仅是某朝某代的文化，还是以四大文化为代表的中国古代文化的合体。它包括有形和无形的历史因素与文化信息要素，这些要素间业已形成一种稳态的关系，相互之间共生共存，构成一个有机的文化系统。

从时间轴来讲，重点就是要使这一文化系统在城墙身上得以充分地体现，要使以周、秦、汉、唐四大文化为代表的中国古代文化得以贯穿、协调与统一。具体来说，就是对历史原貌与环境的再现。既包括宫廷历史文化的再现，也包括市井风土民俗的再现。要加强历史考证，通过历史古迹保护、历史景点标识与街区复原等多种方式，综合融会、延续历史文脉，可以尝试通过以下几种形式和途径加以实现：

① 对顺城巷和环城路进行仿古改造，南段以唐代风貌为特征，北段以汉代风貌为特征，东段以秦代风貌为特征，西段以周代风貌为特征。周朝发源地和丰镐都城遗址均在城西；世界遗产秦始皇陵和兵马俑在城东，秦统一六国也是在东面；汉长安都城遗址在城北，汉征匈奴也在北面；唐长安城与现存大、小雁塔则主要在城南。这样站在古城墙之上，看见的就是“周衢”“秦道”“汉路”“唐街”，环绕城墙一周，便犹如游历了整个中国古代史，感受相互差异却又紧密相连的四大古文化在城墙这个建筑实体上的凝结。

② 可以在西、东、北、南四大城门分别举行周、秦、汉、唐的不同主题的迎宾入城仪式景观，彰显秦风唐韵。

③ 依托箭楼、城楼建筑，设立城墙博物馆，在城墙脚下建设古都博物馆

等。在对珍贵文物保护、保存的同时，展现出独特的“文脉”。

④ 在城墙上及顺城巷一带定期创办或布设古代攻防器械展，设立长安书画、周秦汉唐文化主题展馆及各种临时展览。

⑤ 对于与城墙紧密相关的非物质文化遗产应大力加以挖掘。例如，对于歌咏长安的数千首唐诗以及汉代乐府诗应予以充分利用，利用石碑、石刻、铜雕等方法加强对“唐诗汉赋”的文化解说，将其精髓吸纳进城墙景观中，存留并活化此类文化遗产。

⑥ 西安城门在漫长岁月中曾发生种种变化，有着各自不同的来历和渊源，对它的解读可以从一个侧面了解、触探、体味城墙本身的沉浮兴衰。例如，文昌门，位于碑林博物馆南侧。因此处的城墙上建有魁星楼，魁星又名“奎星”，位列二十八星宿，传说是主宰文运兴衰的神，人称“文昌星”。明清时，西安府学和孔庙建在城墙脚下，魁星楼也顺势建于城墙之上，而魁星楼下的城门也自然命名为“文昌门”。如果能够对每个城门都设立中英文的解说和介绍，则有助于人们理解城墙的历史变迁与不断延续的文脉。而对于诸如含光门、朱雀门等包裹在明城墙内的唐皇城城门遗址，在最大限度地保存其原貌的同时，应辟为博物馆，使人们能通过唐代皇城和明代城墙的景观重合与文化叠加，感受到时光交错的历代文化在城墙上的沉淀。

总之，在不破坏城墙本身固有的历史、艺术、科学价值的前提下，应最大限度地恢复历史的真实原貌，对周、秦、汉、唐四大文化进行综合的理解与整合，使其统一而真实地呈现在人们面前，从而打破人们对于城墙只是明朝产物的片面认识，使纵向贯穿的文脉得以完整凸显，再现汉唐仪象及明清风貌。

（2）空间轴

西安城墙景观系统应是由城墙主体、环城绿化林带、护城河、环城路及顺城巷构成的四位一体的综合景观系统。它们不仅在空间结构上，更在文化概念上是一个完整的整体。然而正如前文所述，目前城墙景观带存在内外隔断且缺乏环境呼应，城外环城路及环城绿化林带和城墙内部的顺城巷景观存在迥然视觉反差现象，实际上成为两个相对彼此孤立而隔离的系统，极大地破坏了城墙景观的完整性，且城墙周边和城墙本身古朴氛围极不协调的现代化高层建筑及密集车流，都进一步削弱了这种文化上的“完整性”。

而空间轴的构造，就是以城墙建筑主体为中心点，向左右对称空间延伸开去，寻求城墙与周围环境之间，周边亚环境之间相互协调、相互呼应的良好关系的营建之道。它主要包括两大部分内容：

首先，打破城墙内外景观与文化的隔断。一方面，以四个方位的顺城巷沿线人文资源为主要依据，使城墙外环城林带的景观主题与情调向顺城巷主题及功能靠拢，使其不再仅仅是满足市民休闲的绿化林带与游憩场所，而是作为城墙文化的一部分，延续城墙文脉。因此，应对环城公园及环城路进行一定程度的历史原貌的复原与塑造，使之与城内丰富的历史文化积淀构成呼应。另一方面，结合实地情况对顺城巷进行适当的绿化，为掩映其间的历史古迹增添绿意雅韵，并与城外的绿化林带协同作用，改善城墙的微生态环境，使“城外绿意盎然，城内灰头土脸”的反差状况得到改观。同时，对顺城巷进行仿古改造。建议将其全部贯通为环路，改造为青石板铺设的仿古步行街，限制机动车辆通行，复原历史风貌；针对顺城巷一带古建筑、传统民居、宗教庙观、书画曲艺、民风民俗、坊里文化等物质与非物质的文化遗存，立足于其原有风貌与传统空间格局，本着“整旧如旧、如实反映历史”的原则加强保护，形成整体的历史文化氛围。由此，实现城墙内外视觉景观与文化内涵上的协调与统一。

其次，进行城墙周边“视廊建设”，维护城墙及其周边大环境的历史真实性。视廊是指在视线的范围内，控制现代建筑物的高度，突出古建筑物，保证一定范围内空间构图完整和周围园林借景的需要。通过视廊建设，使古建筑成为城市的聚焦点。建设视廊的重要途径就是限制周边建筑物的高度。

早在 2002 年 6 月，陕西省人大常委会就通过了《西安历史文化名城保护条例》，严格规定了应该如何控制古城墙内、外侧的建筑高度和风格。其中第二十六条规定：古城墙内侧 20 米以内的建筑物、构筑物应予拆除，沿墙恢复为马道或者建设为绿地；100 米以内建筑高度不得超过 9 米，建筑形式应当采取传统风格；100 米以外，应当以梯级形式过渡，过渡区的建筑形式应当为青灰色全坡顶建筑；古城墙外侧至环城路林带绿地按照规划只允许建设高度不超过 6 米的园林式公共服务设施；环城路外侧红线以外的建筑高度，应当各以 60 米距离为过渡区，从 24 米以下向 36 米以下、50 米以下递升。

除高度控制外，第二十七条还规定古城墙以内区域的建设项目，应当符合所在保护区的规划要求。新建、改建、扩建的建筑物、构筑物，其体量、造型和色彩应当体现传统建筑风格和特色。维修、改建、翻建传统建筑物、构筑物和传统民居、店铺，应当修旧如旧，保持原貌。

由此，从空间轴角度进行墙、林、河、路、巷五位一体的综合治理和系统保护，依托顺城巷及相关历史街区，保护和恢复古城街巷的肌理，从器物、行为、风俗惯制、文化观念等层面，逐渐恢复历史人文景观体系。

（3）二轴交点

通过时间轴与空间轴二维视角的构建，达到二者平衡的交汇点，也即文脉整合思想在城墙景观系统中的运用体现及所要达到的目的：城墙外侧绿色景观与内侧人文景观统一于整合后的文脉，即墙、林、河、路、巷这五个景观要素都高度统一于城墙的整体文脉，最终形成视觉上协调、文化上统一，内外联属、功能多样互补的西安城墙综合景观系统（见图 4－6）。

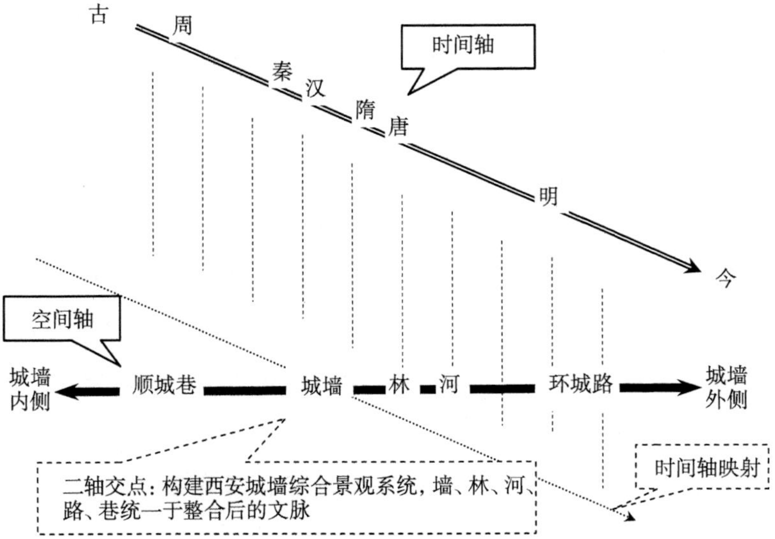

图 4－6　西安城墙综合景观系统的构建

（四）基于二元原则的文脉整合系统逻辑分析与论证

遗产保护的“真实性”与“完整性”原则，不仅适用于世界遗产，对于一般历史文物古迹也具有普适性。而西安城墙景观系统正体现了二元原则的运用。

首先，关于“真实性”原则，《奈良文件》（*Nara Document*，1994）指出：“想要全方位地评价文化遗产的真实性，其先决条件是认识和理解遗产产生之初及其随后形成的特征，以及这些特征的意义和信息来源。真实性包括：遗产的形式与设计、材料与实质、利用与作用、传统与技术、位置与环境、精神与感受。”

保护历史文物古迹的真实性，不仅是保护遗迹本身的真实性，还要保护遗迹周边环境的真实性，《世界遗产公约》中就曾明确强调文化环境保护与遗产本身保护“同等重要”，光有历史文化遗产的保护而没有周边环境的保护并不是完整的保护。因此，在城墙景观系统“空间轴”的构造中，充分强调“视廊建设”，对城墙周边环境采取相应的整治，坚持最大限度地恢复与再现历史的真实原貌，可以对城墙形成完美的呼应与烘托。同时，从时间轴角度来看，通过对以周、秦、汉、唐四大古文化为核心的文脉进行挖掘与传承，正是体现了原真性的原则。只有充分地了解某项具体文化遗产独特的艺术、历史、社会和科学层面的价值，才能有效获得“真实性”的翔实信息。

其次，对于“完整性”原则，它作为一个概念，适用于自然遗产，同样也平等地适用于文化遗产，即文化遗产也存在完整性的问题（张成渝，2003）。“完整性”原则的含义分为两层：一是“范围”（有形的）上的完整性。古建筑等遗迹应当尽可能保持自身组分和结构的完整，及其所在环境的和谐、完整性。二是“文化概念”（无形的）上的完整性（张成渝、谢凝高，2003）。

从第一个层面上看，打破城墙内外景观隔断，使城墙景观带的各个要素协调统一，成为五位一体的综合景观系统正是在“有形”的“范围”上体现了完整性，尽可能地实现自身组分、结构及其所在环境的和谐与完整。从第二个层面来说，对于城墙文脉的整合强调了“文化概念”上的完整性，即文化遗产伴随实物而来的概念上的完整性。人们往往着重于前者，而文化概念上的完整性则往往被忽略，因此从时间的纵向角度对文脉进行梳理与整合，是十分有必要的。

综上所述，本书通过文献综述、问卷调查、案例和实证分析等方法，在充分理解“真实性”与“完整性”的基础上，充分考察了目前理论界对于文化遗产保护二元原则及文脉分析问题的研究。结合西安城墙这一历史古迹保护与利用的现实情况，通过时间轴（纵向）与空间轴（横向）双维视角的构造，对其文脉进行深入细致的挖掘；并通过对周、秦、汉、唐四大文化的统一与再现，真实地反映其历史及演变过程，实现文脉的整体梳理与整合。提出应在对城墙周边环境进行整改及视廊建设的同时，协调城内与城外的景观，使城墙与周边建筑共同构成完整文化传达的载体，实现有形景观与无形文化两个层面上的“完整性”。自此，完成一个视觉上协调、文化上统一，内外联属、功能多样互补的西安城墙综合景观系统的构建，最终实现对于“真实性”与“完整性”二元原则的结合运用。

第五章

基于游客体验的文化遗产活化研究

第一节　遗产旅游的游客体验理论研究

一、体验（experience）的含义

按照《英语图解大词典》对 experience 的释义，作为名词，其是指“对事实的实际考察或实践认知，是从中学到的知识或技巧，是比较难忘的事件”；用作动词的意思则是经历、体验和感受等（《外研社·DK·牛津英语图解大词典》，1999）。experience 翻译成中文有经验、经历、体验之意，其中，经验是指经过多次实践而得到的知识、技能或亲身经历。经历是指亲眼见过、亲身做过或遭遇过的事情。体验是指通过实践认识周围的事物，亲身经历；亲身的经历或亲身的感受等。

除了字面上的含义外，对体验的理解，还可以从美学、心理学、审美心理学、经济学、哲学等学科的角度展开。在美学领域，体验就是艺术中那种令人沉醉痴迷、心神震撼的东西，是与艺术和审美相关的更为深层、更具活力的生命领悟、存在状态的经验。从心理学的角度出发，施密特认为体验是一种需要个体参与而产生的内心感受，大多来自直接观看或参与，体验是在适当的氛围和背景下被“引发”出来的，具有针对性和倾向性。王朝闻（1989）认为，体验是一种在感觉经验的基础上，对感觉经验进行改造和加工，形成对客体的一种特殊的感受能力。这种特殊的感受能力与关注一样，常常伴随着情感，带有一定的主观性，依赖于其他的，如观察、分析、推测、想象等心理活动。这种特殊的感受能力对于人的感受很重要，不只是主体对于客体的创造性的感受，而且已经成为创造主体敏感能力的一种内在动力。体验在把握审美对象内心世界的奥秘之处方面，有着非常重要的意义和作用。体验的本质在于它是基于生理反应的一种现象，这种体验在本质上是个人的，

是一种个性化的需求，是一个人达到情绪、体力、智力，甚至是精神的某一特定水平时，在其意识中所产生的美好感觉，任何一种体验，都是某个人自身心智状态与事件之间互动作用的结果（堪莉，2003）。

体验（experience）作为一个经济学术语，源自美国著名未来学家阿尔·托夫勒，其在《未来的冲击》（1970）一书中首先提出了 Experience Industry（体验产业）的说法。1998 年，约瑟夫·派恩二世（B. Joseph Pine Ⅱ）和詹姆斯·吉尔摩（James H. Gilmore）也从经济学意义上使用了该概念，并提出体验经济（experience economy）时代已经到来。从约瑟夫·派恩和詹姆斯·吉尔摩的《体验经济》（2002）一书中可以得到关于体验的经济学内涵："体验作为一种新的、迄今未得到广泛认知的经济提供物，是继农业商品、工业商品和服务之后一种新的经济提供物，它犹如服务、商品或日用商品一样真实，以'难忘'为特点而有别于其他商品，它需要个体的高度参与，从而获得一种个性化的感觉。"因而，从经济学的角度看，体验具有深刻性，是一种"难忘"的商品；它具有独特性，是一种使个体得到满足的商品，不同的客体、情景和氛围引发不同的体验，即有不同的感受；它的价值在于满足人们精神上的需求，而它的获得则需要个体的高度参与。

从文化学意义上来讲，体验是日常生活的审美呈现，使审美成为"生活的一部分"；体验是消除了距离的审美体验，是主体和客体的直接融合。所以，从文化学的角度，体验是通过隐藏在不同商品和服务背后的文化含义，在主客体相互作用的过程中，满足人们在精神上的需求（阿尔·托夫勒，1985）。因此，体验作为一种经济提供物，同时具有文化性，它是隐藏在一般商品和服务背后的文化意义，它的文化性满足了人们在精神上的需求。

二、旅游体验

20 世纪 70 年代以来，以"旅游体验"为主题的社会科学研究文献数量一直在持续增长，旅游体验业已成为旅游学术研究的热门主题之一。国外学者较早就开始从旅游是一种体验的角度出发，对旅游体验进行较为深入的研究探讨，研究的范围涵盖了旅游体验的真实性、旅游体验的概念模型、旅游体验的维度等。而国内关于旅游体验的研究从 20 世纪 90 年代末才开始，对旅游体验理论的探讨目前为止仍处于起步阶段。现将国内外关于旅游体验的相关理论加以综述如下。

（一）旅游体验的概念

国外的旅游学术界中，对于旅游体验的研究起源于布斯汀（Boorstin，1964）。他将旅游体验的内涵理解为一种流行的消费行为，是一种人为的、预先构想的大众旅游体验。麦肯奈尔（MacCannell，1973）提出，旅游体验是人们对现代生活困窘的一种积极回应，是旅游者为了克服这种困窘而追求的一种对“本真”（authentic）的体验。相反，特纳和艾什（Turner and Ash，1975）则认为，旅游在本质上就是偏离常态的行为，或一种时代的病症。科恩（Cohen，1979）将体验定义为个人与各种“中心”之间的关系，认为体验的意义源自个人的世界观，取决于个人是否依附于某个“中心”。此处的“中心”并不一定是个人生活世界的地理中心，而应用类似“家园”这样的术语来间接予以解释，即可以解释为每个个体的精神家园，象征着某种终极意义。Ryan（1997）则将旅游体验的概念界定为：“针对个体的，涉及娱乐或学习的多功能休闲活动。”

在国内，较早对旅游体验做出定义的是谢彦君，他在1999年出版的《基础旅游学》一书中指出，“旅游体验是旅游个体通过与外部世界取得联系从而改变其心理水平并调整其心理结构的过程。这个过程是旅游者心理与旅游对象相互作用的结果，是旅游者以追求旅游愉悦为目标的综合性体验”（谢彦君，1999）。这个定义是从旅游市场需求的单一角度对旅游体验进行界定的，若是从旅游供给的角度来理解旅游体验，其则是指旅游企业提供的以体验作为旅游吸引物，吸引旅游者前来旅游，并留下深刻印象的旅游产品，即通常所说的体验式旅游。若将旅游供给与旅游需求结合起来看，旅游体验是整合具体实物形态与服务以体验为吸引物的综合性旅游产品，是旅游者消费实物与服务的难忘的、美好的经历，是由卖方提供的，买方经历的一个动态融合体。因而，旅游体验就是创造难忘的经历，它是人们与外界事物、活动、他人互动的结果，是伴随着美好情感的回忆（黄鹂，2004）。对于每一个旅游者来说，旅游体验是其以个人化的方式度过的一段美好时光并从体验中获得的一系列可记忆事件，这种体验既满足了其客观心理需求，也反映了其品位（李怀兰，2004）。

窦清则认为，所谓旅游体验，指的是主体离开常住地前往异国他乡非定居性地旅行和短暂停留所进行的参与性活动，以满足个体的缺失性需求和高层次需求，使主体从中获得心理上和精神上的深层次满足，进而使主体感受到生活富有意义，更趋完整，使主体作为人成为人自身。

基于以上理论，笔者认为，旅游体验是游客以追求愉悦为目标，在旅游过程中通过与旅游客体之间的持续互动，将客观环境逐渐内化为内心主观感受，从而不断对原有印象、感知与心态进行调整，并在此基础上形成新的认知与情感的过程。

（二）旅游体验的内容

关于旅游体验的内容，Cohen（1979）曾将旅游体验从内容上分为休闲（recreational）模块、变化（diversionary）模块、经验（experiential）模块、尝试（experimental）模块和实体（existential）模块。其中，休闲模块表现为有休闲取向的个体，走出平淡无奇的生活，到外部世界寻找娱乐。变化模块反映的是人们对变化的追求，借助于旅游，人们可以暂时摆脱日常生活的压力。经验模块表现为一个历时性的经历过程，人们意识到日常生活不够丰富，想要获得更多的社会、文化和自然的真实体验，就必须花时间到别处去寻求。尝试模块中，个体深受疏远感的影响，并且面临着迷失日常生活中自我的危险，他们无论是在异地的自然环境中，还是在社会环境中，都在努力地重新找回自己。实体模块中，人们感觉到生活在错误的时空里，他们与日常生活相隔甚远，以至于需要到其他地方去寻找更好的世界。

谢彦君（2004）则认为旅游体验从内容上包含旅游审美愉悦和旅游世俗愉悦两大类愉悦的体验。所谓旅游审美愉悦，是指旅游者在欣赏美的自然、艺术品和其他人类产品时所产生的一种心理体验，是一种在没有利害感的关照中所得到的享受，是超功利的。王柯平（1997）也认为，旅游体验在本质上“是一项集自然美、艺术美和社会生活美之大成的综合性审美体验活动”。在旅游审美愉悦的体验过程中，最重要的一点是审美主体面对审美对象的超功利的认识。

审美愉悦以外的一切愉悦都称为旅游世俗愉悦，这种愉悦是建立在对感知对象的功利性认识的基础上的，通常通过某种单一的“低级”感官（如触觉、味觉、嗅觉等）获取，是人生通常的愉悦形式，如品尝美味时的感官之乐等。这种愉悦产生的前提以及愉悦的强烈程度，常常与感受之前的经验积累有关。它往往仅停留在直接的水平上，表现为某种直接的感受。

（三）旅游体验的真实性

真实性（authenticity）一词最初来自希腊语，意思是自己做的、最初的。在旅游研究领域，20 世纪 70 年代，社会学家 MacCannell 首次将真实性的概念引入旅游者动机和体验的研究当中（MacCannell，1979）。Wang Ning 在 *Rethinking Authenticity in Tourism Experience*（《对旅游体验真实性的再思考》）一文中，总结了国外关于真实性体验研究的几种观点，认为旅游体验的真实性可以分解为两类问题，即旅游者体验的真实性和旅游目的物的真实性（Wang，1999）。关于对这两类问题的认识，目前学术界形成了三种不同的观点：

第一种是“客观性真实”（objective authenticity）的观点，强调客观事物原汁原味的真实性，由此产生的旅游者体验，是对事物原形的认识性体验。Boorstin（1964）把大众旅游看成是“伪事件”（pseudo – events），认为它是由文化的商业化引发的，随之而来的是旅游者体验的同质化和标准化。MacCannell（1979）认为，与原始社会相比，现代人认识到了其生活的浅薄性和体验的非真实性。因此，旅游者在旅游中追求对事物原形的真实体验。他提出了“舞台真实”（staged authenticity）的概念，其中特别强调对事物原形的体验，即对旅游目的物真实性的体验，否认了旅游者体验的真实性。

第二种是“建设性真实”（constructive authenticity）或“象征性真实”（symbolic authenticity）的观点，认为旅游的真实性存在于旅游者或旅游生产商按照他们的想象、期望、偏好、理念等设计的旅游目的物。旅游者所获得的体验的效果，依赖于他们所处的特殊环境和主观感受。旅游目的物的真实性，仅仅是象征意义上的真实。Bruner、Cohen、Rang 等都持“建设性真实”

这一观点。Cohen 以迪士尼为例，解释了即使有些事物最初就是不真实的或人工的，但随着时间的流逝，它慢慢会变成“自然而然的真实”（emergentauthenticity），他认为旅游目的物在旅游者体验中被看成是真实的，并非说明这些事物本身就是原形，而是因为它们被认为是真实的标志或象征。

第三种是“存在性真实”（existential authenticity）的观点。Eco 和 Baudrillard 都以迪士尼为例，说明由于没有原形，也就无所谓真假。Brown（1996）用“真实的赝品”（genuine fakes）来描述这一现象。后现代主义者由此提出了“存在性真实”的观点，他们认为，“存在性真实”是指生命的一种潜在存在状态，这种存在会被旅游者的活动所激活。相应地，旅游体验的真实性，就是在特定的旅游活动中获得的这种被激活的生命存在状态。这一观点主要从旅游者行为的角度出发，注重对旅游者真实体验的研究，而旅游目的物的真实与否则并非十分重要。在这里，旅游被看成是更简单、更自由、更真实、自然而然的、忘却功利和紧张的、超越日常生活的一种生活方式（如野营、登山、探险等），旅游者并不关注旅游目的物是否真实，他们只想通过这些活动或旅游目的物来寻求真实的自我。Daniel（1996）用古巴伦巴舞表演来解释“存在性真实”这一现象：“旅游者主动参与到跳舞行列中而非被动观看，他们在跳舞中发掘身体潜能，适应舞步节奏，与整个舞蹈融为一体，从而获得康乐、愉快、喜悦、趣味盎然，偶尔也会有受挫的感觉。许多旅游者感觉到在那一刻舞蹈已成为他们的整个世界，时间和紧张已被延缓。”Neumann（1992）还发现，古巴伦巴舞中已糅入新的元素，如创造性、舒畅性等，因此，它已经不是原汁原味的伦巴舞了。但由于它的创造性和舒畅性，人们仍然能感受到它的真实性。

（四）旅游体验模型

20 世纪后半期，欧美学者开始将旅游景区管理研究的重点集中在游客身上，强调对游客体验的调查，应建立在游客亲身描述的事实的基础上。Prentice 和 Witt（1998）在综合了国外多位学者的观点后，归纳出研究旅游体验的五种模型：

第一种是体验的“等级模型”（hierarchical models of experience）。它将体

验分为享受自然、摆脱紧张、学习、价值共享和创造五种，并提出了旅游景区基于体验的管理（experience - based management）、基于活动的管理（activity - based management）等理论。

第二种是体验的“标准模型”，以“畅爽”（flow）为体验效果的衡量标准。它是由心理学家 Csikszentimihalyi 提出的最佳体验标准，即“具有适当的挑战性而能让一个人深深沉浸于其中，以至于忘记时间的流逝，意识不到自己的存在”。

第三种是体验的“有目的的行为模型”（planned behavior），即从行为理念、标准化理念和控制理念中预测目标导向的行为。

第四种是体验的“类型学模型”（typological approaches to experience），认为游客有多种类型，他们所寻求的旅游体验也因此不同。Cohen（1979）将体验分为五种模式：娱乐、转移注意力、体验、实验和存在。它们分别代表了不同的体验方式，如恢复健康、逃离喧嚣、寻求美感、寻找可选择的生活方式、接受异域文化等。

第五种是体验的“局内人—局外人模型”（insider - outsider），该模型将目的地的居民、工作人员当作局内人，而把旅游者当作局外人。局外人由于缺乏对当地的了解而无法理解当地标志性事件的含义。这一观点在以后又得到了发展，认为局内人和局外人是跨越时空联结在一起的利益体，旅游者可以事先了解旅游目的地的历史和其他信息，从而成为有洞察力的局外人。因此，旅游体验的过程就是局内人与局外人相互作用、相互影响的过程。

（五）游客体验的分类

由于在旅游动机、旅游期望方面的差异，不同的游客所追求的旅游体验也会有所区别。约瑟夫·派恩和詹姆斯·吉尔摩在其《体验经济》（2002）一书中，将体验分为四种类型：娱乐（Entertainment）、教育（Education）、逃避（Escape）和审美（Estheticism），简称“4E”。他们认为，让人感觉最丰富的体验必须是同时涵盖四个方面，即处于四个方面交叉的“甜蜜地带”（Sweet Spot）的体验，如图 5 - 1 所示。

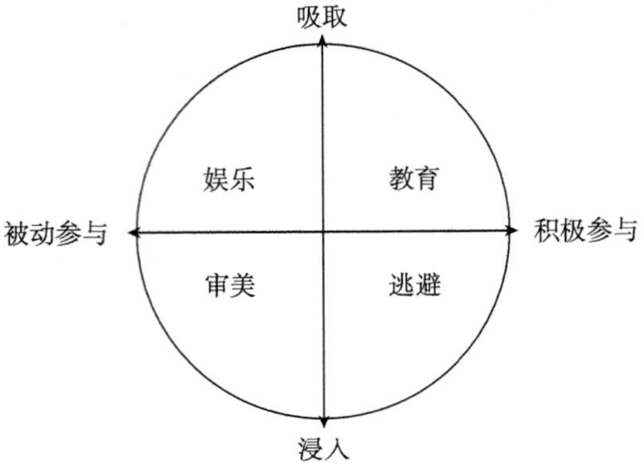

图5-1 体验的四种类型（派恩、吉尔摩，2002）

1. 娱乐

娱乐是人们最早使用的愉悦身心的方法之一，也是最主要的旅游体验之一。根据游客对娱乐活动参与程度的差异，可将娱乐体验分为三类：观赏型娱乐，即游客主要通过静态观赏、精神参与的形式领略娱乐活动的美好；参与型娱乐，游客通过动态互动、身体参与的形式加入到活动中去，在亲身实践中，领略娱乐活动的真谛；观赏参与型娱乐，游客以静态和动态相结合的方式参与到娱乐活动中。

2. 教育

将教育与旅游结合进行，古已有之。旅游者在旅游中的所见所闻，本身就是难得的体验。按照游客的旅游目的，可以将教育的体验分为两类：一类是主观的教育体验，即游客以受教育为旅游的主要目的，通过参加旅游活动，达到获得相关知识的目的，如休学旅游、体验式游学等；另一类是客观的教育体验，游客出游的主要目的并非受教育，但在旅游活动中也无意识地学习了新的知识，如生态旅游、农家乐等。

3. 逃避

在竞争高度激烈的当今社会，每个人都同时扮演着多重角色，生活在复杂的人际关系之中，所承受的压力是相当大的。因此，他们渴望通过旅游活动，暂时摆脱自己在生活中扮演的各种角色，寻找生活中另一个摆脱束缚和压力后的真实自我。根据游客逃避现实原因的不同，逃避的体验可分成三种类型，即逃避熟悉的生活、摆脱工作压力和逃避复杂的人际关系。

4. 审美

由于旅游资源的类型多样，旅游者对不同审美对象的观赏，可以获得不同的审美体验。根据审美对象的不同，可以将游客的审美体验分为三类：自然审美，即对自然景观的审美；社会审美，即对人类生活内容和结果的感知；艺术审美，即对客观存在的各种艺术品或某种艺术的欣赏。

邹统钎（2004）则根据旅游活动的本质以及游客心理需求的特点，将游客体验分为五类：娱乐、教育、逃避、审美和移情，用“5E”来表示。娱乐体验是通过主动的感觉经历而得到愉悦；教育体验是客人在积极参与的同时，吸收在他面前展开的事件，让他有所得、有价值满足感；逃避体验者就想通过积极参与到一种浸入式的、与现实习惯不一样的环境当中，得到一种逃脱束缚后的轻逸感；而审美体验者就想到达现场，在自然或人工营造的体验中得到真实的审美刺激，进而融于其中，获得愉悦；移情则是把自己置身于他者的位置之上，将自己幻变为意想中的对象，从而实现情感的转移和短暂的自我逃离。

三、旅游高峰体验研究

当苏轼游于赤壁之下时，面对“白露横江，水光接天”的境界，他不禁生出“浩浩乎如冯虚御风，而不知其所止；飘飘乎如遗世独立，羽化而登仙”之叹。这种“羽化登仙”的感觉是一种难得的、融入的境界，是一种巅峰状态，是一种精神感悟，是一种特殊的体验。这种体验带有尼采所说的“酒神”迷醉状态的成分，与美国心理学家奇克森特米哈伊（Csikszentmihalyi，1975）提出的“畅爽”（flow）理论以及马斯洛（Maslow）提出的“高峰体验”（peak experience）理论则更为贴近。

（一）畅爽（flow）理论

根据 Csikszentmihalyi 的定义，畅爽是指一种当个人完全沉浸在一项活动中时所产生的心理状态，个人因为自身的兴趣完全融入其中，专注在自身注意的事情上，并且丧失其他不相关的知觉，就好像被活动吸引进去一般，当个人产生这种心理现象时，我们即可称其为“畅爽”。

简单说来，该理论认为当“畅爽”发生时，通常情况下的主/客体界限将被打破，人们会完全沉浸其中，以致忘记了时间的流逝，意识不到自己的存在。畅爽是一种暂时性的、主观性的经验，可是这也是人们愿意继续再从事某种活动之原因（Webster，Trevinoand Ryan，1993；Csikszentmihalyi，1990）。

Ghani 和 Deshpande（1994）提出两个畅爽的主要特征：会在活动中完全专心（concentration）和从活动中引导出享受（enjoyment）；而畅爽经验带来的效果则会让使用者较重视过程而非结果，及丧失时间感。

从审美的角度来看，这种畅快的、愉悦的心理体验，产生的自由感和美好感，是人对自在、真实生命的自由的用心体验，这是超然物外、天人合一、渗透人间世相、悟出生活真谛后的一种生存境界，这是一种超道德的审美境界。

（二）高峰体验

Privette 和 Bundrick（1987）认为，畅爽是一种内在享受的经验，和高峰体验（peak experience）及高峰表现（peak performance）类似。而所谓的高峰体验是“自我实现”或健康心理的短暂的插曲。这种体验可能是转瞬即逝的极度强烈的幸福感，甚至是欣喜若狂、如醉如痴、欢乐至极的感觉。在这短暂的时刻里，人们沉浸在一片纯净而完善的幸福之中，摆脱了一切怀疑、恐惧、压抑和紧张。人们的自我意识悄然消逝，从而不再感到自己与世界之间存在着任何距离而相互隔绝，相反，他们觉得自己已经与世界紧紧相连，融为一体。他们感到自己是真正属于这一世界，而不是站在世界之外的旁观者（谢彦君，2006）。

高峰体验指的是一种强烈及高度被尊重的时刻（an intense and highly valued moment）（Maslow，1962，转引自 Privette，1983）；高峰表现则是指个人执行需要较高心灵层级的活动，而且个人的表现明显与一般情况下不同，主要与执行活动所需要的能力等级（level of performance）有关，二者都是最佳（optimal）的经验，不过并不依附在某种特定的行为上，即在任何活动中都有可能发生（Privette，1983）。

综上所述，无论是奇克森特米哈伊的“畅爽”论还是马斯洛的“高峰体验”一说，都描述了人在获得精神的沉醉状态时那种极度幸福快乐的境界。旅游者出行时，往往怀有体验这种“沉醉”的梦想（谢彦君，2005）。然而这种状态并不易得，在每一个具体状态下或每一种情境中，旅游者的旅游体验质量亦迥然不同，呈现出不同的强弱程度。为衡量这种旅游体验质量的差异，理论界构建了种种测量方法。李（Yiping Li，2000）和杰克逊（M. S. Jackson，1996）都使用了正感体验（positive experience）和负感体验（negative experience）来描述旅游者的体验感受。正感体验形成满足的心态，即有较高的满意度，旅游者所获得的这种感受可称为满足感，表现在情感体验上则是“快乐感”；负感体验则会有很低的满意度，甚至是走向反面，形成失望的心态，产生厌恶、懊悔和憎恨的感觉，这种感觉可以称为挫折感，而表现在情感体验上则为“痛苦感”。不论是正感体验或满足感，还是负感体验或挫折感，都可以统一在“愉悦度”这个单一的维度上，其两端分别指向情感状态的快乐和痛苦。而快乐的极致，也就是“快乐”一端的极大值，就是达到了所谓的“畅爽”（flow）的状态。

（三）体验的“共睦态”

“共睦态”一词源于维克多·特纳《仪式过程：结构与反结构》（2006）一书中的拉丁文“communitas”，后由我国台湾的余光弘教授翻译得来（赵红梅，2008）。特纳提出的共睦态（a sense of communitas）现象是在仪式中的阈限阶段出现的。在阈限期内，受礼者彼此之间往往会形成一种同志关系和平等关系，世俗的级别和地位之分消失了，甚至呈现某种被同化的趋势，最终形成一种被其称为反结构的、彼此交融的共同体（Turner，1969）。福斯特（Foster，1986）通过对群体旅游者行为的观察，将这种群体性旅游团体描述为一种“临时的社会”和“共睦态”。自此，共睦态这一范畴便被用来考察群体旅游者在旅游活动中的阈限体验，产生一种如纳尔什·格雷本（Graburn N.，1983）所说的“神圣”而严肃的情感。与此同时，国内的一些学者也开始尝试给出对旅游体验共睦态的理解：谢彦君将“共睦态”这一源自仪式理论的范畴引入旅游体验研究中，使旅游体验的研究对象从传统主流针对个体旅游者体验的抽象研究扩展至对群体旅游者体验的微观社会学层面（谢彦君、徐英，2016）。马凌（2010）对西双版纳傣族泼水节中的阈限体验和“共睦态”现象、李应芝（2014）对梵净山佛教文化旅游，均展开了案例研究。

第二节　游客体验的影响因素研究

关于旅游体验总体质量及其相关影响方面的研究，国外学者进行过相应的探索，并从各自不同的视角出发，建立了不同的模型。这些模型在一定程度上阐释了形成不同水平旅游体验效果的原因，进一步加深了人们对旅游者行为的认识。

一、国外研究

Chris Ryan（1997）在其著作《休闲旅游：社会科学的透视》中，将影响旅游体验的因素划分为先在因子、干涉变量、行为和结果，并认为旅游体验的质量是这些因素相互作用的结果。

其中，先在因子包括个性、社会等级、生活方式、家庭生命周期阶段、目的地营销和定位、过去的知识和经验、期望、动机等，并且动机受其他因素的作用而对各干涉变量施加影响。干涉变量包括旅游体验中的延误、舒适、便利和目的地的可进入性、目的地的性质、住宿质量、景点的数量、活动内容的多少以及目的地种族的性质，如图 5－2 所示。

Chhetria、Arrowsmitha 和 Jacksonb（2004）曾经对在自然旅游目的地徒步旅行体验的决定因素进行过实证研究分析，在文章 *Determining Hiking Experiences in Nature－based Tourist Destinations*（《自然旅游目的地徒步体验决定因素》）中，他们尝试对游客在自然景观区域徒步体验的潜在影响维度进行调查和研究。

通过对一组沿着位于澳大利亚西维多利亚 Grampians 国家公园进行徒步旅游的大学生的徒步旅行过程的问卷调查研究，Chhetria 等（2004）使用多维缩放技术和主成分分析等研究方法将旅游者的体验变量归纳为四个主要因子，

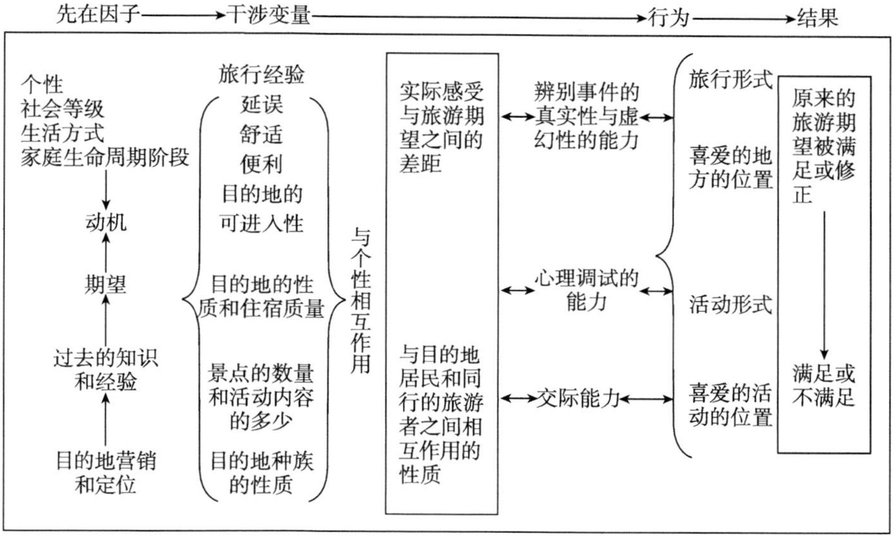

图 5－2　旅游期望与旅游体验满足之间的关系（转载自谢彦君，2004）

即期望体验（desirable experience）、迫使性体验（impelling experience）、忧惧的体验（apprehension experience）和社交的体验（social－interaction experience），并提出了一个二维的模型，如图 5－3 所示。

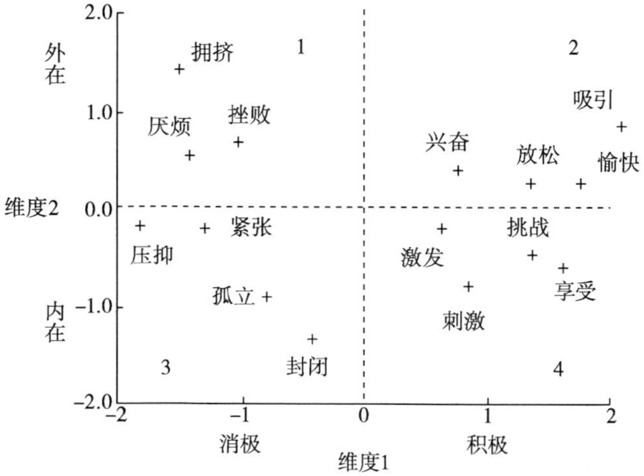

图 5－3　行为式徒步体验的二维展现（Chhetria P. et al.，2004）

Vittersu、Vorkinn 和 Vistad 等（2000）在对挪威的六个旅游景点的游客体验进行研究的过程中，针对游客在旅游景点获得的不同体验，引入了“流畅单体”（Flow - simplex）理论来区分不同的旅游者体验信息，提出了同化（吸收）阻力（assimilation resistance）的概念。他们认为：“无论任何时候，当一个人的现实世界感知与其头脑中存在的图示一致时，同化吸收的进程将毫无阻力地进行。”如图 5 -4 所示。

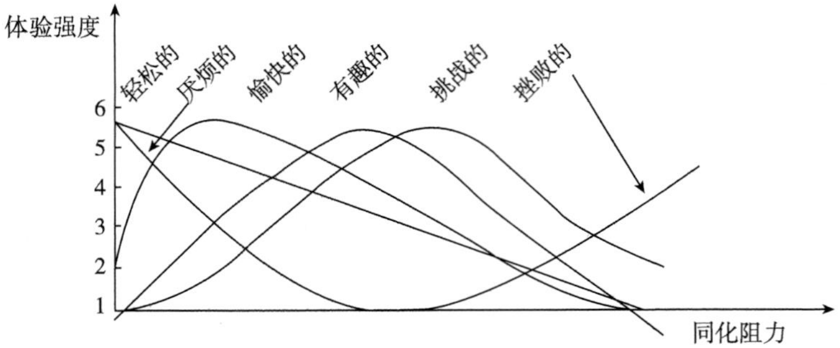

图 5 -4　同化阻力与情感反映（Vittersu et al.，2000）

他们认为，同化阻力随着游客的现实状态与其本身内在“感知地图”的差别的大小而增减。随着阻力的增加，游客的体验将从厌烦向舒适和放松发展。当同化阻力更大一些时，这些体验将被愉快或满意的感觉所取代；当同化阻力在更高一点的水平时，经典的反应是产生有兴趣的感觉；而当达到更高的水平时，将会有挑战的感觉。但如果同化阻力达到相当大的水平时，愤怒和挫折感就将统治整个体验（Vittersu et al.，2000）。

该研究结论与 M. Csikszentmihalyi 和 I. S. Csikszentmihalyi 等提出的“八径模型”（Eight - channel Model），即旅游体验的“挑战—技能”模型相似。“挑战—技能”模型是从心理学上“期望与满意度”的角度出发进行研究的。该理论认为，追求休闲的人们所获得的满意程度，取决于他们所面临的挑战的性质和自身应付挑战的技能水平。如果前者能超过后者，就会因为担心挑战无法克服而出现不满，参与的积极性可能因此而降低；但如果后者超过了前者，则可能会认为挑战的水平太低、不值得挑战，或没有足够的挑战性而产生枯燥厌倦之感，如图 5 -5 所示。

谢彦君、吴凯（1999）对上述模型进行改进，提出了更为完善的“挑战—技能”模型，如图 5 -6 所示。

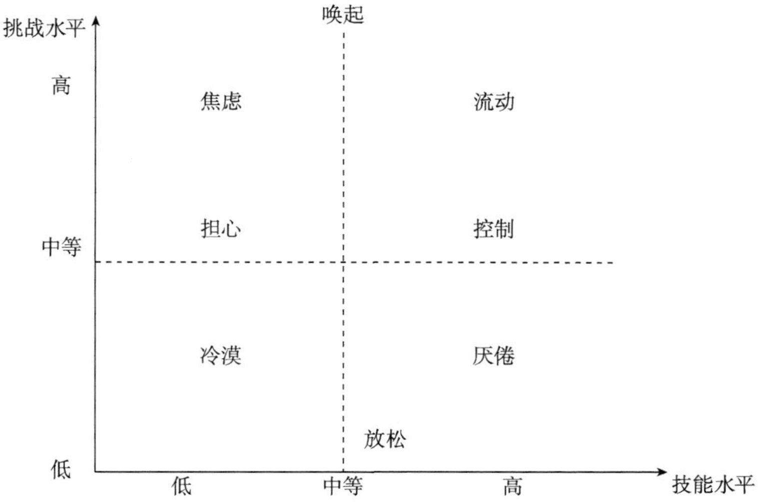

图 5－5　旅游体验的“挑战一技能”模型（转载自谢彦君，2004）

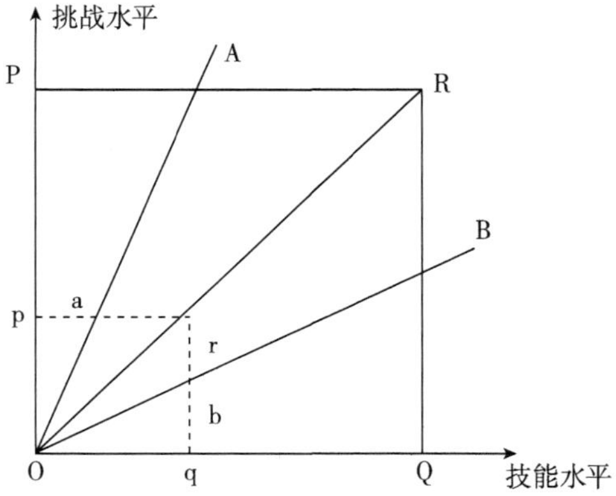

图 5－6　改进的旅游体验“挑战一技能”模型（谢彦君、吴凯，1999）

在这个改进的模型中，重新界定了若干特征值和特征域。图 5－6 中的 OR 线可以称为“一般满足线”，它来源于期望与感受的均衡，即旅游者所面临的挑战水平与自身拥有的技能水平的均衡。与此相对应的是典型的两个扇形区域和两个矩形区域，也就是由 OPR 与 OQR 构成的两个扇形域和由 Oprq 与 OPRQ－Oprq 构成的两个矩形域。这个模型的重要价值在于，它可以同时用这个大小不同，同时位置也不同的两个矩形域和相对位置不同的两个扇形域，对旅游者的满足程度和实现机制进行刻画。两个矩形被用来描述因挑战水平和技能水平的均衡差异而形成的满足水平差异（谢彦君，2004）。换句话说，矩形 Oprq 所代表的满足从社会角度看是一种低水平的满足，而矩形 OPRQ－Oprq 所代表的满足从社会角度看却是一种高水平的满足。

对于旅游者来说，只要处在“一般满足线”（OR）的状态上，就是一种高水平的满足，不论线上的点位于哪个矩形域内。但是，对于不同的旅游者而言，“满足”能否获得或如何获得，还取决于挑战水平与技能水平的关系。

在 OPR 扇形域之内，挑战水平高于技能水平，在这种情况下，旅游者在形成期望的过程中，畏却、不安和恐惧的心理在发挥作用，因此往往会造成其期望值趋低的倾向，而恰恰在这种情况下，旅游者会有较多获得意外惊喜的机会。旅游者会因为战胜某种挑战，而获得很高的成就感，满意度因此而大大提高。这种提高的程度与挑战水平的差异程度有关。反映在模型当中，就是在整个 OPR 区域中的 OPA 小扇区内潜藏的获得意外满足的机会多于 OAR 区域，当然能够获得这种满足的可能性，在两个区域中恰好相反。

在 ORQ 扇区之内，技能水平高于挑战水平，这时旅游者的反应往往是乏味、没有激情和没有行为动力。这种情况的严重程度反映在模型中，就是在整个 ORQ 扇区中，OBQ 要比 ORB 更具有这种性质。如果旅游者在旅游过程中始终不能发现一些期望之外的新的挑战，不满足感必然弥漫于心，挥之不去。当然，这还与旅游者的自我调节能力有关，这一点将在后面章节中论述。如果某一旅游景区在塑造自身形象时，最终使自己落入 ORQ 的群体内，是很难吸引旅游者前去游览的。

二、国内研究

谢彦君（1999）将“对旅游者心理构成周围型刺激”的旅游情境（即作用于旅游体验的环境影响因素）划分为两种类型：旅游氛围情境（tourist situations of atmosphere）和旅游行为情境（tourist situations of behavior）。旅游氛围情境是一种概念性情境，它对行为者的心理影响以弥漫性的渗透为主，属于旅游者主观情境层次，这种主观情境主要是由旅游者的旅游需要、旅游动机、旅游期望这些先在情感心理因素的作用引起的，是一种心理映射或投射，或者是一种“移情”。在旅游过程中所发生的旅游行为都笼罩在这个情境中，其特征在很大程度上会影响旅游体验的方式、方向和力度。旅游行为情境则是由串联在旅游过程中的各节点，以其对具体旅游行为的规定和引导作用而构成的旅游情境。旅游行为情境的特征取决于旅游线路上各旅游目的地及其景观的自然文化特征，这些特征虽然要依靠旅游者进行主观的识别和意识的融入，但基本上取决于客观的存在，而不是像旅游氛围情境那样主要是旅游者需要的主观映照或反射。

魏小安（2004）从旅游规划的角度，结合我国旅游规划的现状，对情景规划与旅游体验设计进行了探讨。他认为，情景就是“情”与“景”的联合，情是主体，景是客体，一是以情入景，二是情因景生，三是触景生情，最终是要达到情景交融的境界。体验设计应以消费者的参与为前提，以消费体验为核心，最终使消费者在活动中感受到美好的体验。

余建辉、张健华（2007）在对自然旅游景区游客体验管理进行的研究中，指出游客在自然旅游景区的消费过程，其实就是一种体验过程。游客在自然旅游景区获得的旅游体验质量的高低，除了取决于自然景观资源本身的质量外，还与景区的游客旅游体验管理水平密切相关。东北财经大学的李森（2005）则对旅游群体的规模与旅游体验质量的关系进行了实证研究。他将游客与周围环境互动的焦点，集中在了旅游者之间的互动上，认为旅游者之间对于旅游体验质量的影响，应分别从遭遇群体（或称邂逅群体）和同游者群体两个方面进行考虑。一方面，旅游过程中不可避免会遭遇到其他的旅游者群体，来自四面八方的旅游者在某一特定时空下共享着同一旅游产品。而遭遇到的旅游者群体数量与旅游者感知容量之间，势必存在着直接的联系，并对旅游体验质量产生间接影响。另一方面，旅游者个体与所在群体的其他成员之间，存在着更为密切的联系。同一群体旅游者之间的互动，贯穿于旅游过程中的每个环节，因此在诸多方面影响着旅游体验的质量。李森还通过实证分析，研究了不同群体以及不同群体规模的旅游体验质量问题。

第三节　基于游客体验的文化遗产活化

一、旅游的本质是体验

以 Driver 和 Brown 为代表的北美体验派（experience - based management）学者较早认识到旅游体验才是旅游休闲管理的最终产品。这个学派指出旅游开发规划的核心是为游客设计独特的旅游体验。戴维逊（1996）就曾经提出："旅游是一种经历或过程，不是一种产品，且这种经历又是悬殊的。"旅游的根本目的在于寻求愉悦体验，这是旅游本质的规定性，是所有旅游都具备的统一内核。

旅游体验是一种内容丰富的体验，既有精神享受，也有物质享受；既有依附于事物表面的观察，也有沉湎于理性世界的深思。旅游体验的这种复杂性，表明在旅游体验的过程中，实际上涉及旅游者对旅游对象所表现的不同层次意义的把握（堪莉，2003）。就旅游个体而言，获取旅游体验是旅游活动的主体内容，其满意程度决定了旅游的质量感知水平；而就旅游总体而言，每个旅游者旅游体验的内容、时空特点和结构特征，是旅游行业规划和管理的基本依据（谢彦君，2004）。因而对旅游体验的研究，事实上构成了旅游研究的核心内容。

龙江智（2005）认为，从旅游的本质看，它是个人以旅游场作为剧场所进行的一种短暂休闲体验活动。这种体验活动起于个人各种心理欲求（或心理失衡），受旅游动机和旅游场双重驱动，并随着旅游者启程而展开，以旅游者返回居住地为终点。整个过程以体验为核心，大致分为三个阶段：旅游体验的产生和旅游期望的形成阶段、旅游体验的进行阶段、旅游体验质量评价和旅游体验影响阶段。当然，这三个阶段并非截然分开，而是存在一定的交错现象。各种旅游形式具有的共同属性便是它们都是人们寻求心理满足的一种体验形式。旅游行为之所以发生，就是潜在旅游者存在心理失衡。旅游形式的体验活动正是为了满足自己的心理欲望，调整自己的心理状态。谢彦君此前指出“促使旅游行为的发生的关键因素是旅游者的心态（很大程度上是在知识的基础上逐渐形成的一种欲望）与现实经验之间的差异”。不同的旅游体验形式对应着不同的心理欲望（或心理失衡），如图5－7所示。

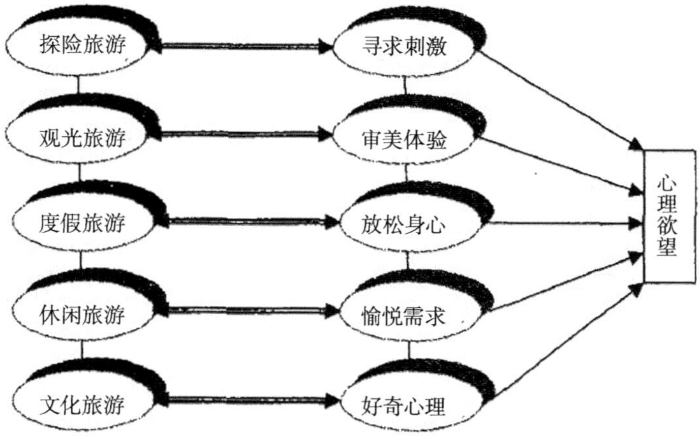

图5－7　主要旅游体验形式与心理欲望的对应关系（龙江智，2005）

黄鹂（2004）就曾根据旅游者融入程度的差异，将目前我国旅游体验分为表层体验、中度体验、深度体验三种。表层体验是我国景区开发初期普遍采用的体验方式，主要包括以观光为主的传统包价旅游。这种旅游中游客只是走马观花地参观，很少接触目的地居民及当地的民俗文化，游客往往只作为被动的接受者，难以获得独特而难忘的旅游体验。而游客通过直接参与特色活动，并从视觉、触觉、味觉等多方面来体验景区的特色及目的地居民生活方式的体验则属于中度体验。游客不仅能从身体上、精神上与旅游吸引物和当地居民有一定程度的接触和交流，而且能创造出自己独特的感受和体验。这种体验方式较前者更为深入和全面，代表着游客消费心理的成熟，以及期望近距离、多方式接触旅游吸引物的心理诉求。深度体验则是指游客完全融入旅游产品中，与旅游目的地和当地居民进行零距离的接触，通过“完全融入旅游吸引物中”来深刻地体验当地的特色文化。例如，在丽江纳西古城亲身体验当地特有的纳西族文化和古城遗韵，并实现人与自然、人与人、人与自己心灵和谐相处的意境，就属于“以身体之，以心验之”的深度体验的范畴。

通过前文对相关文献的梳理，可以得出结论，从本质上看，旅游就是一种异地体验过程，而这种体验是旅游主体（旅游者）与客体（旅游吸引物、设施、服务、周围环境）角色互动、相互作用的产物，是受旅游者主观心理因素（即旅游氛围情境因素）和目的地客观的特征环境（即旅游行为情境因素）的双重制约或双向影响的。

与此同时，笔者认为，既然旅游体验是这两个因素共同作用的产物，那么就有一个作用程度的问题，即旅游者在多大程度上融入旅游环境中并产生心理上对环境的认同感，同时，客观的旅游环境与氛围又在多大程度上对旅游者的主观世界产生着渗透与浸润？对该问题的回答就是一个对旅游者融入氛围度的衡量过程。旅游者能否真正融入旅游环境氛围中去从而感受到发自内心的愉悦，这将会反映在旅游体验的深入程度上，并最终影响甚至决定着旅游体验的质量。由此可见，在对游客体验的整体概念体系进行考察时还应充分考虑到旅游者对旅游整体环境的融入程度这一因素。

二、基于游客体验的文化遗产活化

体验是旅游产品的本质属性。体验本身就是一种经济产出和价值来源，当它融入旅游体验产品中后，就与其他构成因素一起提升了旅游产品的价值，从而使旅游产品更多地表现出多种价值的综合和叠加。旅游体验产品就是让旅游者在差异化体验和活动参与中追求身心享受和愉悦，获得难以忘怀的经历和回忆。当今旅游者日渐成熟，他们不再消极地扮演传统的消费者角色，而是价值的共同创造者和消费者；也不再只扮演观众角色，而会登台表演。个性化、参与性旅游项目是旅游者表现自我、获得成就感的一种重要方式。在相互接触和相互作用的消费过程中，旅游者会感受到最强烈的情感，并随时间增长，难以忘怀。参与使旅游者达到与对象物的心灵相通，是心灵的参与，不游离于外。游客只有在进行交互表演的时候，才会对自己某一部分有更深层次的理解。在自给自足的经济社会里，人们习惯于自己制作各种各样所需的东西，并从中获得乐趣，这种心理直到今天依然存在于许多人的内心深处。这是一种非常普遍的心理现象，称为“木工情结”。国外有些旅游景点，向游客提供半成品，游客可以根据爱好、兴趣进行再加工，很好地满足了人们的这种“木工情结”的心理需求。

体验经济本身是一种开放式、互动性的经济，体验设计的终极目标之一便是人的自主性。只有在体验经济时代下，人们的需求才是高度的人性化，甚至是单独的、纯个人性的精神层面。德国思想家席勒在《审美教育书简》中有个著名论断：“只有当人是完全意义上的人，他才游戏，只有当人游戏时，他才完全是人。”在体验经济时代，娱乐性、游戏化正是人们本性回归的体现，是人们日益追求的一种休闲的、愉悦的生活方式。娱乐不仅是最古老的体验之一，而且在当今是一种更高级的、最普遍的体验。娱乐，是 21 世纪的特征；娱乐，是 21 世纪人的真正渴求。而娱乐必须通过参与来完成，通过互动来体现。传统文化遗产的优势在于深厚的历史文化，可如果这种文化以严肃、古板的形式表现出来的话，多数旅游者会无法解读，只能望“文”兴叹。因此，文化遗产旅游的创新发展和活化应逐步从传统的景静人动的观光型消极参与，过渡到景动人静的节目表演型被动参与，最后过渡到景动人动的大型节庆和互动参与型的娱乐活动，用产品显著的娱乐性、强烈的参与性、适宜的互动性创造出令旅游者满意的娱乐体验。

第六章

文旅融合背景下文化遗产活化发展实证研究

——以长江三角洲地区文化遗产为例

第一节　长江三角洲地区文化遗产旅游发展现状

一、区域文旅融合发展背景

长江三角洲（简称“长三角”）地区包括上海市全部，江苏省的南京、苏州、无锡、常州、镇江、扬州、南通、泰州，以及浙江省的杭州、宁波、嘉兴、湖州、绍兴、舟山，共计15座地级以上旅游城市及36座县级旅游城市，面积近10万平方公里，占全国国土总面积的1%左右。长江三角洲滨江临海，且位于我国18000千米海岸线的中部，拥有“外通大洋、内联深广腹地”的优越的自然区位条件和“水陆并举、四通八达”的便捷交通条件，不仅是中国“黄金海岸”与“黄金水道”的接合部，而且还有数以千计的湖泊与河流，江、河、湖、海汇于一身，水网密布、资源丰沛、物华天宝。

长三角区域经济十分发达，旅游资源丰富，并且各城市旅游经济之间联系紧密，旅游交通等基础设施也很完善，业已形成一个较为成熟的区域旅游经济体系。如今，长江三角洲区域的城市，如上海、南京、杭州、宁波、苏州、无锡等已成为我国重要的经济城市。长三角以吴越文化为主体，拥有共同的悠久历史与文明（有南京、上海、杭州等9个国家级历史文化名城）。根据2019年中国社科院与经济日报社共同发布的《中国城市竞争力第17次报告》，长三角区域的15座城市有11座城市跻身经济竞争力排行榜的前50名，从20强城市区域分布看（见图6－1），绝大多数位于长三角、珠三角、环渤海地区以及港澳台地区，且多处于都市圈内，其中，长三角都市连绵区、珠三角都市连绵区分别占据20强中的6席和4席。而前10名城市中，长三角城市占了3座；文化竞争力排行榜前40名中，长三角区域15座城市中有10座城市榜上有名。由此可见，长江三角洲具有得天独厚的发展旅游业，尤其是促进文化与旅游深度全面融合的经济、文化、交通及区位优势。

在这样的环境与背景下，文旅融合及文化遗产的活化就具有了成熟的土壤和条件。目前，区域内存在大量有典型代表性的文化遗产旅游地，这些文化遗产旅游区呈现出不同的形式和不同的发展水平，但都处于蓬勃的发展阶段，具有很大的发展空间和潜力。为了方便调研、数据采集以及横向对比，以下谨选取目前长三角区域内最具有代表性的三处同为历史文化街区类的文化遗产，即上海城隍庙/豫园、南京夫子庙/秦淮河及杭州清河坊/中山中路，加以具体、深入地分析。

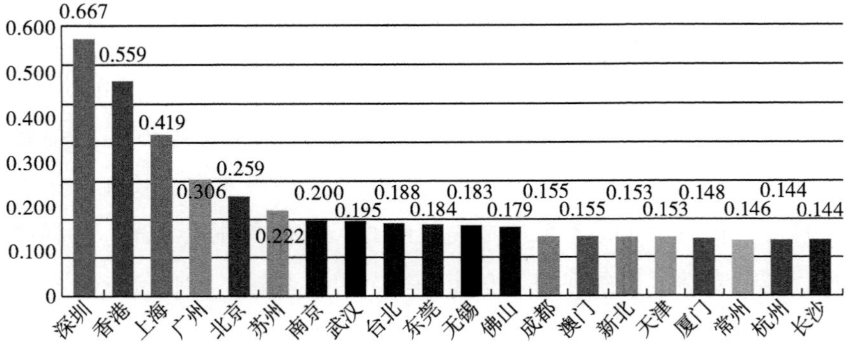

图 6-1　2018 年中国城市综合经济竞争力 20 强分布

资料来源：中国经济网《中国城市竞争力第 17 次报告》。

二、上海城隍庙/豫园历史文化街区的遗产旅游发展现状

城隍，又称城隍神、城隍爷，是汉民族宗教文化中普遍崇祀的重要神祇之一，由有功于地方民众的名臣英雄充当，是汉族民间和道教信奉守护城池之神。上海市城隍庙，坐落于上海市最繁华、最负盛名的豫园旅游景区，是上海地区重要的道教宫观，始建于明代永乐年间（1403 年后），距今已逾 600 年，风雨沧桑，朝代更迭，上海城隍庙也历经兴衰，清代时香火极其鼎盛，上海的男女老幼，人人皆知城隍庙，上海开埠后城隍庙及其周围地区商贾云集，市场繁荣，整个商城内小商店鳞次栉比，商品琳琅满目、各具特色，顾客熙熙攘攘，保持着中国古老的城镇街市风貌。

上海城隍庙殿堂建筑属南方大式建筑，红墙泥瓦，现在庙内主体建筑由

庙前广场、大殿、元辰殿、财神殿、慈航殿、城隍殿、娘娘殿组成。门前现存有1535年所建的牌坊，戏台为1865年所搭建。庙内祭奉诰封四品显佑伯城隍神秦裕伯（明太祖敕封秦裕伯为上海县城城隍神）和金山神汉霍光（汉大将军博陆侯），后殿乃寝宫。城隍庙内遗留建筑多建造于1911年以前（即清代末年），具有浓郁的中国古建筑的风格和特点。上海市政府从1991年起，开始依照“修旧如旧”原则把城隍庙市场改建为具有民族传统的旅游购物街区。为做到和原有的景观和谐统一，新建楼群建筑外形沿袭江南明清园林的风格，而仿古建筑外形的内部却是现代化的商场，即具有“外古内洋”的特色。如今一期改建工程已完工，在今天的豫园街区内，一群明清建筑风格的江南古建筑展现在游人面前，每幢建筑都是飞檐翘角、雕梁画栋，具有浓郁的民族韵味。

在老城隍庙内，汇集了众多的上海地方小吃，如绿波廊的特色点心、松月楼的素菜包、桂花厅的鸽蛋圆子、松云楼的八宝饭，还有南翔小笼和酒酿圆子，品种十分丰富。还能买到许多具有上海地方特色的商品和食品，如有止咳、化痰、润喉、开胃功效的梨膏糖，具有70多年制作历史的五香豆等。上海城隍庙已成为上海一座集购物、旅游、餐饮、娱乐为一体的旅游购物中心，但凡来上海的中外游客，大都要到老城隍庙走走，有“不到上海，不算到过中国；没逛过城隍庙，不算到过上海”一说。

三、南京夫子庙/秦淮河历史文化街区的遗产旅游发展现状

夫子庙秦淮风光带位于南京城南，指的是以夫子庙建筑为中心，秦淮河为纽带，东起东水关淮青桥秦淮水亭，越过文德桥，直到中华门城堡延伸至西水关的内秦淮河地带，包括秦淮河两岸的街巷、民居、附近的古迹和风景点，是南京最繁华的地方。

南京在历史上曾经十一次定都，六朝时代，夫子庙地区已相当繁华，乌衣巷、朱雀街、桃叶渡等处，都是当时高门大族所居。在明代，夫子庙作为国子监科举考场，考生云集，因此这里集中了许多服务行业，有酒楼、茶馆、小吃，青楼妓院也应运而生，内秦淮河上“桨声灯影连十里，歌女花船戏浊波”“画船萧鼓，昼夜不绝”，描写的就是当时秦淮河上的畸形繁华景象。

由于历史的变迁，十里秦淮昔日繁荣景象早已不复存在。1984 年以来，国家旅游局和南京市人民政府对重点开发秦淮风光带进行了复建和整修，恢复了明末清初江南街市商肆风貌，秦淮河再度成为我国著名的游览胜地。

1990 年，秦淮风光带入选中国旅游胜地四十佳之列，2000 年入选国家第一批 4A 级景区。目前的秦淮河风光带，以夫子庙为中心，以秦淮河为纽带，包括瞻园、夫子庙古建筑群、白鹭洲、中华门，以及从桃叶渡至镇淮桥一带的秦淮水上游船和沿河楼阁景观，融古迹、园林、画舫、市街、楼阁和民俗民风于一体。还有秦淮夜市和金陵灯会、民俗名胜、地方风味小吃等，已呈现出遗产旅游的成熟形态。

四、杭州清河坊/中山中路历史文化街区的遗产旅游发展现状

清河坊历史文化街区是杭州历史上著名的街区之一，也是杭州目前唯一保存较完整的旧街区，是杭州悠久历史的一个缩影。

清河坊的历史起源于南宋。南宋定都杭州，筑九里皇城，开十里天街（今中山中路）。于是，在宫城外围、天街两侧，皇亲国戚、权贵内侍纷纷修建宫室私宅。中河以东建德寿宫、上华光建开元宫、后市街建惠王府邸、惠民街建龙翔宫等。而清河坊的得名，与当时的太师张俊有关。建炎三年（1129 年），张俊在明州（今浙江宁波）击退金兵，取得高桥大捷，晚年封为清河郡王，备受宠遇。他在河坊街太平巷建有清河郡王府，故这一带就被称为清河坊。当时，这一带商铺林立，酒楼茶肆鳞次栉比，买卖之人络绎不绝。清河坊街也曾是杭州最繁华的商业区，古有“前朝后市”之称，前朝是指前有朝庭，即凤凰山南宋皇城；后市指北有市肆，即河坊街一带。它历经元、明、清和民国时期，直至新中国成立前夕，这一带仍然是杭城商业繁华地段。

杭州的许多百年老店都集中在这一带。清河坊兴于宋、盛于清，街区现存古建筑大多建于明末清初，如百年老店胡庆余堂、万隆火腿庄、羊汤饭店等大多建于此时。

2000 年 4 月 8 日开始，上城区政府对清河坊的历史建筑群进行保护，同时又开发新的街景，依照“修旧如旧”的原则，严格按原有风貌加以保护。目前，清河坊历史街区占地 13.66 公顷，整个街区的业态布局，除保留区内

著名的老字号外，以招租、联营等形式，引入商家经营古玩、字画、旅游纪念品、工艺品、杭州及周边各地名土特产等符合街区历史文化氛围的项目。2002 年 10 月，杭州清河坊历史街区在改造与保护工程正式启动一年半之后，正式开街。460 米长的步行街浓缩了明清时期杭州的市井风貌，成了市民和国内外游客关注的焦点。经改造后的清河坊历史街区，正在逐步形成具有浓郁传统气息的文化、娱乐、商业及游览街区。它的修复和改造，为杭州留下了一份宝贵的历史文化遗产。

第二节　实证研究设计

一、小规模访谈

为了对游客体验有一个初步的感知，使实证调研更为有效地进行，在正式发放问卷前，笔者首先选取杭州清河坊街为代表，进行了一次小规模游客访谈。访谈对象为杭州清河坊街内随机抽取的游客，有 20～25 名。访谈内容主要涉及游客游览文化遗产后的感受及对文化遗产景区存在问题的意见和建议；听取游客对问卷（初稿）调查项目的反馈，并根据游客对问卷调查项目的意见，对问卷进行调整和修正（访谈提纲见附录 1）。

通过访谈了解斟酌，对原定调研指标进行了以下修改：

第一，删除多数游客（一半以上）认为对旅游体验“无影响”或“影响不大”的项目——文化遗产地规模。游客认为大型和小型文化遗产各有各的优缺点，而无论大小，吸引人才是关键，因此规模大小不算主要因素。

第二，增加游客提出较多的“街区秩序”项目，以及游客提出的“商家招徕活动”项目。

第三，听取游客建议，修改“商铺数量”指标为“特色商品/纪念品丰富程度”，修改“餐饮场所数量”指标为“特色饮食的丰富程度”。

二、调查问卷设计

根据前文提出的旅游体验概念化模型，旅游者主观心理因素（旅游氛围情境因素）、目的地客观的特征环境（旅游行为情境因素）及旅游者对旅游场的融入程度（或旅游场对旅游者的浸润程度）共同影响游客体验的愉悦度。在这一理论框架基础上，提出问卷设计初稿，结合小规模访谈中游客提出的宝贵意见，对问卷进行了修正和完善并形成最终的问卷。

问卷测量项目主要包括四部分：对旅游者主观因素的调查、对文化遗产客观的特征因素的调查、对旅游体验整体质量的调查及旅游者个人基本资料（具体测量项目见附录2）。同时，问卷测量主要采用李克特（Likert）五级量表，以便被调查人员能够合理地进行评价选择。

三、调研对象及数据分析方案

本次实证调查的调研对象为长三角地区三个典型文化遗产地即上海城隍庙/豫园、南京夫子庙/秦淮河及杭州清河坊/中山中路的游客，包括前来游览、休闲、研学、进行商务活动等的中外游客。调查期间为8月初到8月中旬，先于7月初进行一次小规模访谈，然后先后前往杭州、上海和南京进行正式问卷的发放，在杭州清河坊发放问卷200份，在上海城隍庙和南京夫子庙各发放150份，每份问卷均在调查人员的亲自监督下完成。调查采用问卷与随机访谈相结合的方式，游客对问卷如有不理解的地方，调查人员当场进行解释，以进一步提高问卷的有效回收率和数据的可靠性。

本书拟采用社会科学统计软件IBM SPSS 26.0作为描述性统计分析、信度分析、单因素方差分析（One - way ANOVA）、相关分析和因子分析的分析工具，不仅衡量并两相比较上海、南京、杭州三处文化遗产旅游地游客体验度均值，且通过因子分析（及其信度检验）进一步分析与探讨不同的相关因素对三处遗产旅游地游客体验度产生的影响。

四、调查结果整理与初步统计

1. 问卷调查结果

正式调查共发放问卷500份，回收问卷484份，回收率为96.8%。将不符合要求的问卷剔除，剔除问卷的标准主要有两个：一是剔除问卷填答不完整、漏填者，只要问卷当中任何一个测量项目未答，则将该问卷作为无效问卷予以剔除；二是检查填答者是否认真填写问卷，若整个问卷选项得分之间没有显著区别（如：问卷的所有项目的打分完全一致），则将该问卷作为无效问卷予以剔除。剔除无效问卷后，得到有效问卷433份，有效回收率达86.6%，调查问卷完成的总体情况较好。回收有效问卷的样本地域分布见表 6-1。

表 6-1　回收有效问卷的样本地域分布

问卷发放地	问卷发放量/份	有效样本/份	占比/%
上海城隍庙	150	136	31.4
南京夫子庙	150	133	30.7
杭州清河坊	200	164	37.9

2. 判断问卷有效性

为检验问卷设计的一致性和稳定性，从而为以后的实证分析提供保障，首先对问卷的整体信度加以检验，检查各项指标的有效性。本研究同时采用判断某一条款归于特定结构变量是否具有较好的内在一致性的项目总相关系数（Corrected Item - Total Correction，CITC）指标和 Cronbach's α 值来检验问卷的整体信度。信度检验筛选项目遵循以下两个标准，且需同时成立才可删除该项目：

（1）CITC < 0.3，指总相关系数，即修正后每个项目得分与剩余项目得分间的相关系数小于 0.3。

（2）删除此项目可以增加 Cronbach's α 值，α 值越大表示信度越高，即可提升整体信度。

分析结果显示，问卷的 Cronbach's α 系数为 0.880，证明问卷的信度很高。表 6-2 为 CITC 和信度分析结果。从表 6-2 中可以看出，每一项的 CICT 系数值均大于 0.3，且 Cronbach's α 值均处于 0.80～0.90 区间内，说明问卷指标的有效性较为良好。

表 6-2　CITC 和信度分析结果

信度测量项目	CITC 系数值	如果项目被删的 Cronbach's α 值
文物古迹保护	0.614	0.870
历史场景再现	0.661	0.868
历史文化气息	0.658	0.868
周围景色	0.545	0.873
布局和设施	0.587	0.871
景区秩序	0.418	0.878
交通便利	0.358	0.881

续表

信度测量项目	CITC 系数值	如果项目被删的 Cronbach's α 值
旅游地居民态度	0.461	0.876
服务人员态度	0.495	0.875
店家招徕	0.406	0.878
景区主题独特	0.555	0.872
特色商品丰度	0.518	0.874
特色饮食丰度	0.488	0.875
有趣事物丰度	0.587	0.871
活动有趣性	0.580	0.871
主动参与活动	0.506	0.874

3. 总体样本描述性统计

采用 IBM SPSS 26.0 软件对调研总体样本人口统计特征进行描述性统计，分析结果总结如表 6－3 所示。

表 6－3　总体样本描述性统计汇总表（N ＝ 433）

样本		频次 Frequency	频率 Percent	有效频率 Valid Percent	累计频率 Cumulative Percent
性别	男	224	51.7	51.7	51.7
	女	209	48.3	48.3	100.0
	合计	433	100.0	100.0	
年龄	65 岁以上	1	0.2	0.2	0.2
	45～65 岁	22	5.1	5.1	5.3
	25～44 岁	151	34.9	34.9	40.2
	15～24 岁	246	56.8	56.8	97.0
	15 岁以下	13	3.0	3.0	100.0
	合计	433	100.0	100.0	
受教育程度	初中及以下	32	7.4	7.4	7.4
	高中或中专	118	27.2	27.2	34.6
	大专	90	20.8	20.8	55.4
	本科	145	33.5	33.5	88.9
	研究生及以上	48	11.1	11.1	100.0
	合计	433	100.0	100.0	

续表

样本		频次 Frequency	频率 Percent	有效频率 Valid Percent	累计频率 Cumulative Percent
职业	政府机关或事业单位工作人员	36	8.3	8.3	8.3
	企业工作人员	113	26.1	26.1	34.4
	个体工商户	38	8.8	8.8	43.2
	农民	6	1.4	1.4	44.6
	学生	186	43.0	43.0	87.5
	离退休人员	8	1.8	1.8	89.4
	其他	46	10.6	10.6	100.0
	合计	433	100.0	100.0	
收入水平	1000 元以下	79	18.3	18.3	18.3
	1000 ~3000 元	182	42.0	42.0	60.3
	3001 ~5000 元	140	32.3	32.3	92.6
	5001 ~1 万元	22	5.1	5.1	97.7
	1 万元以上	10	2.3	2.3	100.0
	合计	433	100.0	100.0	
每年外出旅游次数	偶尔一次	130	30.0	30.0	30.0
	两到三次	122	28.2	28.2	58.2
	节假日有空时	154	35.6	35.6	93.8
	几乎每周	27	6.2	6.2	100.0
	合计	433	100.0	100.0	

五、游客反映文化遗产旅游地存在的问题总结

通过初期的小规模访谈了解，以及问卷中“游客意见”一项的结果反馈，目前长三角地区文化遗产旅游区尚存在一些需要改进的地方，现将三处文化遗产旅游区游客反映出来的主要问题归纳如下：

①缺乏独特性，感觉与其他同类型或相似类型的文化遗产景区存在雷同之处，未充分反映当地文化特色和风貌。

②商业气息过于浓重，文化氛围烘托不足。

③传统文化活动数量较为有限，且参与性项目和新颖有趣的活动较少。

④解说系统不甚完善，有些翻译不伦不类，令人费解（主要针对外国游客而言）。

⑤服务人员态度欠佳，服务意识、主动性和积极性不强。

⑥景区内过于拥挤，卫生条件较差，景区管理水平有待提高。

⑦公共服务设施（座椅、公厕等）不足，休息场所不够。

其中，第①、第②、第④、第⑤、第⑦项是三处文化遗产地共同反映出的问题，而第③项和第⑥项则主要是南京夫子庙游客的意见。这些问题对游客体验愉悦度的具体影响将通过后文的定量分析进行进一步的探讨。

第三节　长三角地区文化遗产旅游体验度测评及影响因素分析

一、上海、南京、杭州三处文化遗产旅游地游客体验度比较

根据前文的理论综述，遗产旅游的游客体验度唯一的衡量维度是“愉悦度”，高愉悦度同时也代表高满意度，或者说，满意度实际上也是游客体验愉悦度的另一种反映。因此，在对上海城隍庙、南京夫子庙、杭州清河坊三处文化遗产旅游地的游客体验度做比较时，采用“愉悦度”和“满意度”两项测量指标来进行。

1. *游客体验度均值比较*

首先通过对上海城隍庙、南京夫子庙、杭州清河坊三处文化遗产旅游地游客愉悦度和满意度的均值进行比较，衡量三处文化遗产旅游地游客体验在程度上存在的差异。表 6－4 为均值比较结果。该统计结果显示，从游客愉悦度来看，上海、南京、杭州三个样本均值分别为 3.632、3.308 和 3.512；而旅游者满意度分别为 3.625、3.353 和 3.579。由此可明显看出，在三处文化遗产旅游地中，上海城隍庙无论是游客满意度还是游客愉悦度均居于首位，而南京夫子庙的两项均值则均为最低。这就意味着，上海城隍庙给游客带来的旅游体验最为深刻，并且游客从遗产旅游体验中所获得的愉悦感也最为强烈，因而满意度也就最高；杭州清河坊次之，而南京夫子庙则落后于二者。

表 6－4　三个样本的遗产旅游游客体验度均值比较结果

样本		样本量	均值	标准差	均值 95% 置信区间	
					下限	上限
愉悦度	上海	136	3.6324	0.81476	3.4942	3.7705
	杭州	164	3.5122	0.69607	3.4049	3.6195
	南京	133	3.3083	0.81817	3.1679	3.4486
	合计	433	3.4873	0.78200	3.4134	3.5612
满意度	上海	136	3.6250	0.85147	3.4806	3.7694
	杭州	164	3.5793	0.74294	3.4647	3.6938
	南京	133	3.3534	0.81831	3.2130	3.4937
	合计	433	3.5242	0.80794	3.4479	3.6006

2. *方差分析*

为进一步检验三处不同文化遗产旅游地的游客满意度及愉悦度是否存在显著差异，本研究运用 IBM SPSS 26.0 软件对三个文化遗产旅游地样本做单因素方差分析（One－way ANOVA），首先采用方差齐性检验（Test of Homogeneity of Variances）判断不同样本的游客满意度及愉悦度是否具有齐次方差，并在此基础上进行 Post Hoc 多重比较，采用各组间两两比较的 LSD 和 Tamhane T2 方法探讨两两样本之间的差异。

检验结果显示，不同样本的游客满意度及愉悦度的显著性概率均大于 0.05，即均具有方差齐性（见表 6－5）。

表 6－5　三个样本的方差齐性检验（Test of Homogeneity of Variances）

指标	Levene 统计值	df1	df2	显著性概率 Sig.
愉悦度	1.250	2	430	0.288
满意度	0.392	2	430	0.676

方差分析的结果如表 6－6 所示。

表 6－6　方差分析（ANOVA）结果

指标		平方和	df	均方和	F	Sig.
愉悦度	组间	7.226	2	3.613	6.046	0.003*
	组内	256.954	430	0.598		
	总和	264.180	432			

续表

指标		平方和	df	均方和	F	Sig.
满意度	组间	5.760	2	2.880	4.483	0.012 *
	组内	276.235	430	0.642		
	总和	281.995	432			

注：* 表示在显著性水平 0.05 下存在显著差异，双尾检验。

LSD 法是在具有方差齐性时，用最小显著性差异方法的 t 统计量两两检验各组均值是否有显著性差异。由于本次方差齐性检验结果显示三组数据具有方差齐性，因此采用 LSD 方法再进行多重比较，结果分别如表 6－7 和表 6－8 所示。

表 6－7　运用 LSD 法对游客满意度进行多重比较的结果

样本			均值差异	Sig.	95% 的置信区间	
					下限	上限
LSD	上海	南京	0.27162	0.006 *	0.0795	0.4637
		杭州	0.04573	0.623	－0.1370	0.2284
	南京	上海	－0.27162	0.006 *	－0.4637	－0.0795
		杭州	－0.22588	0.016 *	－0.4097	－0.0421
	杭州	上海	－0.04573	0.623	－0.2284	0.1370
		南京	0.22588	0.016 *	0.0421	0.4097

注：* 表示显著性水平为 0.05 时，均值间存在显著差异，双尾检验。

表 6－8　运用 LSD 法对游客愉悦度进行多重比较的结果

样本			均值差异	Sig.	95% 的置信区间	
					下限	上限
LSD	上海	南京	0.32408	0.001 *	0.1388	0.5094
		杭州	0.12016	0.181	－0.0561	0.2964
	南京	上海	－0.32408	0.001 *	－0.5094	－0.1388
		杭州	－0.20392	0.024 *	－0.3812	－0.0266
	杭州	上海	－0.12016	0.181	－0.2964	0.0561
		南京	0.20392	0.024 *	0.0266	0.3812

注：* 表示显著性水平为 0.05 时，均值间存在显著差异，双尾检验。

表 6－6 的方差分析结果显示，上海城隍庙、杭州清河坊以及南京夫子庙的游客愉悦度和满意度在 0.05 的显著水平下均存在着显著性差异，显著性概

率 p 分别为 0.003 和 0.012。进而通过对三个样本的两两比较发现，上海和南京的游客满意度之间、杭州和南京的游客满意度之间、上海和南京的游客愉悦度之间，以及杭州和南京的游客愉悦度之间均存在显著性差异（p 值分别为 0.006、0.016、0.001 和 0.024）。

3. 对比分析结论

通过前面对于上海、南京及杭州三地文化遗产旅游地游客满意度和愉悦度的比较，发现三处文化遗产旅游地的游客体验度存在较大的差异。

首先，上海城隍庙的游客满意度和愉悦度均高于其他两处文化遗产旅游地，且满意度和愉悦度在 0.05 的显著水平下显著异于南京夫子庙。这说明，上海城隍庙给游客带来的体验最为深刻，并且游客从旅游体验所获得的愉悦感也最为强烈。因而从遗产旅游地的游客体验角度来说，上海城隍庙的遗产活化程度优于杭州及南京两地的遗产旅游地，处于整个长三角的领先地位。

其次，杭州清河坊的游客满意度和愉悦度处于中等水平，且满意度和愉悦度在 0.05 的显著水平下显著异于南京夫子庙，和上海城隍庙的差异则并不显著。这说明，杭州清河坊给游客带来的体验虽不及上海城隍庙深刻，但相较于南京夫子庙来说却更胜一筹，游客能够在此感受到更大程度上的愉悦感。因而从遗产旅游地的游客体验角度来说，在整个长三角文化遗产旅游的发展中，杭州清河坊超过了南京夫子庙，但略逊于上海城隍庙，处于居中的态势。

最后，南京夫子庙的游客满意度和愉悦度均低于其他两处文化遗产旅游地，且满意度和愉悦度在 0.05 的显著水平下显著异于上海样本及杭州样本。说明从游客体验角度来说，南京的遗产旅游在整个长三角发展中落后于上海和杭州，处于相对较低的水平。

二、文化遗产旅游游客体验的影响因素分析

在对上海城隍庙、南京夫子庙以及杭州清河坊三处文化遗产旅游地的游客体验度进行综合比较后，本书将通过描述性分析、方差分析、相关分析以及因子分析等方法，进一步探讨不同的相关因素对三处遗产旅游地游客体验

度产生的影响。

通过前文的分析可知，旅游体验是由物（遗产核心吸引物）、场（遗产地能量场、资源场、文化场）、人（遗产旅游游客、当地社区居民）三者之间动态交互、综合作用的产物，其中前两者属于遗产旅游目的地的客观因素，后者则属于旅游者主观因素，因此在分析遗产旅游游客体验度的影响因素时也应分别从主观因素与客观因素两个方面进行。

在对旅游者主观因素（即游客体验）进行考察时，首先通过方差分析来检验不同人口统计特征的样本在游客体验度上是否存在显著差异，从而得出游客个体特征差异对其旅游体验是否存在显著影响，其次通过偏相关分析探究游客前来文化遗产地的不同旅游目的和游客体验的愉悦度之间是否存在显著性的相关关系。在对旅游目的地的客观因素（即目的地核心吸引物及其环境情境因素）进行分析时，通过因子分析得到上海、杭州及南京三处文化遗产旅游地各自包含的旅游行为情境因子，并研究其对游客愉悦度和满意度的影响。

（一）人口统计变量的方差分析

首先使用独立样本 t 检验检测不同性别的游客的体验度是否存在显著差异（见表6－9）。由表6－9 可以看出，不同性别的游客在体验度上并没有显著差异（Sig. >0.05），即游客的愉悦度不受性别的影响。

表6－9　性别独立样本 t 检验结果

性别	人数	平均值	标准差	t 值	Sig.
男	224	3.4420	0.81808	－1.250	0.212
女	209	3.5359	0.74026		

其次使用单因素方差分析检验不同年龄、不同受教育程度、不同职业和不同收入的被调查游客在愉悦度上是否存在显著差异，结果如表6－10 所示。从表6－10 中可以看出，年龄、学历、职业和收入四个变量的显著性水平分别为0.642、0.226、0.119 和0.883，均高于0.05，即不同年龄、学历、职业及收入的游客在愉悦度上并不存在显著性差异。

表 6－10　人口统计变量的 One－way ANOVA 分析

人口统计变量		平方和	df	均值方差	F	Sig.
年龄	组间	1.544	4	0.386	0.629	0.642
	组内	262.636	428	0.614		
	总和	264.180	432			
学历	组间	3.420	4	0.855	1.420	0.226
	组内	252.783	420	0.602		
	总和	256.202	424			
职业	组间	6.091	6	1.015	1.701	0.119
	组内	250.644	420	0.597		
	总和	256.735	426			
收入	组间	1.095	5	0.219	0.348	0.883
	组内	216.360	344	0.629		
	总和	217.454	349			

（二）游览目的与游客愉悦度的偏相关分析

根据初步的访谈和前期了解，问卷调查共总结游客前来遗产旅游地游览的十种目的：游览该地文物古迹、感受遗产地风土民情、学习历史文化知识、开阔眼界、与亲朋好友相聚、购物、缅怀回忆及增进情感、放松心情、结交新朋友以及打发时间。通过偏相关分析，探查游客前来遗产旅游地的不同旅游目的和游客体验的愉悦度之间是否存在显著性的相关关系，由分析结果可知，与遗产旅游游客体验的愉悦度相关达显著程度的旅游目的主要包括：感受遗产地风土民情（0.690）、游览该地文物古迹（0.149）、购物（0.152）以及学习历史文化知识（0.149），具体结果如表 6－11 所示。

表 6－11　游览目的与遗产旅游游客愉悦度的偏相关分析结果

游览目的	与游客愉悦度的偏相关（控制其他目的）	显著性概率
游览该地文物古迹	0.149**	0.002
感受遗产地风土民情	0.690*	0.020
学习历史文化知识	0.149**	0.003
开阔眼界	0.060	0.223

续表

游览目的	与游客愉悦度的偏相关（控制其他目的）	显著性概率
与亲朋好友相聚	-0.054	0.272
购物	0.152**	0.002
缅怀回忆及增进情感	-0.063	0.204
放松心情	-0.015	0.768
结交新朋友	0.002	0.966
打发时间	-0.001	0.981

注：*表示显著性水平为0.05，**表示显著性水平为0.01，双尾检验。

由表6-11可知：

首先，对于上海城隍庙、南京夫子庙和杭州清河坊这样的文化遗产旅游地来说，游客仍以游览该地文物古迹、学习历史文化知识、感受遗产地风土民情为主要目的，因此，对文物古迹和历史名胜的保护、对当地传统文化的维护以及文脉的传承就显得十分重要，直接影响着游客体验的愉悦度。

其次，遗产旅游地的购物功能也得到了游客的重视，是文化遗产吸引游客的一个重要因素。因此，应增加遗产旅游地内特色衍生商品的丰富程度、突出商品及旅游纪念品的特色和独特性、加强对商家的管理使其提高服务水平、规范市场把价格控制在合理的水平、改善旅游商品的营销使其对顾客更具吸引力，此外，更重要的是创造一个良好的、闲适的、富有特色和情调的购物环境，才能真正让游客体验到购物的乐趣，从而得到较高的愉悦度和满意度。

最后，与亲朋好友相聚和缅怀回忆及增进情感、放松心情等几项虽没有达到显著程度，但也占据着不可忽略的比重，亦不失为影响遗产旅游地游客体验愉悦度的要素。这体现出遗产旅游地的休闲功能，即游客不仅要观赏人文古迹、增进知识，更想获得一次放松自己、愉悦身心并享受和亲朋好友相聚的机会。因此，这就对遗产旅游地休闲氛围的营造、休闲设施的配套与完善、休闲活动的丰富与充实提出了一定的要求。遗产旅游地只有具备了良好的休闲软、硬件条件，才能达到游客放松与愉悦的目的，满足游客的休闲需求，使其乐而忘返、乐在其中。

由此可见，游客游览遗产旅游地的目的和体验的愉悦度之间存在一定的相关关系，这也证实了旅游者主观因素对游客体验的影响。这对于遗产旅游地的长远规划及合理利用，以及如何更好地针对游客需求来相应开展运营管理及营销工作，都具有一定的启示。

（三）因子分析及其信度检验

因子分析的主要目的是通过因子分析探索得出上海、南京及杭州三处遗产旅游地各自包含的旅游目的地的客观因素（即目的地核心吸引物及其环境情境因素），然后使用提取出的公共因子代替旅游目的地的客观因素的各个可测量项目来进行分析，研究其对游客愉悦度和满意度的影响，这样即可以避开原变量的共线性问题。

以下将对三处遗产旅游地的调查数据分别做出因子分析，并进行相应的信度检验。

1. 上海城隍庙/豫园调查数据的因子分析及信度检验

（1）KMO 和巴特利特球形检验

在提取因子前，首先使用 KMO 样本测度（Kaiser - Meyer - Olykin Measure of Sampling Adequacy）和巴特利特球形检验（Bartlett's Test of Sphericity）两种方法来验证是否适合做因子分析。KMO 统计量是用于探查变量间偏相关性的取样适当性度量，取值范围为 0 ~ 1，KMO 值越接近 1，表示变量间的共同因素越多，越适合进行因子分析，效果也就越好。一般认为，当 KMO 在 0.9 以上，非常适合；0.8 ~ 0.9，很适合；0.7 ~ 0.8，适合；0.6 ~ 0.7，不太适合；0.5 ~ 0.6，很勉强；0.5 以下，则不适宜做因子分析。表 6 - 12 显示了上海城隍庙/豫园调查数据检验的结果。

表 6 - 12　KMO 和 Bartlett 球形检验（KMO and Bartlett's Test）

KMO		0.835
Bartlett's Test	近似卡方 χ^2	765.858
	自由度 df	120
	显著性概率 Sig.	0.000

由表 6 - 12 可知，KMO 值为 0.835，大于 0.7，表明“很适合”做因子

分析。此外，Bartlett 球形检验的 χ^2 值为 765.858（自由度为 120），显著性概率为 0.000，小于 1%，球形假设被拒绝，说明变量具有相关性，适宜进行因子分析。

（2）因子分析

公共因子数量的确定可以以特征根大于 1 作为选择标准，也可以直接指定因子数。本书采用后者，通过因子分析共提取出 5 个因子，解释总体方差的 69.502%，可以认为这 5 个公共因子提供了原始数据大部分的信息，因而因子提取是有效的。由碎石图（Scree Plot）也可以看出，因子提取的结果还是比较理想的。

总体方差分解表和碎石图分别如表 6－13 和图 6－2 所示。

表 6－13　总体方差分解表（Total Variance Explained）

因子	初始特征根			旋转后因子负荷平方和		
	总体值	总体方差百分比/%	累计方差百分比/%	总体值	总体方差百分比/%	累计方差百分比/%
1	6.379	39.866	39.866	2.905	18.158	18.158
2	1.705	10.656	50.522	2.688	16.802	34.960
3	1.123	7.017	57.539	2.430	15.187	50.146
4	0.978	6.110	63.649	1.782	11.137	61.284
5	0.937	5.853	69.502	1.315	8.218	69.502
6	0.825	5.158	74.660			
7	0.707	4.421	79.081			
8	0.612	3.822	82.904			
9	0.550	3.438	86.342			
10	0.464	2.898	89.240			
11	0.400	2.501	91.741			
12	0.372	2.323	94.064			
13	0.332	2.072	96.136			
14	0.259	1.619	97.756			
15	0.220	1.373	99.129			
16	0.139	0.871	100.000			

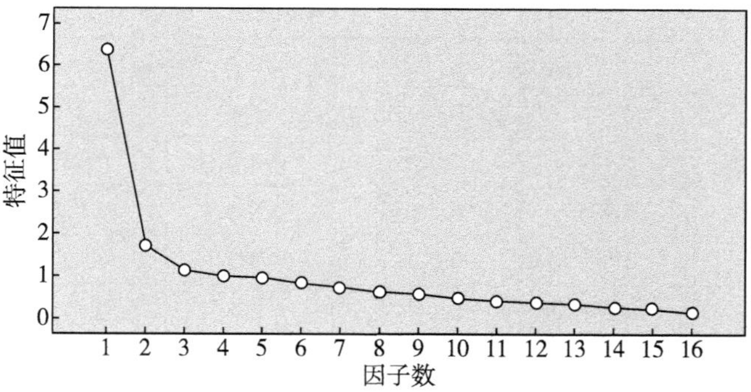

图 6－2　因子萃取碎石图

表 6－14 为转轴前的因子成分矩阵，因子负荷量越高，表示该题项在该公共因子中的重要性越大。由表 6－14 可知，在对公因子转轴之前，各题项得分比较接近，不容易进行分类，故需要对公因子进行方差最大正交旋转，使各题项得分两极分化。

表 6－14　转轴前的因子成分矩阵（Component Matrix）

指标	因　子（Component）				
	因子 F1	因子 F2	因子 F3	因子 F4	因子 F5
历史文化气息	0.796	－0.085	0.062	－0.182	－0.285
历史场景再现	0.763	0.092	0.069	－0.123	－0.495
布局和设施	0.755	－0.117	0.026	0.200	－0.022
文物古迹保护	0.734	－0.145	－0.163	0.073	－0.400
服务人员态度	0.674	－0.452	－0.065	0.077	0.219
景区主题独特	0.661	－0.190	0.092	－0.260	0.206
周围景色	0.645	－0.112	0.235	－0.282	－0.169
有趣事物丰度	0.612	0.184	0.153	－0.027	0.207
旅游地居民态度	0.601	－0.466	0.084	0.103	0.252
活动有趣性	0.584	0.489	0.057	－0.225	0.244
特色商品丰度	0.569	0.244	－0.549	－0.114	0.093
交通便利	0.531	－0.482	0.029	－0.013	0.292
店家招徕	0.517	0.493	－0.012	0.346	0.195
主动参与活动	0.536	0.580	0.168	－0.242	0.143
特色饮食丰度	0.570	0.093	－0.625	0.322	－0.043
景区秩序	0.428	0.177	0.514	0.611	－0.098

表 6-15　旋转后因子的萃取结果（Rotated Component Matrix）

指标	因　子（Component）				
	因子 F1	因子 F2	因子 F3	因子 F4	因子 F5
服务人员态度	0.776	0.225	0.050	0.235	0.079
旅游地居民态度	0.775	0.171	0.038	0.088	0.149
交通便利	0.760	0.128	0.043	0.067	0.004
景区主题独特	0.594	0.318	0.363	0.027	-0.075
布局和设施	0.485	0.401	0.188	0.294	0.326
历史场景再现	0.114	0.843	0.259	0.196	0.163
历史文化气息	0.354	0.733	0.260	0.157	0.067
文物古迹保护	0.290	0.692	0.013	0.407	0.154
周围景色	0.359	0.611	0.287	-0.086	0.018
主动参与活动	-0.019	0.231	0.814	0.063	0.104
活动有趣性	0.110	0.172	0.790	0.161	0.049
店家招徕	0.050	0.001	0.530	0.397	0.476
有趣事物丰度	0.323	0.199	0.527	0.105	0.207
特色饮食丰度	0.182	0.180	0.080	0.862	0.120
特色商品丰度	0.146	0.194	0.406	0.669	-0.185
景区秩序	0.115	0.192	0.154	-0.039	0.887

表 6-15 是转轴后的成分矩阵。其中，各公共因子包含的题项是根据因子负荷量的大小排序的。在选择测量项目时，均以因子负荷值（Loading）大小作为保留和删除该项目的标准。当因子负荷值小于 0.3 时，因子对该变量变异的解释度不到 10%，应予以剔除。本书以 0.5 作为删除的临界值，即当因子负荷量大于或等于 0.5 时，该因子就可以被萃取出来。由表 6-15 可知，“布局和设施”题项的因子负荷量为 0.485，小于 0.5，故此项目可删除掉。

此外，根据多数研究者进行因子分析的实际经验，一个公共因子的题项数最少为 2 项，否则不易测出所代表的共同因子特质。从表 6-15 中我们可以看到，第 5 公共因子只包含 1 个题项，因此可考虑将该公共因子删除。由此我们最终得到了 4 个因子。根据这些因子对应的项目内容，结合实际对各个因子进行命名，便得到了因子分析的结果，如表 6-16 所示。

表 6-16　萃取因子命名

指标	萃取因子（公共因子）			
	环境与服务质量 F1	文化氛围 F2	互动参与性 F3	特色商品 F4
旅游地居民态度	0.775			
服务人员态度	0.776			
交通便利	0.760			
景区主题独特	0.594			
历史场景再现		0.843		
历史文化气息		0.733		
文物古迹保护		0.692		
周围景色		0.611		
主动参与活动			0.814	
活动有趣性			0.790	
店家招徕			0.530	
有趣事物丰度			0.527	
特色饮食丰度				0.862
特色商品丰度				0.669

（3）信度检验

此处仍然采用 Cronbach's α 系数来检验问卷的信度。Cronbach's α 值越大表明信度越高。一般认为，α 值介于 0.65～0.70 是可接受值，介于 0.70～0.80 为相当好，介于 0.80～0.90 为非常好。本研究中的上海样本调查问卷各因子的信度分析结果如表 6-17 所示。从表 6-17 中可以看出，因子分析中萃取出的 4 个因子的信度均在 0.70 以上，说明本部分问卷的测度数据具有较好的可靠性，每个因子均可以保留，不必删除。

表 6-17　各因子的 Cronbach's α 值

标号	因子名	测量项目数	Cronbach's α
F1	环境与服务质量	4	0.790
F2	文化氛围	4	0.848
F3	互动参与性	4	0.749
F4	特色商品	2	0.701

2. 南京夫子庙/秦淮河调查数据的因子分析及信度检验

(1) KMO 和巴特利特球形检验

在对南京夫子庙/秦淮河调查数据进行因子分析前，同样先进行 KMO 和巴特利特球形检验，检验结果如表 6-18 所示。

表 6-18 KMO 和 Bartlett 球形检验 (KMO and Bartlett's Test)

KMO		0.775
Bartlett's Test	近似卡方 χ^2	503.812
	自由度 df	120
	显著性概率 Sig.	0.000

由表 6-18 可知，KMO 值为 0.775，大于 0.7，表明适合做因子分析。此外，Bartlett 球形检验的 χ^2 值为 503.812（自由度为 120），显著性概率为 0.000，小于 1%，球形假设被拒绝，说明变量具有相关性，适宜进行因子分析。

(2) 因子分析

通过因子分析共提取 5 个特征根大于 1 的因子，解释总体方差的 63.913%。说明这 5 个公共因子提供了原始数据中大部分的信息，因而因子提取是有效的。碎石图（Scree Plot）也反映出因子提取的结果还是较为不错的。因子分析的总体方差分解表和碎石图分别如表 6-19 和图 6-3 所示。

表 6-19 总体方差分解表 (Total Variance Explainded)

因子	初始特征根			旋转后因子负荷平方和		
	总体值	总体方差百分比/%	累计方差百分比/%	总体值	总体方差百分比/%	累计方差百分比/%
1	4.904	30.650	30.650	2.466	15.410	15.410
2	1.500	9.378	40.027	2.220	13.874	29.283
3	1.407	8.794	48.821	1.879	11.744	41.027
4	1.302	8.138	56.959	1.867	11.666	52.693
5	1.113	6.953	63.913	1.795	11.219	63.913
6	0.981	6.129	70.041			
7	0.751	4.695	74.736			
8	0.721	4.503	79.240			

续表

因子	初始特征根			旋转后因子负荷平方和		
	总体值	总体方差百分比/%	累计方差百分比/%	总体值	总体方差百分比/%	累计方差百分比/%
9	0.603	3.769	83.009			
10	0.535	3.346	86.355			
11	0.507	3.169	89.523			
12	0.448	2.798	92.322			
13	0.368	2.299	94.620			
14	0.340	2.126	96.746			
15	0.275	1.718	98.464			
16	0.246	1.536	100.000			

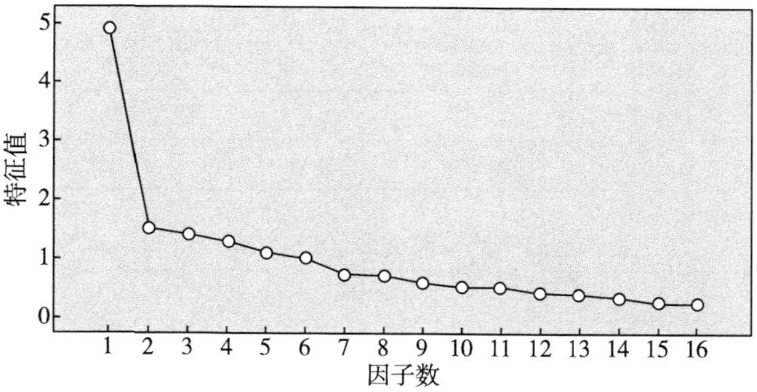

图6－3　因子萃取碎石图

表6－20和表6－21分别为转轴前和转轴后的因子成分矩阵。同理，删除因子负荷值小于0.5的项目，即删除“交通便利”和“景区主题独特”两项。然后再根据各因子负荷大小，以各因子所包含项目的实际内容为依据，分别对这5个因子进行命名，最终得到的因子分析结果如表6－22所示。

表6－20　转轴前的因子成分矩阵（Component Matrix）

指标	因　子（Component）				
	因子F1	因子F2	因子F3	因子F4	因子F5
文物古迹保护	0.722	0.098	－0.194	－0.280	－0.326
历史文化气息	0.673	－0.304	0.311	－0.154	0.131

续表

指标	因　子（Component）				
	因子 F1	因子 F2	因子 F3	因子 F4	因子 F5
历史场景再现	0.651	0.002	-0.240	-0.039	-0.421
特色饮食丰度	0.620	-0.313	-0.273	0.141	0.352
特色商品丰度	0.620	-0.047	-0.049	-0.116	-0.428
有趣事物丰度	0.588	-0.333	-0.154	0.352	-0.006
周围景色	0.574	-0.091	-0.175	0.478	-0.101
旅游地居民态度	0.570	0.344	0.485	0.160	0.086
服务人员态度	0.569	0.128	-0.105	-0.186	0.023
交通便利	0.528	0.523	-0.057	0.025	0.165
景区主题独特	0.527	-0.265	-0.390	0.016	0.483
店家招徕	0.508	-0.338	0.476	-0.243	-0.198
主动参与活动	0.424	0.591	-0.294	-0.285	0.098
活动有趣性	0.295	0.460	0.149	0.225	0.197
景区秩序	0.409	0.096	0.472	0.531	-0.054
布局和设施	0.404	-0.135	0.353	-0.528	0.367

表 6-21　旋转后因子的萃取结果（Rotated Component Matrix）

指标	因　子（Component）				
	因子 F1	因子 F2	因子 F3	因子 F4	因子 F5
文物古迹保护	0.762	0.219	0.159	0.013	0.076
历史文化气息	0.755	0.155	0.340	0.209	-0.015
历史场景再现	0.724	0.110	0.080	0.170	0.118
特色饮食丰度	0.038	0.796	0.224	0.184	-0.124
特色商品丰度	0.151	0.790	0.118	0.190	0.058
有趣事物丰度	0.349	0.630	-0.108	0.025	0.273
周围景色	0.384	0.521	0.026	-0.166	0.400
旅游地居民态度	0.250	0.030	0.797	0.013	-0.086
服务人员态度	0.168	0.142	0.673	0.044	0.283
交通便利	-0.065	0.042	0.454	-0.017	0.445
景区主题独特	0.363	0.222	0.384	0.236	0.040
店家招徕	-0.023	0.099	0.204	0.816	-0.049

续表

指标	因 子（Component）				
	因子 F1	因子 F2	因子 F3	因子 F4	因子 F5
主动参与活动	0.409	0.013	-0.207	0.658	0.232
活动有趣性	0.276	0.343	0.006	0.656	0.244
景区秩序	0.099	0.100	-0.029	0.070	0.811
布局和设施	0.130	0.004	0.360	0.324	0.679

表 6-22 萃取因子命名

指标	萃取因子（公共因子）				
	历史文化氛围 F1	内容丰度 F2	接待地欢迎度 F3	互动参与性 F4	规划与管理 F5
文物古迹保护	0.762				
历史文化气息	0.755				
历史场景再现	0.724				
特色饮食丰度		0.796			
特色商品丰度		0.790			
有趣事物丰度		0.630			
周围景色		0.521			
旅游地居民态度			0.797		
服务人员态度			0.673		
店家招徕				0.816	
主动参与活动				0.658	
活动有趣性				0.656	
景区秩序					0.811
布局和设施					0.679

（3）信度检验

南京部分调查问卷各因子的信度分析结果如表 6-23 所示。

从表 6-23 中可以看出，因子分析中萃取出的 5 个因子中，小于 0.65 的为“接待地欢迎度”和“规划与管理”两项，信度在可接受值范围外，应予以删除，只保留信度在 0.65 以上的三个因子，即历史文化氛围、内容丰度以及互动参与性。

表 6－23　各因子的 Cronbach's α 值

标号	因子名	测量项目数	Cronbach's α
F1	历史文化氛围	3	0.775
F2	内容丰度	4	0.739
F3	接待地欢迎度	2	0.641
F4	互动参与性	3	0.697
F5	规划与管理	2	0.637

3. 杭州清河坊调查数据的因子分析及信度检验

（1）KMO 和巴特利特球形检验

在对杭州清河坊调查数据进行因子分析前，同样先进行 KMO 和巴特利特球形检验，检验结果如表 6－24 所示。

表 6－24　KMO 和 Bartlett 球形检验（KMO and Bartlett's Test）

KMO		0.813
Bartlett's Test	近似卡方 χ^2	763.534
	自由度 df	120
	显著性概率 Sig.	0.000

由表 6－24 可知，KMO 值为 0.813，大于 0.8，表明很适合做因子分析。此外，Bartlett 球形检验的 χ^2 值为 763.534（自由度为 120），显著性概率为 0.000，小于 1%，球形假设被拒绝，说明变量具有相关性，适宜进行因子分析。

（2）因子分析

通过因子分析共提取 5 个公共因子，解释总体方差的 68.077%。说明这 5 个公共因子提供了原始数据中大部分的信息，因而因子提取是有效的。碎石图（Scree Plot）也反映出因子提取的结果还是较为不错的。因子分析的总体方差分解表和碎石图分别如表 6－25 和图 6－4 所示。

表 6－25　总体方差分解表（Total Variance Explainded）

因子	初始特征根			旋转后因子负荷平方和		
	总体值	总体方差百分比/%	累计方差百分比/%	总体值	总体方差百分比/%	累计方差百分比/%
1	5.823	36.395	36.395	2.784	17.402	17.402

续表

因子	初始特征根			旋转后因子负荷平方和		
	总体值	总体方差百分比/%	累计方差百分比/%	总体值	总体方差百分比/%	累计方差百分比/%
2	1.813	11.333	47.728	2.518	15.740	33.142
3	1.219	7.621	55.348	1.981	12.384	45.526
4	1.064	6.652	62.001	1.842	11.513	57.038
5	0.972	6.076	68.077	1.766	11.038	68.077
6	0.870	5.439	73.516			
7	0.833	5.209	78.725			
8	0.650	4.061	82.786			
9	0.581	3.631	86.416			
10	0.504	3.149	89.566			
11	0.389	2.431	91.997			
12	0.331	2.068	94.065			
13	0.290	1.810	95.875			
14	0.272	1.701	97.576			
15	0.221	1.384	98.960			
16	0.166	1.040	100.000			

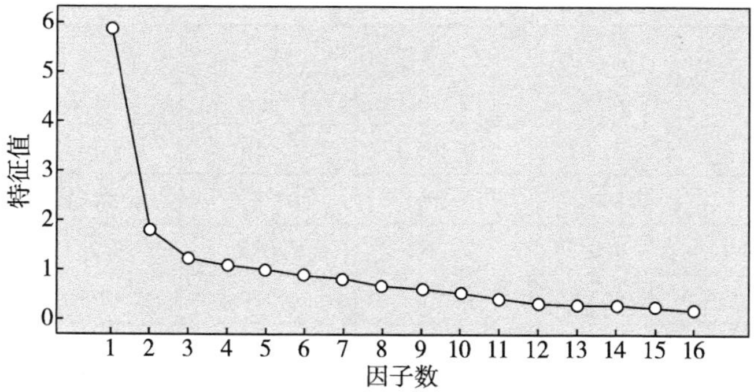

图6－4　因子萃取碎石图

表6－26和表6－27分别为转轴前和转轴后的因子成分矩阵。同理，删除因子负荷值小于0.5的项目，即删除“景区主题独特”一项。然后再根据各因子负荷大小，以各因子所包含项目的实际内容为依据，分别对这5个因

子进行命名，最终得到的因子分析结果如表 6－28 所示。

表 6－26　转轴前的因子成分矩阵（Component Matrix）

指标	因　子（Component）				
	因子 F1	因子 F2	因子 F3	因子 F4	因子 F5
历史场景再现	0.799	0.060	－0.315	－0.010	－0.266
有趣事物丰度	0.698	－0.286	0.030	－0.193	－0.171
历史文化气息	0.697	0.146	－0.418	0.068	－0.270
活动有趣性	0.676	－0.369	0.115	0.366	－0.076
周围景色	0.673	0.174	－0.292	0.165	0.327
文物古迹保护	0.657	0.406	－0.271	－0.104	－0.259
景区秩序	0.607	－0.203	－0.158	0.161	0.406
景区主题独特	0.591	0.258	－0.077	－0.255	0.006
主动参与活动	0.591	－0.343	0.132	0.583	－0.089
特色饮食丰度	0.582	－0.282	0.241	－0.336	0.023
特色商品丰度	0.582	－0.345	0.166	－0.369	－0.083
服务人员态度	0.430	0.548	0.463	0.202	－0.075
旅游地居民态度	0.514	0.525	0.438	－0.161	－0.008
店家招徕	0.479	－0.502	0.289	－0.154	0.006
交通便利	0.354	0.327	0.376	0.234	0.057
布局和设施	0.567	0.128	－0.087	－0.158	0.657

表 6－27　旋转后因子的萃取结果（Rotated Component Matrix）

指标	因　子（Component）				
	因子 F1	因子 F2	因子 F3	因子 F4	因子 F5
历史文化气息	0.813	0.105	0.056	0.246	0.157
文物古迹保护	0.800	0.095	0.287	－0.012	0.131
历史场景再现	0.789	0.284	0.095	0.264	0.169
景区主题独特	0.494	0.274	0.279	－0.109	0.279
特色商品丰度	0.205	0.755	0.036	0.084	0.096
特色饮食丰度	0.130	0.721	0.131	0.077	0.174
店家招徕	－0.039	0.703	0.011	0.288	0.091
有趣事物丰度	0.393	0.640	0.045	0.244	0.103
服务人员态度	0.171	－0.012	0.837	0.127	0.023
旅游地居民态度	0.233	0.231	0.785	－0.137	0.122

续表

指标	因　子（Component）				
	因子 F1	因子 F2	因子 F3	因子 F4	因子 F5
交通便利	0.043	0.007	0.613	0.199	0.117
主动参与活动	0.140	0.213	0.142	0.858	0.100
活动有趣性	0.206	0.384	0.115	0.722	0.149
布局和设施	0.137	0.218	0.190	-0.055	0.834
周围景色	0.452	0.019	0.161	0.248	0.641
景区秩序	0.178	0.233	-0.015	0.385	0.626

表 6-28　萃取因子命名

指标	萃取因子（公共因子）				
	历史文化氛围 F1	吸引物丰度 F2	接待地欢迎度 F3	互动参与性 F4	景区内管理 F5
历史文化气息	0.813				
文物古迹保护	0.800				
历史场景再现	0.789				
特色商品丰度		0.755			
特色饮食丰度		0.721			
店家招徕		0.703			
有趣事物丰度		0.640			
服务人员态度			0.837		
旅游地居民态度			0.785		
交通便利			0.613		
主动参与活动				0.858	
活动有趣性				0.722	
布局和设施					0.834
周围景色					0.641
景区秩序					0.626

（3）信度检验

此处仍然采用 Cronbach's α 值来检验问卷的信度。杭州部分调查问卷各因子的信度分析结果如表 6-29 所示。从表 6-29 中可以看出，因子分析萃取出的 5 个因子的信度均在 0.65 以上，说明本部分问卷的测度数据具有较好的可靠性，每个因子均可以保留，不必删除。

表 6－29　各因子的 Cronbach's α 值

标号	因子名	测量项目数	Cronbach's α
F1	历史文化氛围	3	0.851
F2	吸引物丰度	4	0.763
F3	接待地欢迎度	3	0.675
F4	互动参与性	2	0.827
F5	景区内管理	3	0.714

4. 因子分析总结

（1）上海城隍庙/豫园样本

在上海的总样本中，分别识别出了遗产旅游目的地的客观因素（即目的地核心吸引物及其环境情境因素）的四个特征性维度（见表 6－30），即环境与服务质量、文化氛围、互动参与性以及特色商品。其中，环境与服务质量维度主要由旅游地居民态度、服务人员态度、交通便利以及景区主题独特这几个因子构成。它们分别反映出文化遗产地附近居民对待游客的态度是否友好；遗产旅游区内服务人员对于游客态度是否热情周到；该景区是否有较强的可进入性；是否有一个鲜明、独特而又有品位的主题让游客感到难忘。文化氛围维度则包含了历史场景再现、历史文化气息、文物古迹保护以及周围景色四个指标。因为上海城隍庙/豫园属于传统历史文化街区，人文景观丰富，文化底蕴丰厚，因此，文化氛围维度正是对这一方面给旅游者体验带来影响的度量。四个指标依次反映出该遗产旅游地能否很好地再现旧日的生活场景并体现出民间传统的社会风俗；游客能否在其中感受到浓厚的历史文化气息；街区内的历史古迹及人文景观是否得到了较好的保存（保护）；街区周围景色（主要指城隍庙夜景及灯会等民俗景观）是否优美宜人。互动参与性维度则主要包括主动参与活动、活动有趣性、店家招徕及有趣事物丰度。它们依次反映游客是否参与了城隍庙街区其中的活动并体验到多大程度的乐趣；在购物过程中是否受到店家各种招徕、促销活动的吸引；在整个游览过程中感兴趣事物的多寡。特色商品维度包含特色饮食丰度和特色商品丰度，它们反映遗产旅游区内特产、旅游纪念品及特色饮食的丰富程度和对游客的吸引力大小。

表 6－30　上海城隍庙/豫园样本因子分析结果（只含显著性因子载荷）

特征维度（因子）	包含变量	因子载荷
环境与服务质量	旅游地居民态度	0.780
	服务人员态度	0.772
	交通便利	0.755
	景区主题独特	0.595
文化氛围	历史场景再现	0.849
	历史文化气息	0.739
	文物古迹保护	0.699
	周围景色	0.618
互动参与性	主动参与活动	0.818
	活动有趣性	0.793
	店家招徕	0.634
	有趣事物丰度	0.524
特色商品	特色饮食丰度	0.869
	特色商品丰度	0.668

（2）南京夫子庙/秦淮河样本

在南京的总样本中，最终识别出了遗产旅游目的地的客观因素（即目的地核心吸引物及其环境情境因素）的三个有效维度（见表 6－31），即历史文化氛围、内容丰度及互动参与性。南京样本与上海样本相比有所变化，上海样本中“环境与服务质量”下的四个指标因因子负荷值或信度过低而予以删除，“文化氛围”维度下的“周围景色”同特色商品一起归于“内容丰度”一维。对此的解释是上海城隍庙街区以人文景观为主，游客欣赏到和感受到的周围景色的优美程度均与该地文化景观的丰富以及文化氛围的浓厚息息相关，因此是构成历史文化氛围的一个重要部分，而在南京，游客则往往受到秦淮河旖旎风光的吸引和醉人夜景的感染，遂应将其并入其他的遗产旅游吸引力要素（特色商品、特色饮食、引人注目的事物等），共同构成南京夫子庙/秦淮河的旅游吸引物内容。“互动参与性”一维除了“有趣事物丰度”指标也归入"内容丰度"外，则基本没有什么变化。这三个特征性维度集中反映了南京夫子庙/秦淮河旅游行为情境的几个主要的方面。

表 6-31 南京夫子庙/秦淮河样本因子分析结果（只含显著性因子载荷）

特征维度（因子）	包含变量	因子载荷
历史文化氛围	文物古迹保护	0.762
	历史文化气息	0.755
	历史场景再现	0.724
内容丰度	特色饮食丰度	0.796
	特色商品丰度	0.790
	有趣事物丰度	0.630
	周围景色	0.521
互动参与性	店家招徕	0.816
	主动参与活动	0.658
	活动有趣性	0.656

（3）杭州清河坊样本

在杭州的总样本中，最终识别出遗产旅游目的地的客观因素（即目的地核心吸引物及其环境情境因素）的五个特征性维度（见表 6-32），即历史文化氛围、吸引物丰度、接待地欢迎度、互动参与性以及景区内管理。其中，历史文化氛围维度主要由历史场景再现、历史文化气息以及文物古迹保护构成。吸引物丰度包括特色商品丰度、特色饮食丰度、有趣事物丰度和店家招徕。互动参与性则包括主动参与活动和活动有趣性。这三个维度和南京的三个有效维度（历史文化氛围、内容丰度及互动参与性）基本相同，只不过"店家招徕"归属于"吸引物丰度"一维。对此的解释是，笔者实地观察发现，清河坊街内各种民间手艺和特色商品的商摊前有丰富多彩、各种各样的杂耍、表演活动，民间艺人使出浑身解数招徕游客，这已成为杭州清河坊一景，对游客产生了巨大的吸引力，游客往往充满好奇、兴致勃勃地驻足观看。因此"店家招徕"实际上已和特色商品、特色饮食一样，成为杭州清河坊的吸引力要素之一，因而在问卷的数据表现上就自然而然地归属于"吸引物丰度"一维了。

此外，杭州还比南京多出两个特征维度：接待地欢迎度和景区内管理。

前者包括了旅游地居民态度、服务人员态度以及交通便利，它们分别反映出遗产旅游地附近居民对待游客的态度是否友好、遗产旅游区内服务人员对于游客态度是否热情周到，以及该景区是否有较强的可进入性；后者包括布局和设施、周围景色及景区秩序。这里可以发现，“周围景色”又被归入景区内管理维度。这其实也是可以理解的，因为清河坊街周边并没有像秦淮河那样优美的风光，且紧邻市区，周围便是日常的熙熙攘攘的城市景观，上海城隍庙/豫园虽然也紧靠市区，但由于规模比杭州清河坊大，故而将游客完全“包容”在遗产旅游区内，游客可以欣赏到的“景色”都是周围古香古色的建筑和民俗景观。因此对杭州清河坊的游客而言，“周围景色”并不构成主要的、核心的旅游吸引力，而可能同景区内是否干净有序一样，被更多地理解为类似于景区秩序等的环境因素。因而将其归于“景区内管理”一维。

表 6－32　杭州清河坊样本因子分析结果（只含显著性因子载荷）

特征维度（因子）	包含变量	因子载荷
历史文化氛围	历史文化气息	0.813
	文物古迹保护	0.800
	历史场景再现	0.789
吸引物丰度	特色商品丰度	0.755
	特色饮食丰度	0.721
	店家招徕	0.703
	有趣事物丰度	0.640
接待地欢迎度	旅游地居民态度	0.785
	服务人员态度	0.837
	交通便利	0.613
互动参与性	主动参与活动	0.858
	活动有趣性	0.722
景区内管理	布局和设施	0.834
	周围景色	0.641
	景区秩序	0.626

第四节　基于实证分析结果的文化遗产旅游发展及价值活化路径分析

根据以上对上海、南京、杭州三处文化遗产旅游地旅游体验度的测评与比较以及影响因素分析的结果，结合前文总结出的游客反映的问题，笔者在此尝试性总结出促进该地区文化遗产旅游发展及价值活化的路径建议。

对于文化遗产旅游来说，高质量的互动参与活动是其核心，完备的设施及服务是支撑其运行的基础，良好的形象是其外在保障，文脉的持续传承则是其本质。因此，若将遗产旅游的整体视为一个高效运转的人体的话，互动参与性、服务软硬件、主题形象及文脉传承便分别对应其心脏、骨骼与肌肉、皮肤与灵魂，相辅相成、相互协作、互为表里、缺一不可。以下分别从这几个方面具体分析文化遗产旅游发展及价值活化的路径。

一、“心脏”：互动参与性活动质与量的提高

遗产旅游地应充分体现参与和互动，给予游客更互动、更独特的体验，以创造充分的人性化的体验价值。本研究的定量分析也充分印证了这一点。

（一）长三角典型文化遗产旅游地互动参与性现状比较

从本研究的定量分析中得知，从互动参与性角度衡量，三处遗产旅游地的发展现状是不均衡的：上海城隍庙与游客间的互动参与性最高，杭州清河坊次之，而南京夫子庙的互动参与程度则不及前两者。尤其是南京夫子庙，在与游客互动和游客参与活动的主动性方面，与上海、杭州样本之间的差距比较大。这是从量化的角度得出的结论，而根据笔者在三处遗产旅游地现场进行的实地调查和访谈，可以获得更为具体的事实和更为感性的、直观的认

识。先分别就三地的互动参与现状加以比较，从而总结出三处遗产旅游地在互动参与性项目质与量上的优势和不足，指明可供改进和努力的方向。

1. 互动参与项目量的比较

由前文定量分析得知，在“主动参与活动”这一指标上，杭州样本的得分均值最高，上海紧随其后，南京则低于前两者。由此可推出杭州在互动参与项目的数量上具有一定的优势。而笔者的实地考察结果和这一定量分析结果不谋而合。在这三处遗产旅游地的游客参与性项目和活动方面，杭州清河坊街确实更胜一筹。在小井巷口，沿着清河坊街一路走来，街中心和两旁有各种各样的杂耍绝活和艺术表演：和平管、内画壶、泥塑、葫芦丝、米上刻字、泥人、蛋雕、手指画、刻瓷、吹糖人、草人桥、竹木雕刻、面塑、陶埙、农家绣、芦苇画等众多民间艺人表演；魔术、说大书、拉大片、快乐小丑、江南变脸、水流星、武术等民俗表演活动，组成一幅生动的清河坊民间艺人绝技绝活表演图。

此外，还有众多的娱乐项目，而这些项目往往都是要游客主动参与体验的。如：现场给游人画像，让游客当一回主角；大宋沙包，让游客在扔沙包中体验久违的儿时简单快乐；皮影拉大片，让游客趴在神奇的木箱前看得不亦乐乎；古代戏服出租，让国外游客过把古装瘾。另外，店家的招徕活动也十分诱人，不仅新奇有趣，而且充分做到了和游客的互动。例如，老茶庄的伙计，穿着长袍大褂、端着壶嘴一米来长的铜茶壶，转着圈给客人倒茶，当游人看得津津有味、跃跃欲试时，店小二会让你自己也亲手尝试一下“找得着茶杯，倒不进茶水”的滋味；“武大郎”烧饼铺前，竟真的是一个“三寸丁古树皮”在叫卖烧饼，游客纷纷上前和这个憨态可掬的“武大郎”合影留念……由此可见，杭州清河坊在互动性项目的丰富程度上是比较高的，并且这些项目的密集程度和出现频率也比较高，比较紧凑，令游客感兴趣的事物和活动层出不穷。

与此同时，上海城隍庙/豫园的互动参与项目也不少，有许多专供游客的现做现卖和演示性项目，如剪纸、捏面人、针灸、推拿、书画等，并引进了抬花轿、拉黄包车、古式售货推车、武松打虎拉力机、民间艺人现场绝技演示等固定旅游项目，让中外游客了解上海传统的民俗风情。

此外，在节庆活动方面，豫园每年还举办10余次节庆活动，如汇集各地民族风格的节庆假日演出、元宵主题灯会、春秋两季庙会、粽子节、啤酒节、扇文化节等。其中，每年元宵节举办的豫园新春民俗艺术灯会，已经成为沪上乃至国内外知名的旅游品牌。

与之相比，南京夫子庙/秦淮河的互动参与项目在数量上则显得有些单薄。笔者实地观察发现，区内除了黄包车、秦淮河上的游船外，几乎没有其他互动性强的项目，较少看到有游人参与其中的活动。因此游客多是匆匆走过，走马观花般浏览观赏周边景致。

2. 互动参与项目质的比较

由前文定量分析得知，在“活动有趣性”这一指标上，上海样本的得分均值最高，杭州稍逊，南京则仍然低于前两者。笔者认为，上海的互动参与项目及节庆活动的深度已达到了一个较高的水平。这从上海城隍庙/豫园推出的“豫园中国日”（Yu Garden China Day）专项活动系列可以充分体现出来。“豫园中国日”活动由若干固定的中国品牌活动组成，每天向游客展现多元化的中国文化。该活动以外国游客为主要目标群，通过游中国园、品中国茶、听中国戏等中国传统文化的近距离接触，让外国游客在豫园体会做一天中国人的切身感受。

·游中国园：游豫园园林。

·观中国景：观赏城隍庙古香古色的明清建筑。

·走中国桥：走著名的九曲桥。

·品中国茶：在湖心亭茶楼上品茗休闲。

·逛中国街：逛上海老街、豫园小商品街、老庙黄金、童涵春等。

·尝中国菜：在绿波廊、南翔馒头店、松云楼、宁波汤团店等百年老店品尝上海特色饮食、风味小吃。

·听中国戏：在豫园戏苑欣赏传统戏曲表演。

·住中国屋：在始建于清光绪元年（1875年）、拥有140多年历史的上海老饭店住宿。

·觅中国宝：在豫园老街的老字号百年老店淘“中国”宝（传统手工艺品、纪念品、特色商品等）。

·穿中国衣：穿以丝绸等材料制成的传统服饰。

·过中国节：豫园新春民俗艺术灯会（正月初一至正月十八）、旅游食品节（1月）、美食节（4月）、春季民俗庙会（4月下旬至5月上旬）、茶文化节（5月）、丝绸及扇文化节（6月）、豫园夏夜情（7月、8月夏夜）、秋季民俗风情展演会（9月中旬至10月上旬）、豫园赏菊啖蟹节（11月）、人参膏方节（12月），此外，还有不定期的酒文化节、书画艺术节、民间艺人节等。

由此可见，上海城隍庙的互动参与性项目已形成了一套系统的，全面涵盖了吃、住、行、游、购、娱几大要素，带给游客全方位体验的整体产品。它让游客不是浮在表面，不是站在远处，而是真真切切、完完全全地，多角度、全方位地体验中国文化、体验上海传统文化，并追求一种与日常完全不同的生活方式。这种系统的、深入的、主题性的参与性活动，相较于单一的、分散的或浅表的项目，对游客来说具有更大的吸引力，能带给游客更深刻和真切的体验，这点也可以从笔者发放的问卷和对问卷分析的结果中看出来。这种深层次的文化体验形式无疑是对于传统走马观花式旅游的一种概念上的颠覆，是在文旅融合背景下创造深度体验式旅游的革新性尝试，也是遗产旅游地强化休闲功能、真正满足游客需求的有效途径。

（二）提升文化遗产旅游地互动参与性的对策

根据以上对三处文化遗产旅游地互动参与性活动质与量的比较结果，笔者认为，长三角地区的其他遗产旅游地，尤其是像南京夫子庙等在互动参与性方面处于落后水平的遗产旅游地，可以并且应当充分借鉴上海城隍庙/豫园的这种全方位体验活动的方式。当然，这种借鉴，不是简单地照抄照搬，不是机械生硬地模仿，而是充分结合本遗产地客观实际条件、发展的现状及客源市场的特点，并在本地区特有的历史文化传统的基础上，尝试朝这个方向努力和改进。

首先，对于南京夫子庙来说，这种借鉴和学习，是必要的，更是急需的。

互动参与活动的多寡以及游客参与程度的深浅，直接关系到游客在该遗产旅游区内体验的愉悦度及感受到的满意度。然而南京夫子庙现有的互动参与性项目在整个长三角遗产旅游地中尚处于落后位置，不能有效地满足游客的需求，因而在一定程度上直接影响到游客的满意度和愉悦度（这点从游客最终愉悦度较另外两个遗产旅游地低可以看出）。只有提高该遗产旅游区内的互动参与性，才能真正带给游客更高的愉悦感。

其次，对于杭州清河坊来说，也需要在一定程度上，以适当的方式借鉴上海的活动模式。虽然该遗产旅游区内的活动非常丰富，但仍处于较为分散的状态，且游客多是短暂地驻留，“浅尝辄止”，没有全身心投入进去。也就是说，在活动的广度上，杭州清河坊已做到了较为全面的铺开，但在活动的深度上，该遗产旅游区还有很大的空间可以挖掘。不妨尝试性地将这些丰富多彩的互动活动变成能够让游客更投入进去的活动集群，从而享受到更深刻体验和更“畅”的愉悦感。

最后，对于上海城隍庙来说，尽管目前在互动参与性上享有优势，但能否在这种优势上更进一步？比如现在已有主要面向外国游客的“豫园中国日”，是否应该考虑增加对上海本身文化、城隍庙本身文化的挖掘，推出面向更广大游客的、以上海城隍庙文化为核心的“上海一日”项目呢？它可以让国内外的游客充分领略、体验上海本土文化和民风民俗，而对上海本地人来说，更是增强对本土、本邦文化的认同感及自豪感的有效途径，可以留住上海文化的“根”。同时，它面向的游客群体更为广泛，也更适应于广大市民的审美和喜好。毕竟，当地居民对遗产的文化认同感始终是重要而不可忽视的。

二、“骨骼与肌肉”：服务硬软件保障的加强

本问卷的调查结果表明，有近40%的游客在“意见及建议”一栏内填的是关于增加服务设施和改善服务人员服务质量方面的建议。尤其是上海城隍庙的调查问卷中，这种要求改善遗产旅游区服务硬软件条件的“呼声”更高。这说明遗产旅游地的服务质量直接地、显著地影响着游客体验的愉悦程度。因此对于遗产旅游地服务硬件与软件的完善，是非常有必要的。

（一）对服务设施等硬件的加强和完善

1. 增加游憩设施，满足休闲需求

遗产旅游地的“游憩”功能，正需要有完善充足的设施的保障。然而笔者实地调查发现，无论是上海城隍庙、南京夫子庙，还是杭州清河坊，都或多或少存在着游憩设施不足的现象。尤其是上海城隍庙，据笔者统计，能供游人休息的座椅等，区内只有四处，且座位十分有限，座椅也比较简陋，多为简单的几个木条搭建的台子，或是亭阁里的栏杆，虽然有很多专供游人休闲、饮茶、放松的消费场所，但由于价格因素，并不是所有游客都能够且愿意进入享受的。因此，区内可供广大市民享用的游憩休息设备显得十分短缺。纵然区内的活动、表演、商品丰富多彩，这一服务硬件上的缺失，也将使这种“精彩”大打折扣，使游客愉悦度受到一定程度的影响。杭州清河坊内供游客休息的设施虽也略显不足，但值得肯定的是，在方回春堂前有免费的茶水提供给游客，游客可以在此处的凉亭喝茶、歇息。许多游客对这一项服务给予很高赞赏。因此，对于遗产旅游地来说，提供充足的、舒适的游憩设施和公共服务设施，是保证游客满意、增强游客体验愉悦度的重要保障，也是发挥遗产旅游地游憩、休闲功能的切实要求。

2. 完善标识及解说系统，注重传播手段

文化遗产的标识系统和解说系统，是联结游客与文化遗产的重要手段，它是一种信息的载体，向游览者传播遗产地文化传统和特色，又是一种活跃空间气氛、激发重游/购意愿的有效手段和途径。五彩缤纷、形式多样的解说系统对游客形成一种视觉轰炸，形成一种独有景观。在文化遗产旅游区，可以运用多种新的传播手段，如触屏式解说演示系统、互动游戏、VR 模拟仿真及在线网络系统等，在招牌内容上也可采用新奇的表述方式，以产生令人过目不忘的视觉效果。据笔者观察，三处遗产旅游地的标识及解说系统均不完善，给游客带来了诸多不便，亟待改进。

（二）对遗产旅游区服务质量的改善

游客对遗产旅游地的印象主要来源于两个方面：一方面，产生于文化遗产的实际文化展示、教育功能特征；另一方面，产生于对遗产旅游区内服务人员、特色商品销售人员等的情感特征，这种特征更多的是一种无形的、主观的心理感受。因此，精细化的服务、人文化的关怀必将是遗产旅游未来的发展趋势。服务不仅要规范化，更要体现个性化。在遵循规范服务标准的基础上，考虑游客特殊的需要，满足游客个性化的服务要求，让出门在外的游客感受到一种特别的尊重和细微的关怀；服务不仅要关注局部细节，更要关注整体流程，体现人文关怀。从游客的接待到游客咨询的回应，从旅游项目的组织到游客投诉的处理，以及遗产旅游区游览线路、灯光、背景音乐的设计和安排都应该以方便游客、服务游客、关心游客为准绳，以游客最大化满意为标准，这样才能保证遗产旅游的游客拥有一次完美的体验。

三、“皮肤”：独特的主题形象塑造及氛围营造

文化遗产旅游地主题形象是游客对其整体的印象和评价，它是遗产旅游地能否取得成功的关键。鲜明、独特、引人注目的主题形象可以使游客产生深刻的印象，使其对文化遗产产生强烈的认同感，这种印象和直觉，对游客体验愉悦度产生或直接、或间接的影响。

对遗产旅游地而言，创造出一个独具特色、独树一帜、让人过目不忘的主题，并通过良好的氛围营造将这一主题凸显、呈现在游客面前，是遗产旅游地能否真正赢得游客，并带给游客深刻体验的核心因素。而好的主题不仅应能够充分展示遗产本身的特色，富有独创性、新意和不可替代性，还应与区内的布局、设施，乃至细微的细节之处相统一、相和谐，形成一个浑然一体、趣味盎然的魅力组合体，才能牢牢吸引游客，并带给其与众不同的体验与乐趣。1947 年，阿瑟·鲁比洛夫用“精彩的一英里”来形容芝加哥市区沿北密歇根大街的著名旅游商业带。这个出众的主题，吸引源源不断的过往行人和游客前来购物、饮食，因此几代人都沿用了这一主题。

遗产旅游地主题形象的塑造，一方面应尽力凸显自身的商品和服务特色，

另一方面要考虑当地的自然和社会环境，满足人们的情感需求。要达到这一目的，可以从以下几个方面进行。

（一）求新、创新、不断更新

遗产旅游地的差异性表现为唯一、第一与多样。首先要有特色，具有唯一性，即独特性；其次必须具有第一的特征；最后要给游客多种选择。特色要求遗产地景区要有主题，要让游客对景区有认同感。它必须提供游客某种独特的旅游体验。就如同在黄山与在泰山会有完全不同的体验一样。

在笔者的问卷调查中，有约 20% 的游客在“意见及建议”一栏中反映该遗产旅游景区同其他类似景区的活动内容趋同，因而游客的感受不深，乐趣也大打折扣。针对这一情况，最为根本的解决方法是挖掘本遗产旅游地的特色文化，突出自身的文化特质。同时，必须认识到，由于任何项目都会衰老，维持独特性或新鲜感的根本是项目持续创新。西方国家对主题公园衰老问题的对策是每 3 年进行一次产品更新，而节庆表演节目则每年有 30% 的更新率，这样才能满足不断变化的游客品位与需求。

（二）原汁、原味、展示原貌

位于法国巴黎奥斯曼大街的 Printemps Haussman 建筑始建于 19 世纪末，不仅是巴黎一座重要的古老建筑物，也是法国时尚工业遗产的象征，更是法国历史和文化不可或缺的坐标之一，每天吸引 8 万多游客前来观光与购物，超过了法国其他任何一座历史性纪念物。这座建筑绚丽的外观、精细的雕琢乃至锈迹斑斑的圆形屋顶无不深深吸引着前来观赏的游客。然而最为吸引人的还是它提供的精彩活动：有一块专门为外国旅游者观赏巴黎时尚而设置的区域，每年从 3 月至 10 月的每周四上午和周五全天，每隔 45 分钟就有一场时尚游行在这里举行，每年均吸引大量国外旅游者前来观看。不得不说，在巴黎这个以时尚闻名的浪漫之都，该遗产旅游地通过给国外旅游者提供最具有巴黎韵味的时尚游行而取得了巨大的成功。

因而，遗产旅游地所展现出来的氛围，必须是本土文化、本地民俗的充分体现，应力求原汁原味。尽管文化遗产旅游地作为一个文化的载体和展示的“剧场”，不可避免地带有“舞台性”，带有很重的人工雕琢的痕迹，但是应争取将这种人工加工的成分控制在一个合理的、适当的水平上，至少不会产生“失真”的现象。越能够真实反映当地的特色文化且能以合适而有趣的方式完全展现出来，越能够营造一种接近真实的、充满浓厚文化气息的氛围，从而越能够激起游客心理上的认同感，使游客体验到更深层次的、更为真切的愉悦感。

（三）统一、一致、浑然一体

富有魄力的主题集空间、时间和事物于相互协调的现实整体。洛瑞餐厅是位于旧金山的一家连锁店，它营造了真正的美国20世纪50年代的环境。自动葡萄酒机、弹球机、电话亭都采用了当时的式样，侍者身着统一的制服，该餐厅甚至雇用了装扮成当时电影红极一时的角色的演员，向顾客打着招呼走入店门。笔者认为，文化遗产的旅游活化完全可以借鉴这一点，通过构建一个内外前后统一的、宏观整体和细微之处均能协调一致的，浑然一体的主题和氛围，从而在游客休闲、游览过程中不断强化这种主题，让游客形成更为深刻的印象。而主题如果是分散的、杂乱的，则无法给游客留下深刻印象。正如前文所述，上海城隍庙的“豫园中国日”主题活动，就提供给游客一个相互补充、相互支持的体验活动，所有的项目都统一于“中国传统文化”这一主题，每个亚项、每处细节都服务于、统一于这个主题，从吃、住、行、游、购、娱等方面，同时带给游客视觉、听觉、味觉、嗅觉、触觉的享受，因而能够对游客形成强烈的冲击，使之形成一次全方位的深刻体验。正是这种凝聚性强的主题和整体氛围，使遗产旅游地的游客体验能够向更为纵深的方向发展。

（四）诱人、感人、以人为本

“以人为本”说起来简单，但实现起来却不是易事。它需要遗产旅游地的策划者、管理者始终将游客的需求放在首位，并且在对游客需求的精准把握上，也需要花费大量的精力，规划工作者应该广泛地、经常性地进行游客需求调查，并不断重新审视自己的调查研究结果是否能够满足游客的真正需求。

同时，要不断寻求吸引人的独特之处，以最大限度地满足游客，并带给其不一样的体验和经历。

笔者在对上海城隍庙进行调查时，观察到许多富有特色的事物及活动，其中令人印象较为深刻的是在区内广场中央有一株金灿灿的“祈福许愿树”，上面挂满了坠着红飘带的金币，飘带上是各种吉祥祝福的话语。游客手执许愿币向树上抛掷，如果挂在树上的话就意味着愿望能够在新年得以实现，挂的位置越高，幸福的愿望也就实现得越快。在新春佳节这样一个喜庆的日子里，在城隍庙这样一个充满民风民俗、充满“年味”的环境氛围里，该活动吸引了无数游客的参加，朋友之间、亲人之间、情侣之间互相为对方送上通过自己“努力”而获得的祝福。人们笑着、叫着、雀跃着围绕在树下，带着对来年的美好祝愿全身心地沉浸在一片欢乐之中，这一情景不禁让人动容。只有深谙游客的心理、把握游客的需求，才能创造真正吸引人的活动，满足人们多样化、多层次的情感需求，带给人们最愉悦、最深刻的体验。

四、“灵魂”：历史文脉的传承和特色文化的发掘

（一）强化文化遗产旅游地历史文脉的重要性

历史文脉具有承上启下的传承功能以及阐释人类生活的符号功能，它依托于各种物质载体以及人类的活动。文物所在环境是文物生存的土壤，文脉是物质要素与精神要素的融合，注重文物实体的保护而忽视对其所在环境的保护同样是对文脉的破坏，特别是一些对环境依赖性较强的重要古遗址、历史街区等。

文化遗产旅游地的景观要素中，人文景观是很重要的一方面，它是社会文化、经济等在景区具体景观中的体现，社会文化背景不同的街区也呈现出不同的人文景观。人不能生活在一个没有景观历史的环境中。景观的文脉环境是人们识别自己城市及其特有文化的最直接的事物。失去它，人的精神就失去了归依。因此要营造独具特色的能使游客难忘的遗产旅游体验，就要充分了解遗产所在城市及本街区固有的、传统的文化构成，挖掘景观的文化特质，使遗产旅游区环境能够延续传统的历史文脉，带给人们不同凡响的感受。

所有的旅游经历都可以认为是文化经历（Maccannell，1973）。因此，遗产旅游的发展离不开文化的支撑，文化是遗产的灵魂，是其生命力之源泉。文化遗产旅游地一旦失去了对本身文脉的顺依、对文化底蕴的重视，将会缺少内涵、缺乏生机，如同无源之水、无本之木，变得索然乏味，因而对游客的吸引力也就会大大下降。这在国内外文化遗产保护与利用实践中已得到广泛的验证。游客对遗产地的文化也往往有很高的需求，文化解释辅助设施的欠缺、文化活动的不足都会令游客的需求不能够得到满足，从而影响其体验的愉悦度。因此，在遗产旅游的开发与发展中一定要注重对区内历史文脉的强化，这不仅使文化遗产的内涵得以完美展示，也使传统文化有了依附的物质基础和表现场所，二者相得益彰。而遗产旅游地的文化往往包括独特的民族地域文化、饶有特色的历史性建筑文化、丰富多样的节庆文化、博大精深的饮食文化与茶文化等。

（二）长三角典型文化遗产旅游地历史文脉的梳理与特色文化的挖掘

长三角区域文化同源、地理相近、自然相似、人文相亲，在文脉的传承上拥有很多共性和相似的地方。对国内其他地区的游客来说，无论游览上海、南京还是杭州，都会带着对长三角区域的整体印象，并在旅游过程中不断调整、加深对这种整体印象的感知，尤其对外国游客来说，该区域的文化更是形同一体。然而这种共同的文化根基中又派生出很多亚层次和支系，各支系之间相辅相成、相得益彰，共同构成长三角地区多而繁茂的文化气象。在这幅文化图景中，上海的海派文化、都市文化及兼容并包的东西文化的汇合，北接以南京为代表的金陵文化、南接以杭州为代表的南宋文化，在文化的脉络分布上比较清晰地形成了沪—宁、沪—杭两条主线。

在沪—宁这条文化脉络上，分布着包括南京、镇江、常州、无锡、苏州和上海等大中城市在内的多个历史文化名城。该带以吴文化为底蕴，南京形成了六朝文化、金陵文化；无锡乃是吴文化的发源地之一，留有大量的吴文化遗址；苏州是吴国古都城，城市文物众多，园林甲天下，太湖景观文化、水乡古镇文化也非常丰富；常州素有“龙城”之称，千年龙文化非常独特；镇江也是一座古城，历史遗迹众多，素有城市山林之美誉。整条文化带集结了古都文化、江南水乡文化、园林文化、都市文化以及宗教文化，异常丰富深邃。

而在沪—杭这条文化脉络上，则分布着以上海、嘉兴、湖州和杭州为代表的文化主体。杭州兼具南宋文化、吴越文化、良渚文化以及三江两湖一山一河的自然旅游资源；嘉兴是典型的水乡古城，同时拥有乌镇、西塘两大江南水乡古镇；湖州也是典型的江南水乡古城，兼具深厚的稻作文化、丝绸文化、湖笔文化、茶文化、陶瓷文化和酒文化等。该文化带以吴越文化为底蕴，显示出多样化的文化特点。

在这种大的文化背景下，上海、南京和杭州三座长三角地区的核心城市，又拥有各自不同的文化特质，代表着长三角地区整体文化的不同侧面。

南京是中国六大古都之一，历史上盛称为“六朝胜地、十代都会”，入选国家首批历史文化名城、中国优秀旅游城市。南京文化是北方文化与南方文化、江海文化与内地文化、吴文化和楚文化、尚武文化和重文文化融会交叉的产物，因此异常繁复多彩，金陵文化、钟山“六朝文化”、秦淮“市井文化”、明清文化、近代革命文化以及吴文化、淮扬文化、汉文化、徽文化等均在此有着深厚的积淀。同时，南京的自然旅游资源同样富饶，自然赐其龙盘虎踞的山川形胜，山环水抱、葱茏毓秀，山水文化也十分丰富。

上海作为国家历史文化名城，早在宋代就有了“上海镇”，至元二十九年（1292 年）设上海县，建城已有 700 多年的历史。上海文化的基础是青浦崧泽文化、吴越文化与江南明清文化。而随着上海商贸经济的飞速发展，上海在汇合古今中外文化的多方面优势的基础上逐渐形成了独特的海派风情的都市文化。上海是移民型城市，处于不同文化的交汇点上，既有不同的中国传统文化交融的现象，也有中西方文化交汇的现象，因而上海形成了“海纳百川，有容乃大”“精明求实、灵活多变、博采众长、奋发进取”“兼容并蓄、洋为中用、趋奇好胜、开拓创新”“气魄宏大、敢为众先、活力充沛、思路敏捷”的海派文化。海派文化是上海 700 多年都市文化、海港文化、商业文化的积淀，是 5000 年中华文明与西方文化的交汇与融合。

而都市文化、民俗文化、海派文化、吴越文化、明清文化，共同构成了上海文化的底蕴。

杭州作为华夏文明的发祥地之一，在总体上属于吴越文化区，拥有几千年的历史文化积累，保存有良渚古文化、吴越文化遗址等众多的人文古迹；同时，作为中国七大古都之一，拥有南宋文化等古都文化；还有以“三江”（新安江、富春江、钱塘江）、“两湖”（杭州西湖、千岛湖）、“一山”（天目山）、“一河”（京杭大运河）等国家级风景旅游资源为载体的杭州西湖文化与山水文化。杭州艺术文化荟萃，具有深厚的茶文化、桃文化、爱情文化、休闲文化与民俗文化内涵。杭州也拥有丰富的佛教文化、禅文化、醉文化、博物馆文化、名人文化、主题公园文化、园林文化等。在长江三角洲旅游城市中，杭州是拥有文化类型相当齐全的城市，文化底蕴十分丰厚。

在继承和延续了城市文脉的基础上，上海城隍庙/豫园、南京夫子庙/秦淮河和杭州清河坊又拥有各自特有的、更为具体鲜明的文化特色，如上海城隍庙/豫园的“上海老城厢文化”、南京夫子庙/秦淮河的“秦淮文化”、杭州清河坊的“南宋文化”等，上海城隍庙和南京夫子庙的庙会文化、灯会文化，上海城隍庙和杭州清河坊的国药文化、茶文化，以及三地共有的市井民俗文化、饮食文化和古玩艺术文化等。

1. 上海城隍庙/豫园历史文化街区的“老城厢文化”

至元二十九年（1292 年）上海建县，县治就是目前的豫园板块地理位置，这里从此成为上海政治、经济、文化的中心，这就是老城厢的来历。老城厢内主要的历史遗存，硬性的有豫园、城隍庙、沉香阁、老城厢及老城墙遗存等建筑，但最富有挖掘价值的当属庙会文化的软性遗存。庙会顾名思义就是在寺庙（多为城隍庙）附近聚会，进行祭神、娱乐和购物活动。追根溯源，中国庙会是从古代严肃的宗庙祭祀和社祭及民间的信仰中孕育诞生；汉、唐、宋时期，加入佛教、道教的宗教信仰和娱乐形式；尤其经过明清的进一步完善发展，突出商贸功能，从而成为当地人们经济生活、精神生活和文化生活的重要组成部分。

豫园老城厢内的“上海老街”历史上曾以庙前大街为名，汇集了一批上海最早的钱庄、茶馆和商行。此地云集了吴良材、老同盛、童涵春、万有全、裘天宝等许多知名的上海老字号，并开设有水烟馆、陶艺坊、豆腐坊、糕团店、茶坊、老虎灶（专门供应开水的简易茶铺）等，再现中国民间的“三百六十行”。由于沿街建筑大部分保留了清末及民国初年的民居特色，重现了20世纪二三十年代的旧上海风貌，已成为中华老字号的云集之地。老城厢涵纳了庙会文化、建筑文化、商业文化、宗教文化、古典园林文化、市井民俗文化和民间工艺等丰富的传统文化，形成了独特的老城厢文脉。

2. 南京夫子庙/秦淮河历史文化街区的“秦淮文化”

秦淮河古称淮水，据说秦始皇在位时凿通方山引淮水，横贯城中，故名秦淮河。分为内河和外河，内河在南京城中，是十里秦淮最繁华之地。南京在历史上曾经十一次定都，内秦淮河自古人文荟萃、商贾云集。六朝时期，秦淮河及夫子庙一带便已相当繁华，十里秦淮两岸乌衣巷、朱雀街、桃叶渡等处，都是贵族世家聚居、文人墨客荟萃之地。隋唐之后，一度冷落。明清再度繁华。在明代，夫子庙作为国子监科举考场，考生云集，因此这里集中了许多服务行业，有各种酒楼、茶馆、小吃，秦淮河上“桨声灯影连十里，歌女花船戏浊波”“画船箫鼓，昼夜不绝”，繁华昌盛，金粉楼台，鳞次栉比。夫子庙附近绮窗丝幛，十里珠帘，灯船之盛，甲于天下。许多名胜古迹、历史掌故、风流韵事，都发生在它的身旁，被历史文人骚客吟诵传唱。古典戏剧《桃花扇》里所描写的“梨花似雪草如烟，春在秦淮两岸边，一带妆楼临水盖，家家粉影照婵娟”，十分真切地再现了当时秦淮河上的繁华景象。六朝古都，金粉之地，温柔之乡，都能在这里找到注脚、寻得踪迹、嗅出气味。

秦淮文化是金陵文化的精华，是包括建筑文化、民俗文化、儒教文化和饮食文化、佛教文化、脂粉文化在内的独特的、丰富的文化传统。其饮食文化更是引人入胜，八套秦淮风味名点小吃被命名为“秦淮八绝”：一为魁光阁的五香茶叶蛋、五香豆、雨花茶；二为永和园的开洋干丝、蟹壳黄烧饼；三为奇芳阁的什锦菜包、麻油干丝、鸭油酥烧饼；四为六凤居的豆腐脑、葱油饼；五为奇芳阁的什锦菜包、鸡丝面；六为蒋有记的牛肉汤、牛肉锅贴；七为瞻园面馆的薄皮包饺、红汤爆鱼面；八为莲湖甜食店的桂花夹心小元宵、五色糕团。

3. 杭州清河坊/中山中路历史文化街区的“南宋文化”

清河坊兴于宋、盛于清，自古便是杭州的繁华地段。南宋时被封为清河郡王的张俊住宅就在当时被称为御街的太平巷，故这一带被命名为清河坊。清河坊街新宫桥以东，是南宋时期宋高宗寝宫——德寿宫遗址。南宋时期，清河坊商铺林立、酒楼茶肆鳞次栉比，是杭城的政治、文化中心和商贾云集之地。历经元、明、清及民国时期，直至新中国成立初期，这一带仍是杭城商业繁华地带。杭州的百年老店，如王星记、张小泉、万隆火腿栈、胡庆余堂、方回春堂、叶种德堂、保和堂、状元馆、王润兴、义源金店、景阳观、羊汤饭店等均集中在这一带。

清河坊的茶文化、药文化、食文化及众多的百年老字号商铺的文化，加上各种民间艺人及市井民俗的小摊，充分体现市井民俗风情特色，“八百里湖山知是何年图画，十万家烟火尽归此处楼台。”明代江南才子徐渭这副对联，便是对古代杭城吴山和清河坊地区繁华景象和兴盛文化的真实描绘。

通过以上对长三角整体文化、沪宁杭三地特有文化以及上海城隍庙、南京夫子庙、杭州清河坊三地文化遗产的历史文脉的梳理，可以更为深入地了解这三个长三角地区典型文化遗产旅游地的文化根源、主干及分支，因此，对其传统历史文化的保护、传承与呈现也就有了更为准确的把握。

笔者尝试将以上这种文脉的梳理以框架图的形式展示出来，给人以更加直观醒目的认识，如图 6 - 5 所示。

综上所述，对于长三角地区的文化遗产来说，所具有的特色文化及这种文化所隶属的文脉体系，才是真正使该文化遗产旅游地区有别于其他遗产旅游地并寻求自身长远发展的灵魂所在。因此，只有通过对历史文脉的传承、对特色文化的发掘，以及对文化环境的保护（包括老城厢、老建筑、老街巷、老弄堂、老路名、老地段、老场所、老团体等），才能使遗产旅游地吸引游客、留住游客。而要将这种历史积淀和文化内涵外化出来并呈现给游客，则

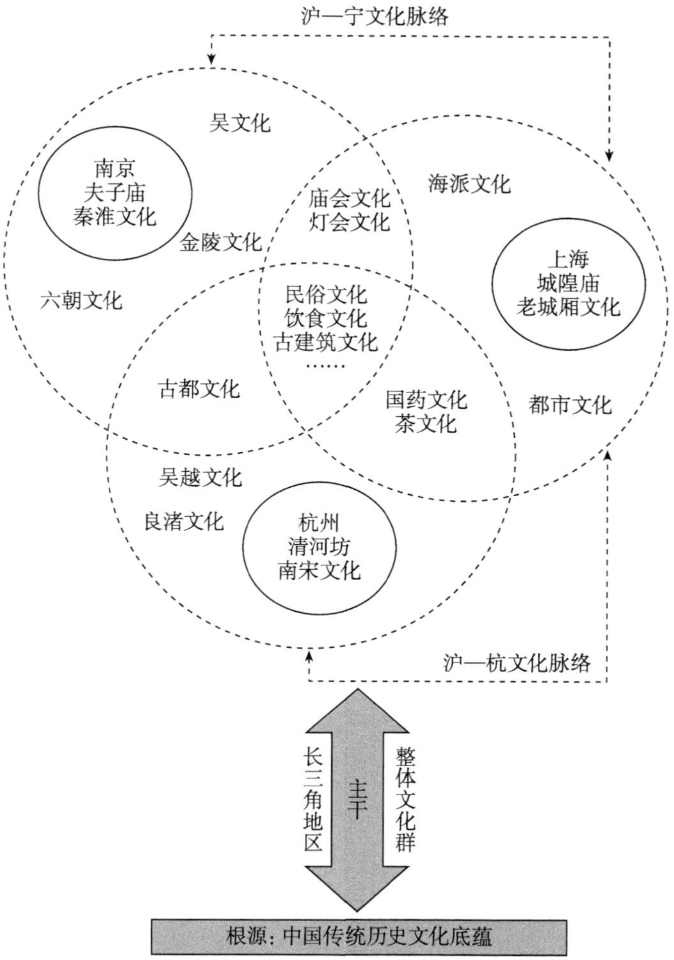

图6－5　长三角文化遗产旅游地历史文脉梳理

需要将这种“灵魂”贯穿、渗透到“身体”的各个部分：心脏、骨骼、肌肉、皮肤。也就是说，要从前文提到的互动参与性、服务的硬件和软件以及主题形象塑造和氛围营造等各方面入手，才能将其打造成有血有肉、形神兼备、充满活力与魅力的遗产旅游地，从而带给游客与众不同、难以忘怀的深层次体验。

第七章

促进文化遗产价值活化与文脉传承的对策研究

第一节　文化遗产的规划与管理

一、规划方面

刘滨谊（2001）最早提出三元论的规划设计哲学，并将其拓展至旅游规划领域，形成“旅游规划三元结构理论”，该理论认为，对于中国，全面的旅游规划应包括“旅游”“景观”“生态”这三元的规划，并以这三元作为基本侧重。“旅游”的规划，其核心是对旅游资源（分为自然天成和人为创造的两类）、游客行为心理与项目经营运作这相互交织的三者进行揣摩、分析、设定、预测，统称策划。“景观”的规划，又称风景园林规划，其核心是对旅游项目、游客活动、设施建设三者进行空间布局、时间分期、设施设计，统称规划。“生态”的规划，其核心是对旅游区、旅游地的自然要素环境与因旅游开发建设而引起的影响进行识别、分析、保护规划。综观全球旅游规划的实例，任何一个具有时代风格和现代意识的成功之作，无不饱含着这三个方面的刻意追求和深思熟虑，所不同的只是视具体规划设计情况，三元素所占的比例不同而已。

根据旅游规划三元论，在众说纷纭的各类旅游规划倾向和流派中，可以辨别出三种极具发展潜力的流派：①以旅游策划为核心，重在大众行为心理景观策划的游憩学派；②以景观规划和环境艺术设计为核心，重在空间规划布局与景点设计的景观流派；③以旅游资源、环境生态保护利用为核心，重在自然生态的生态流派。这三种流派代表着现代旅游规划学科领域的发展方向。

笔者认为，在遗产地价值活化，尤其是旅游化开发利用的规划阶段，可以充分借鉴旅游规划三元结构理论，优化遗产活化利用过程，从而避免资源浪费与闲置，以及过度、片面开发等现象与弊端，实现遗产资源价值的有效活化。具体来说，可从以下七个方面来把握文化遗产旅游规划的特点：

（一）规划技术层面上的三个层次：策划、规划、设计

一个好的规划首先必须有个好的策划，对遗产开放景区的旅游特色、发展方向和主题、游憩项目进行科学分析、论证，提出切实可行的、规划可以接轨的旅游发展策略和空间对策，遗产开放景区不求面面俱到、全面发展，而是各具特色，发展方向和主题互不相同，因而具有持续的生命力。

（二）策划层面上的三个视角：资源、市场、产品

资源导向、市场导向与产品导向相结合是遗产开放景区旅游策划的基本原则。资源、产品、市场三个方面缺一不可，应对其进行全面而综合的考量。

（三）互动活动层面上的三位一体：观赏性、参与性、娱乐性

文化遗产开放景区内的互动娱乐活动主要有文化科普教育、考古模拟发掘、历史场景再现、文娱表演等。互动娱乐活动数量不多，但需富有特色，既具有观赏性，又使游客可以参与体验其中的乐趣，各取所需，适应多层次游客需要。游憩活动分布范围大，使游客沉浸在浓厚的历史文化氛围中，感受不同文化、民俗、历史之美，真正地认同该文化、欣赏该文化。

（四）环境层面上的三个系统：标识、设施、生态

文化遗产旅游设施包括文化旅游支持设施和接待服务设施，建筑密度小，外部造型粗犷，朴素而有野趣，色彩素雅，与当地自然环境和民俗风情相协调，在旅游区中具有中心定位的作用，标识与设施系统合理布局于生态环境系统中，形成有机和谐统一的整体。

（五）文化层面上的三个时段；古代、近代和现代

遗产开放景区开发立足于突出地方文化特色，主要表现在建筑形态、活动内容和餐饮方式上，利用现代技术条件和设计理念表现地方文化特色，取得很好的效果，体现历史与现代、地方性与时代性的统一。

（六）运行层面上的三个环节：建设、经营、管理

在风景区运行中经营策略比形态更为重要，它可以使静止的形态动态化且充满活力。同一空间不同的经营策略赋予其不同的魅力和特色，良好的经营策略可以促进游客消费，改善消费结构，增加经济收益，提高资源使用的有效性，增强旅游吸引力。所以规划不应仅仅成为建设前的筹划，还应为建设后的运行提出经营与管理策略。

（七）建设层面上的三个步骤：近期、中期、远景展望

统一规划、分期建设、逐步实施是旅游区开发建设的基本原则，这是由市场的多变性和资金有限性决定的，旅游规划必须对近期的建设项目提出具体建议和经济、社会、生态效益的估算，对中远期的发展做出预测和展望。

图7－1是陕北省榆林统万城遗址管理方所做的复原规划推想展示图，笔者在前文中曾指出该遗址在遗产管理和活化利用现状方面尚不够完善，然而在其未来规划中，可以发现遗产管理方还是能够在以上几个规划层面上做到一定的预测和展望，只是在实践层面仍有一段较长的路要走，尤其是在环境、互动、文化等层面上。

图7－1　陕西省榆林统万城遗址复原规划推想展示图

二、营销方面

（一）深入挖掘特色化旅游产品，打造文化品牌

针对文化遗产旅游资源丰富、旅游产品形式较为单一、推广层次不分明等情况，需要整合现有资源、打破现有思维，在反复论证的基础上确定具有传承性、永续性、独特性、品质化的产品作为旅游拳头产品，以拳头产品辐射融合其他旅游产品，串点成线、串珠成链形成整体效应，打造特色化遗产文化品牌。依托文化遗产地丰富而深邃的文化资源，形成从科考史实、历史文化、风土民俗、工艺美学等角度互补印证的地标性品牌，不仅凸显传统文化价值传承，并以极富艺术美感与感召力，同时兼具地方特色的方式展现给广大的游客和观众，在更大范围内广泛提升其知名度，通过拳头产品品牌效应，实现文化遗产与旅游全方位深度融合以及价值的充分高效活化。

（二）重视自媒体“跨界”营销，扩大受众面和影响力

自媒体及社交媒体的快速发展为旅游行业带来了史无前例的变化。自媒体人参与旅游营销的比例不断上升。借助于传统媒体推送广告、举办重大节庆活动扩大知名度、旅游产品推介会等传统营销方式受地域地界限制，受众面较小，甚至仅局限于县内、省内，且目标客户不清晰。而对于自媒体和社交媒体而言，目标客户在哪里、流量在哪里，营销点就在哪里。一是旅游自媒体可根据消费者个性化需求，借助自身特点及优势，更有效地传播文化遗产旅游目的地的特色，如直播、图片、游记、短视频、软文稿件等，有众多媒体渠道可参与分发，如抖音、微信、马蜂窝、驴妈妈、携程、去哪儿、优酷、百度等，这种多元化、个人化的体验式传播会比传统的旅游推广模式更有亲和力和说服力，同时更贴近年青一代的现实需求和信息获取模式。二是文化遗产旅游地可进一步以互联网为媒介，发挥自媒体、大数据和电商平台作用，不断扩大文化遗产的影响辐射范围，加强与自媒体平台的深度合作，培养和引入网络直播人才，吸引流量，扩大营销受众面，增强营销效益，更有效地提升文化遗产的知名度和影响力，起到有效的文化宣传与文化推广作用。

(三) 开发品质化文创产品，加强线上线下营销结合

文创商品凝聚着特色文化精神，也连接着消费市场。旅游商品销售是旅游产业链的重要一环，也一直是国内旅游产业的短板，文化遗产旅游也存在同样的问题。文化遗产旅游相关周边产品开发力度明显不足，旅游购物在文化遗产旅游收入中所占比重较低，其主要原因在于缺乏高品质的文创产品，旅游商品同质化现象严重，缺乏创意和个性，质量和品质不高，使游客消费欲望不高。当前，我国旅游正在进入品质消费时代，文化遗产旅游亦需要紧跟旅游经济发展变化形势，用超前思维、创新思维做好旅游文创商品开发。国内做得较为成功且具有借鉴意义的是故宫博物院的文创大 IP 运营模式及其产品创新思路，不仅要加强创意设计和研发能力、产品要贴近消费者需求，注重产品的艺术性、实用性和珍藏性，还要具备“互联网运营思维”，在从文创产品本身到文创产品全程销售运营中实行线上加线下联合运营销售，强化互联网时代下的品牌营销和资源整合能力。

(四) 提升文化遗产旅游国际化水平，用世界语言宣传遗产文化价值

从旅游业发展实践看，文化遗产旅游发展要注重国际化，旅游国际化是旅游业服务水平提升的重要指标。从商业角度看，一方面文化遗产目的地需要引入国际先进的理念和运营模式，另一方面需要把国内的文化遗产旅游产品和品牌推广到国际上。当前，我国的文化遗产旅游资源是具备这样的条件和优势的，不仅数量丰沛、种类多样，且具有较高的等级和价值。文化遗产要在开放的国际文化交流格局中审视和定位自身，促进旅游业高质量发展，要以非常开放的心态、国际化的品质标准、国际化的空间开放思维发展文化遗产旅游，提升文化遗产旅游的国际化水平。与此同时，要用世界语言讲好遗产故事、宣传遗产文化价值。新媒体时代文化遗产要强化互联网思维，探寻对外传播中的“新概念、新范畴、新表述”，构建起立体多样、融合发展、联通世界的传播体系，让满载遗产文化价值的多语种图像、声音、文字、信息更广泛地传播到世界各地，用海外受众乐于接受的方式、易于理解的语言认知文化遗产所代表和蕴含的中国传统文化。

（五）游客关系建立与培育

莫斯卡多（Moscardo，1999）在其著作《培育思考型游客》中最早提出了“思考型游客”（mindful visitor）的概念，认为当人们思考的时候，会更加关注自己周围的世界。这是一种愿意接受外部信息并以不同的视角了解和认识世界的状态，这种状态同样也有利于优化决策、增强健康和提高自尊程度（莫斯卡多，2000）。就遗产而言，当游客在游览过程中处于思考状态时，他们对周围的环境会变得更加敏感，会更加积极地去吸收历史信息，能够更好地亲自处理各种情况，从而能够更好地了解和珍惜历史。与此同时，非思考型游客不喜欢了解新的知识并且不喜欢改变他们认识事物的视角，表 7－1 和图7－2 分别展示了思考型游客和非思考型游客的主要特征及认知模式上的区别。

表 7－1　思考型游客与非思考型游客的主要特征及其区别

游客类型	主要特征		
	行为特征	倾向的环境	结果
思考型游客	愿意接受新鲜知识 留意周围环境 开发新的思路	新的和不同的环境 控制与选择 不同的和变化着的环境 具有个人意义的环境	具有控制感 具有成就感 具有满足感 能够解决问题 获得并掌握新知识
非思考型游客	依赖现有的知识 不注意周围环境 依赖于惯例	熟悉的环境 很少的控制与选择 相同或相似的环境 与自己无关	感到无助 感到无能为力 感到不满意 解决问题的能力有限 难以获得新知识

资料来源：根据莫斯卡多《培育思考型游客》（Moscardo，1999）理论编纂整理。

为了培育思考型游客，使游客在游览过程中进行思考并与之进行有效的沟通，遗产景点管理者和员工应着重做好以下工作：

首先，应该了解并尊重游客，确定游客知道或业已掌握了什么信息；了解他们的期望和动机；了解他们的特点和喜欢一起旅行的伴侣；观察游客并确定他们对不同的沟通方式做出什么样的反应，必要时可通过对游客进行采

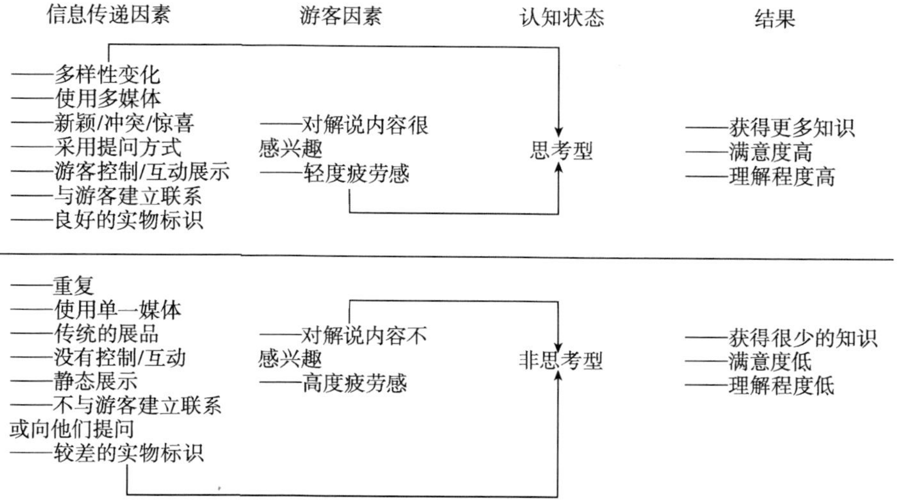

图7－2　思考型游客和非思考型游客认知模型

资料来源：戴伦·J. 蒂莫西，等，《遗产旅游》（2007）。

访和组织焦点小组访谈等调研方式来更好地了解他们。

其次，应与游客积极建立互动关系并提高其参与性，通过交谈与游客建立个人关系，从日常生活中和贴近对方文化背景的角度举例，向他们讲述遗产相关的历史故事、民间传说、文化习俗等；由游客自己选择感兴趣话题及信息切入点，使他们拥有一定程度的主动权，了解他们的兴趣之所在，从而鼓励他们积极参与相关活动。

最后，遗产目的地可以提供多样性的活动，包括涉及不同感官的活动、不同的社会体验需要不同程度的智力或体力才能完成的活动等；提供多种多样的场景以及使用多种媒体和解说方式，这些解说系统通过主题与故事的编排向游客传达信息，所讲述的故事必须条理清晰、具有实际意义，沟通的双方需要具有一定程度的共同点，或者在富有意义的活动中达到主客方价值上的深刻共鸣及情感心理上的“共睦态”。

三、运营管理方面

（一）遗产开放景区门票管理

1. 在遗产景区门票定价上，进行科学管理、有效指导，并加强公众参与

遗产开放景区在满足我们美学欣赏、休闲需求的同时，也承担着对广大公民进行历史文化教育的责任。它是一种稀缺的公共资源，不是某个单位或地方政府的专有财产，其最终所有权属于国家，属于全体国民，因此，景区门票价格该由谁定、如何定都需要进行分类科学管理，以符合广大人民的利益。其中，世界遗产景点门票价格制定，应该由国家有关部门来组织全国性的听证会，严格进行科学论证。对属于地方管理的一般性旅游景区，必须严格规范定价行为。地方政府定价，一定要尊重文化遗产旅游景区的公益属性和国有性质，必须从国情出发，充分尊重民意，特别要考虑大多数老百姓的承受能力，不能为了增加地方财政收入而随意调价，也不能定价过高，导致景区“贵族化”，使众多游客面对高价门票望而却步。此外，现在很多景区涨价后的收入都用于发放职工工资和奖金，导致他们的收入不合理增长，也背离景区的涨价是为了维护景点的初衷。政府必须加强监督，有效控制这一费用的过快增长，从而减轻景区的财政压力。同时，实测门票的规范化管理还有待法律的完善及规范、合理的操作程序的制定。

在操作过程中，还要加强公众参与，以提高其科学性和社会称许性。旅游景区的公益属性决定其定价必然要符合广大人民的利益。目前很多地方所谓的定价听证会都由专家、政府官员组成，普通民众参与很少，特别是作为游客的普通民众，因而所定价格不能很好地反映游客意愿，不被游客所赞同。

2. 政府要转变观念，从全局和宏观上考虑，不能只从地方、局部利益出发

定价过程中，文化遗产旅游景区（点）的政府和旅游部门要从全局和宏观上思考问题，而不能完全站在狭隘的局部或部门利益上，全然不顾其他公民的感受和意见，否则将会在人们的心目中产生不良影响，从而影响到人们

对景区的看法。例如，西湖环湖公园实行免门票措施，反映出的是当地政府和旅游部门具有从全局上考虑问题的战略眼光。门票免费，从表面上看，是“亏”了——每年全市要少掉几千万元的门票收入，但事实上，减少的只是一点门票收入，但它能带来巨大的正面效应，就经济效益而言，实行门票免费后，来杭州旅游的游客大大增加，游客在景区产生的消费也就相应增加了。随着西湖免费开放，游客会选择多去一些景点游玩，在杭州逗留的时间也相应会延长，住宿、购物、交通、饮食等花销也相应增加了。景点门票收入的减少通过对旅游以及相关产业的带动得以补偿。就社会效益而言，不仅提高了人们对当地政府和旅游部门以人为本的认同感，而且提升了景区形象，增加了人气，最终给当地带来更多的收获。

而相反，有些地方从门票收入角度出发，盲目提价，导致游客数量和停留时间大大减少，最终使得整个地方旅游收入剧减。导致这种现象发生的原因是旅游属非必需消费，其价格弹性系数较大，价格上涨，旅游需求锐减。当门票价格超过了人们的心理承受能力时，游客将选择不去或减少逗留时间、花费项目。

当然，景区若取消门票或者降低门票，势必导致直接收入的减少，有些地区又没有条件或能力提供增值服务，从而不能从增值服务中获得收益，使得收入与相关的经营及维护费用难以持平。在财政补贴尚不足以维系这些景点运转的情况下，政府部门要多方考虑，通过门票的适当调价、设置相关的基金、社会赞助、自我发展的方式筹集资金，更好地开发和保护景区，为民所用。例如：西湖景区就是通过拍卖商铺、利用人流资源增加收入，通过减免门票吸引旅游者前来旅游；通过开放更多的公共场所，如学校、公园，延长游客逗留时间。

3. 对于遗产景区是否免费开放，各地应视自身具体情况采取不同措施，不能一概而论

在免费开放遗产景区的同时，也要考虑诸多因素：围墙的拆除消除了游客与景区间的障碍，让游客可以自由出入，但是也增大了景区遭受破坏的危险性。因此，遗产景区实行免费开放需要加强景区的保护工作，如增加保安

人手及相应值班时间，保证资源的完好以及游客的安全舒适。

例如，杭州西湖风景区面积较大，游客容量相对也大，加上环西湖地区商业发达，还有大量大专院校、博物馆、纪念馆等可供参观，因此，游客的适当增多不会引起景区超负荷。此外，杭州经济发展水平较高，配套的服务、娱乐设施完备，可以通过提供增值服务来获取比门票更多的收入，因此，对杭州来说，推出开放式公园是经济效益、社会效益双收的举措。

而对于诸如故宫、秦始皇兵马俑等历史文化遗产地，其景区容量有限，不宜通过增加游客量来提高收入。对于一些经济发展水平不高、配套服务设施不完备的地区，免门票也不一定是最好的选择。

（二）深化文旅融合，促进“遗产旅游+文化”模式纵深发展

联合大型旅游企业，打造一批具有国家乃至国际影响的文化旅游品牌与遗产景区，充分挖掘物质与非物质文化遗产的文化内涵、文化背景、工艺技术等文化元素，加大旅游纪念品的开发推广力度，借助现代科技手段，有创意地策划文化遗产旅游项目，实现文物遗产资源的活化，强势推进遗产文化体验特色专题旅游市场的拓展。加强解说导览系统的开发合作，增强文化遗产旅游解说服务的专业化与趣味性。加强以地方文化、民族风俗等为特色的旅游表演项目以及相关专题影视剧、专题片的影视旅游产品开发。聘请专业人才对旅游管理人员旅行社、导游进行专业培训，提升专业素养。支持传统戏剧排练演出场所、传统手工艺传习场所和传统民俗活动场所建设。

以地方教育部门研究制定及落实国家《推进中小学生研学旅行的意见》办法为指导，依托自然和文化遗产资源、大型公共设施、科研机构，开发一批育人效果突出的研学旅行活动课程，建设一批具有良好示范带动作用的研学旅行基地，打造一批具有影响力的研学旅行精品线路。

开发针对不同人群的旅游研学产品，在深度上要适应国内外不同群体的文化层次，满足不同需求。进一步挖掘研学旅游资源，深化打造主题品牌，将遗产地打造成研学旅游目的地，扩大对青少年人群的政策优惠，加强接待配套设施建设，切实提高管理服务水平和安全保障，不断提升研学旅游的综合吸引力和品牌认知度，将研学旅游培育成为文化遗产旅游发展创新的增长点。

（三）社区参与及本地居民管理

文化遗产地当地的社区居民是文化遗产旅游发展的重要一环，他们应该受到尊重，他们所关心的问题以及他们的想法应该得到重视。从理论上讲，这样做可以减少旅游业给旅游目的地社区造成的负面社会影响。照此推理，如果本地居民能够决定自己的未来，那么他们就不太会对发展旅游持批评的态度，而且对旅游者容忍的程度也更高。

许多学者都主张发展基于本地社区的旅游，因为这样本地民众可以掌握决策权。社区民众参与旅游开发主要有两种形式：参与决策的制定以及参与旅游收益的分配，同样，旅游收益和本地教育及公众意识培育活动有助于管理本地社区及其资源。

1. 社区居民参与制定决策

参与制定决策意味着本地居民有机会就发展文化遗产旅游表达他们的希望、意愿和担心。同时，他们也可以利用自己的经验和专长为发展规划献计献策，从而在旅游的组织与管理过程中拥有具有实际意义的发言权。就此而言，遗产管理者应当想方设法、紧密联系普通民众，因为历史正是由广大普通民众创造和再创造的。作为朝这个方向努力的一部分，开发者现在非常重视汲取土著居民的知识和环境管理措施，并认为目的地环境中众多问题的解决方案可以在这些社区本身找到，因为在大多数情况下，传统社区并不认为自己是与自然截然分开的。土著居民的田园生活、狩猎和农业系统通常是最具有可持续性的资源管理形式。

就文化遗产旅游而言，本地居民参与规划可以使本地社区有机会表达自己对遗产保护以及向旅游者展示方式的看法与意见。关于把哪些文物、建筑和地点开辟为旅游资源，哪些不向旅游者开放等问题，应该允许本地居民拥有发言权。这有助于培育一种社区自豪感以及拥有文化遗产的主人翁精神，使本地居民重新拥有属于自己的文化遗产并由他们自己来决定如何向外界展示这些文化遗产。这在土著社区尤其关键，因为在这些社区的每一代人中，了解其传统、文化和文物的人越来越少了。这对于少数民族来说也是同样重要的，因为可能存在占据统治地位的族群及其文化遗产压制并且最终（蓄意或无意地）完全消除少数民族文化遗产的风险。作为促进可持续发展原则的方法（比如和谐、公平以及全方位发展等），应该鼓励所有的利益相关者参与文化遗产旅游的开发。倡导文化遗产保护的团体、公共机构、可能从旅游发展中获益的商业协会以及非政府机构，都属于与文化遗产保护和文化遗产旅游有着利害关系的利益相关者。

让本地居民和其他利益相关者参与并不是一项简单的任务，而是一项可以采取的最具可持续性的方式。此类任务需要时间、资金和耐心，并且需要竭尽全力去做好协调工作。稳健和公开的城镇会议、调研、圆桌讨论会和安排本地居民参观遗址等都被认为是使本地社区参与的恰当方式。这些使本地居民参与的策略对发展文化遗产旅游十分重要，因为显而易见，如果本地社区不希望参与旅游，那么坚持开发旅游就会非常困难，并且会产生相反的效果。

2. 社区居民参与旅游收益的分配

参与旅游开发的另一种形式就是参与分享旅游所带来的各类效益，这意味着本地居民应该有机会从旅游业的发展中获得经济利益及其他利益。社区旅游规划还应该包括为本地居民创造拥有自己企业的机会，使居民获得与旅游业相关的就业机会、培训的机会以及了解本地区文化遗产旅游所起的作用和效益。虽然这看起来似乎像是常识，但是在世界上的许多地区，社会文化、政治和经济条件仍然制约着许多潜在的企业家，使他们无法以这种方式参与旅游业。本地人拥有的小型企业通过支持本地居民和使经济利益外流最小化，可以具有最大程度的影响力。

近年来，一些可持续发展理论的倡导者坚持认为，从长期角度来看，这些小型企业在财务和经济方面要比迅速发展的大众旅游更具活力，因为大众旅游有时会被跨国公司或其他大型企业所垄断（莫佛斯、蒙特，1998）。例如，中国的黄山地区，近年来，黄山地区的社区旅游发展取得了显著的结果。黄山旅游开发计划从一开始就使本地居民获益。例如，在建设基础设施过程中，黄山风景开发区委员会积极地引导和鼓励本地居民建设辅助性旅游、服务设施以及旅游景点。这使得本地社区近年来收入增加，本地经济趋于繁荣。作为这些尝试的一部分，黄山风景开发区委员会与村民们一起建立了以本地野生动物猴子为特色的旅游景点，这一开发项目以及其他开发项目对该地区产生了重大的影响。猴子公园为本地居民创造了许多就业机会，而这些就业机会则稳定了本地经济。村民们利用旅游收益投资于教育设施，为有可能失学的儿童提供经济资助，并且收益还可以用来帮助孤寡老人以及残疾人士等。

3. *努力培育当地公众的旅游意识*

文化遗产旅游地区的当地民众一旦了解到旅游的发展态势及其影响以及他们从中获益的可能性，那么他们就会在参与发展决策和分享旅游所带来的效益方面处于有利的地位。就文化遗产旅游而言，社区成员拥有的知识越多，那么他们所拥有的优势也就越大。尽管欠发达地区的民众实际上对于旅游者的特性缺乏直接的了解——因为他们很少有机会外出旅游，但是他们可以掌握开发文化遗产旅游的基本知识——因为他们往往熟悉本地的风土人情、传统习俗以及建筑文化遗产。这方面的知识以及对旅游的理解可以使本地民众更好地参与旅游业。中国一些旅游目的地社区在培育本地人的旅游意识方面取得了长足的进展。近年来，遗产地景区试图向当地市民宣传旅游的潜在效益及其在发展中所起的作用。这些始于20世纪90年代中期的宣传活动旨在通过官方的教育活动来提高公众的旅游意识。这些宣传活动包括各类媒体，如电视广告、在整个社区发行的报纸和宣传册等。此外，当地的旅游开发办公室还向最有可能接触到旅游者的社区成员（如出租车司机和三轮车车夫、家庭旅馆和餐馆的业主以及街上的小商贩等）提供外语、外国文化、小型企业管理以及财务等方面的短期课程。

四、人才培养方面

（一）健全文化遗产旅游人才培养机制，推进劳动力向旅游产业延长链转移

健全旅游业人才引进、培养激励机制，推动劳动力逐渐向旅游产业延长链转移，发挥人力资源要素产业配置和再配置过程中的“结构红利”，是加快

完善文化遗产旅游配套服务体系的重要举措。

1. 文化遗产旅游人力资源开发

统筹考虑景区的实际需求，有序开发人才资源，创新人力资源开发管理机制，为文化遗产旅游发展建设一支素质高、业务精、服务优的专业化旅游人才队伍。

文化遗产旅游人力资源开发具体包括如下措施：

（1）积极实施“筑巢引凤”工程、建立高端旅游人才智库

面向全社会诚邀高端旅游人才，建立高端旅游人才智库。引进外来优秀管理人才和专家，保证住房，支持技术和智力入股，保障外来人才权益；实施企业家工程，建立外来企业家人才库，建立健全高级管理人才管理计划，保护外来企业家财产合法权益；设立旅游人才专项基金，用于旅游人才引进、旅游人才培养、人才奖励等工作；出台各类人才优惠政策和激励机制，引入相关专业紧缺技能人才，优化配置旅游人才资源并实现人才资源共享。

（2）成立专家咨询委员会

邀请来自全国乃至全世界规划、酒店、景区、旅游管理等方面的专家成立旅游专家咨询委员会，为文化遗产旅游提供建设性的建议和意见。

（3）成立文化遗产旅游研究院

可以成立文化遗产旅游研究院，站在文化遗产旅游研究制高点，为文化遗产旅游政策及成果转化搭建平台，推动旅游专业建设与人才培养。研究院成立后，除了将以专著、课题、研究报告、调研报告、提案、数据库信息等作为成果载体，对文化遗产旅游开展全面深入专题研究外，还进行文化遗产旅游项目设计与策划、开发文化遗产旅游产品、创意设计文化遗产旅游商品，并致力于培训文化遗产旅游从业者，提高当地社区居民的参与积极性和参与度。

2. 文化遗产旅游人力资源培训

（1）制定旅游人才培训制度

1）建立服务技能培训制度

各级地方人力资源管理部门应将国家和地方的服务行为规范与实际情形

相结合，制定旅游服务规范细则，加强对员工的服务技能培训。定期组织员工参加职业技能资格考试，提高服务人员的资质认证比例。

2）建立旅游人才轮流进修制度

加强定期培训，实行旅游人员轮流进修制度，组织人员去旅游院校、5A级旅游景区、五星级酒店参观学习，接受最新的服务理念，提升员工的业务素质和服务技能。

3）建立旅游旺季前期培训制度

旅游旺季的接待服务质量成为判定景区成熟度的重要指标。遗产地管理部门应做好旺季前的旅游从业人员培训工作，让员工在接待人数多、任务重、时间紧的特殊时期，能够为游客提供优质高效的服务。

4）建立优秀人才奖励培训制度

遗产地旅游管理部门应设立奖励培训制度，为优秀旅游工作人员提供深造的机会，激发员工的工作热情和积极性；设立旅游人才培训专项基金，拨专款培养文化旅游专门人才。

（2）采用多种培训方式

1）先进单位参观进修

倡导学习先进单位的服务理念和技能，定期组织员工参观，可选派员工到先进单位进修学习。

2）专业技术院校学习

架接起文化遗产景区与专业技术院校的桥梁，利用其师资优势，定期组织管理、技术、营销和服务人员进修和学习，提升专业技能，保障高质量的服务。

3）行业互学

通过各个渠道与文化遗产旅游地所在城市以及外省市的同行联谊，创造到各大星级酒店、知名景点参观学习的机会，营造行业互学的良好氛围。

（3）培训内容

根据旅游市场发展动态以及文化遗产地旅游发展实际，积极、系统、常态化地进行旅游人才培训，提高文化遗产旅游人才综合素养，提升文化遗产旅游管理和服务水平。具体培训内容包括历史文化培训、旅游从业人员培训、物质及非物质文化遗产传承人培训、创新创业培训、旅游讲解员培训、旅游安全培训、全域旅游培训等。

（二）加强文化遗产旅游“产学研”一体化协同创新

积极与省内外高校合作，建立遗产地旅游人才培养基地；鼓励相关高校、研究院（所）的专业人员，参与破解遗产地旅游发展的重点、难点、热点问题；构建“政府＋企业＋高校＋研究院（所）”的旅游协同创新模式，为遗产地旅游发展、人才培养、成果应用、平台建设等提供必要支持和保障。发挥高校专业优势，对接产业发展需求，培养、培育相关专业人才，为遗产地的价值活化与合理开发，持续输送高素质、高水平的优质人才；同时，利用高校和科研院所的理论研究特长，寻求科技和管理创新，推动理论研究向实践成果转化，为遗产地的价值活化与合理开发指明道路、创新思维、革新手段、提升效率。

第二节　文化遗产的信息化与智慧化水平

一、以游客需求为导向，依托“大数据+”推进文化遗产智慧旅游

首先，大数据不仅是助推旅游发展的强大引擎，对于旅游关键组成部分的文化旅游而言，包括文化遗产旅游，同样具有重要意义。文化遗产旅游的核心同样是满足大众审美、求知、怀旧、文化体验与感受等全方位的需要。大数据的背后是文化遗产旅游游客的需求和文化旅游市场的潜能，借助大数据，可以分析游客需要，寻找游客兴趣，提高服务质量，打通文化遗产旅游目的地与游客的最后一公里，提高文化遗产旅游的舒适度和智能度。依靠大数据支撑，可以形成更加富有个性化、差异化的文化遗产旅游产品。

其次，科学技术与旅游业日益密切的结合也是一个必然趋势。科技信息交流曾一度是文化遗产旅游的薄弱环节，近些年有较大改善，其重要作用亦日益凸显。为此，应建立与完善科技支撑文化遗产旅游发展的科技数据平台，不仅使遗产管理方、文化遗产旅游产品经营者、当地社区居民以及游客足不出户就可以获得自己所需要的技术信息和服务，而且还可以从科技支撑文化遗产旅游发展的成功案例中受到启发，不断提升遗产管理水平与效率。

最后，旅游业作为一项信息密集型产业，搜集、存储、传递和分析旅游数据信息不仅是整个行业延续发展的核心，也是连接文化遗产旅游目的地与旅游者的重要桥梁。若信息得不到及时有效的传递，即使旅游资源再优质，其营销效益仍无法得到有效提升。推动大数据产业和旅游产业融合发展，不仅注重旅游营销工程建设、旅游宣传平台搭建、旅游营销目标定位等，还要利用大数据、智慧旅游、云旅游平台等分析和掌握当前游客需求偏好和感知体验状况，推进“一站式”便民服务体系建设及文化遗产旅游目的地知名度提升。

具体来说，文化遗产旅游可依托高科技本身高、新、尖的特性，满足旅游者对新、奇、特的需求，发展科学研究场所游、艺术馆及博物馆科技主题展览、微缩景观、高新技术（全息投影、VR展览、多维互动展示等）等多途径、多渠道展览与参与方式。尤其对遗产地重要的人文景观与文物进行虚拟旅游产品开发，其可形象再现历史文化辉煌与胜景。文化遗产旅游可以统筹文化资源，加快推进文化遗产旅游智慧建设，强化大数据运用，逐步提高文化遗产地管理智能化水平。

二、推进“旅游+信息”产业间融合，实现智慧旅游全覆盖

文化遗产的保护与合理化旅游发展需要充分发挥科技支撑作用，实现智慧旅游全覆盖。智慧旅游中，要重视电子商务在旅游信息查询、酒店预定、餐饮、纪念品购买方面的重要作用。

一是通过科技扩散传播文化遗产旅游文化品牌的知名度，通过科技精准定位现有“真实性”与“完整性”水平，发挥大数据与互联网重要作用，完善智慧城市功能，助力全产业链融合。二是利用现代科技建成文化遗产旅游指挥中心，创新发展模式，提升全域旅游管理水平和服务水平，通过智慧服务、智慧管理和智慧营销加强旅游资源和产品开发与整合，全面实现智慧旅游全覆盖。积极发挥科技创新作用，实现大数据支撑下的文化遗产地智慧旅游。三是建设完善文化遗产旅游目的地电子商务系统，主要包括信息查询服务、在线预订服务、客户端应用服务、中介服务。通过目的地电子商务系统，使旅游者可以在网络上查询到文化遗产的相关旅游信息，并完成预订入住周边酒店、旅游线路设计和导游预约等相关服务。文化遗产旅游景区可通过景区电子门禁系统、景区电子售票系统、景区监管信息系统、文物数字化管理系统、环境监测系统和卫星遥感系统、GPS车辆调度系统、森林防火监控网络系统、LED信息发布系统、背景音乐智能广播系统、公用信息总监控中心等实现文化遗产旅游景区和旅游目的地数字化管理。

三、进一步提升文化遗产保护与利用的数字化水平

文化遗产数字化指的是利用当代测绘遥感和计算机虚拟现实技术，以数字化方式将文化遗产的全部动产和不动产真实、完整地存储到计算机网络，

实现三维数字化存档，供保护、修复、复原以及考古研究和文化交流使用，其应用包括但不局限于文化遗产的数字化存档、保护与修复、考古研究以及文化展示、传播、交流与互鉴等方面。

（一）数字化存档

数字化存档是文化遗产得以传承的根本。受各种因素影响，随着岁月的流逝，文化遗产会受到损害，丢失一些历史信息。数字信息获取与处理技术能更好地通过整理、收集、记录等方式保存文化遗产的信息，突破传统意义上的保护方式所不能达到的展示要求与保真效果，更为安全和长久地保存弥足珍贵的文化遗产。

（二）数字化修复与保护技术

长期以来，我国对破碎文物的复原多采用手工方式，而新兴的数字化修复技术则是利用计算机图形学技术，将破损文物按原始形状复原出来，提供文物计算机复原模型展示，对残缺文物进行虚拟修补。这一应用将改变文化遗产保护的传统技术与手段，为文化遗产保护和修复开辟新路径。

（三）数字化辅助考古发掘

计算机辅助数字考古可以从以下方面展开：其一，遗址、场景、遗物的快速建模模拟和绘制，以支持文物专家推理、预测、发现、认知、提出问题及验证假说等创造性工作；其二，建立精确文物模型和虚拟场景展示，以支持文物和遗址的展示测量和传播等；其三，数字化文物遗址资料，提供考古过程的线划图、剖面图及定量尺寸标注等资料生成支持工具，实现考古发掘报告资料图示的自动生成。

（四）数字化展示与传播

建立基于数字媒介统一平台的数字博物馆，实现文化遗产数字化展示与传播，为文化交流提供了打破时空限制的新途径。数字博物馆将多种媒介形式的文化遗产信息整合在一起，借助多媒体集成、数字摄影、虚拟现实等技术，在不动用文化遗产的情况下，通过网络，摆脱传统意义上博物馆所必需的建筑、陈列、参观时间等条件的束缚，使海量存储的文化资源得到最大限度的展示、利用和共享，更方便、快捷地满足广大用户的需求。此外，数字技术还可用于大遗址的虚拟展示，借助虚拟现实技术的沉浸感、交互以及模拟想象特性，为文化遗址提供逼真的场景、漫游和探索的乐趣以及超越时空的三维展示，让今天的人们能够“身临其境”地感受文化遗产的文化精髓与艺术魅力。

目前，很多博物馆业已开展线上虚拟实景展示（VR）服务功能，且取得了不错的成效和公众反馈，尤其是在2020年抗击新冠肺炎疫情期间，足不出户、只需轻点手机屏幕就能欣赏到美轮美奂的馆藏文物与艺术珍品，让广大公众直呼享受、广为称赞。2020年2月，我国文化和旅游部艺术司和国家文物局博物馆与社会文物司联合包括故宫博物院、南京博物院、陕西历史博物馆等在内的全国众多博物馆、美术馆，发起50场线上展览，将诸多文化与艺术瑰宝在线上呈现给广大民众，图7－3所示为北京故宫博物院的全景展示封面图。

图7－3　北京故宫博物院的全景展示封面图

资料来源：北京故宫博物院微信官方账号“微故宫”。

这种方式不仅能最大限度降低观赏游览对于文物的伤害与负面效应，在不破坏文物、不增加客流拥挤的基础上展示文物遗产价值，更重要的是使“阳春白雪”的文化艺术不再曲高和寡，真正“飞入寻常百姓家”，360°全方位实景展示，配上生动的文字解说、信息丰沛的背景提示与知识拓展、优美应景的背景音乐，使广大公众不受男女、老幼、身份、职业与国籍地域等因素和条件的限制，都能享受到一场文化盛宴，受到艺术美感的熏陶，真正实现包括博物馆在内的文化遗产的文化教育与传播功能，从而真正激发起国内民众对传统文化的浓厚兴趣，加深其文化认知与自豪感，进而产生情感共鸣与增进价值认同，从而真正树立起民族文化自信，而对于能通过线上资源领略到中国传统文化精髓的国外游客而言，其则不失为一种更有效传播中国文化的途径与渠道。

四、科技支撑遗产创新化与社会化发展，推动传统文化复兴

《关于促进文物合理利用的若干意见》在利用方式上给出以下方法：推动展陈策划专业化、社会化，打造精品陈列；支持文博单位利用信息等现代科学技术，实施互联网+中华文明行动计划，建设“一带一路”文化遗产长廊，创新传播方式，提供更多更好的公共文化服务。鼓励有条件的文博单位利用自身人才与专业优势，通过互联网与信息技术向社会提供文物鉴定等相关服务。关掉不合理利用的“后门”后，打开富有技术含量、需要创新（包括技术创新和机制创新等）的“前门”。如若没有这些创新，只关注短期经济效益，文物被过度或不当利用的情况和文物利用被搁置的情况仍然会出现。只有利用科学技术支撑文化遗产的创新化与社会化发展，才能推动中国传统文化复兴与实现文化强国。

第三节 遗产活化利用的思维创新与传统文化价值传承

形态多样的文化遗产是吸引旅游者的魅力所在，也是文化创意取之不尽、用之不竭的资源。文化遗产旅游与创意结合，可形成参与度更高、体验性更强的创意旅游。创意旅游的概念由新西兰学者格雷·理查德（Grey Richards）和克里斯宾·雷蒙德（Crispin Raymond）于2000年首次提出，被解释为“游客在游览过程中学习旅游目的地国家或社区的某种文化或技巧的一种旅游”。最早将创意旅游付诸实践的是“创意旅游新西兰”（Creative Tourism New Zealand，CTNZ），旅游者通过参加交互式工坊（interactive workshop），激发自身创意潜能，拉近与当地居民的距离，进一步体验旅游目的地的文化氛围。随后，创意旅游在新加坡、加拿大、南非等地得到响应。2004年，联合国教科文组织创意城市网络（UNESCO Creative Cities Network）对创意旅游进行了界定：创意旅游是一种可以为旅游者提供具有原真性的、可直接参与体验的旅游活动，主要表现形式为学习当地的艺术、传统以及具有当地特色的象征性文化，并与当地居民相互交流，在生活中体验文化。2008年9月28日至10月2日，在该组织的倡议和推动下，于圣达菲（美国新墨西哥州）召开了创意旅游国际会议，对创意旅游发展和实践进行了讨论和分析。创意旅游最初是从游客角度出发，游客的创意旅游行为“是积极而不是被动的，是学习式而不是观光式的，既是自我发展也是经济发展”，“潜在地依赖于地方技能、技术、传统以及独特性”。不过，创意旅游的概念也被应用于旅游开发角度。经济学家厉无畏认为，创意旅游是指用创意产业的思维方式和发展模式整合旅游资源、创新旅游产品、锻造旅游产业链。综合两方面，创意旅游可以为旅游者提供深度的参与体验；也为无形文化遗产的载体化、有形文化遗产的活化，乃至未来遗产的创造提供了有效的途径和方法；创意旅游也是联结旅游和文化产业的纽带，是旅游产业发展的创新路径。

创意旅游的形式包括创意空间、创意景观及创意之旅等。创意空间是创意生产和消费的集聚地，如伦敦苏豪区（SOHO）、北京798等，这类空间无论是视觉上还是感觉上都具诱惑力，吸引游客前来参观。创意景观包括文化主题公园、旅游节庆、旅游演艺等，是依托历史文化遗产加以再创造的产物，也有一定的参与性。创意之旅则是以参与、体验和学习乃至创作为目的的旅游活动。通常以工作坊为载体，旅游者深度体验学习地方传统艺术、工艺、歌舞等内容，创作属于自己的作品，从而实现自我成长与发展的目标。

对于文化遗产而言，打造创意空间，利用丰富的文化资源再现创意景观，不失为一种有效的创新路径。例如，常州淹城春秋乐园，毗邻春秋淹城遗址，定位于"小淹城，大春秋"，选取春秋时期政治、军事、经济、文化等素材，设置春秋文化情境下的静态观赏项目、互动演艺项目和体验游乐项目；杭州宋城，参考《清明上河图》画意设计，以两宋文化、杭州地方文化为中心内容，再现两宋皇城景观（其中宋城城门楼到市井街一段120米的石板路用南宋皇城御道石板铺就），设置丰富多彩的民俗表演。其大型歌舞《宋城千古情》用现代声、光、电科技手段和舞台机械，演绎和呈现良渚文化、南宋皇城、岳家军抗金、白蛇传说，以及丝绸、茶叶等地方历史和文化内容，成为景区的招牌节目。

澳大利亚的"壁画镇"提供了创意景观的另类模式。位于塔斯马尼亚西北面罗兰山（Mount Roland）下的谢菲尔德（Sheffield）小镇是塔斯马尼亚岛盛产醇酒佳酿的重地之一，20世纪80年代，当地人决定以壁画来重新活化当时寂静沉闷的小城，现今镇内历史建筑的外墙上，随处可见的壁画娓娓诉说着小镇的历史故事和生活状况。镇上每年举办大型壁画展，国内外的艺术家均可参加。这个只有1000多人口的小镇因壁画而名声大噪，每年接待10多万来自世界各地的游客。

旅游节庆，既可以是传统节庆活动的继承，"旧曲翻新声"，也可依托地方文化创新。前者如国家级非物质文化遗产都江堰清明放水节，本是源自

“祀水”的古老仪式，与都江堰的“岁修”制度关联，冬季枯水期，渠首以杩杈（也作“杩槎”）截流，轮流修葺内、外江水道。开春内江灌区需水春灌，便在渠道举行隆重仪式，拆除拦河杩杈，放水入灌渠。北宋太平兴国三年（978 年）正式由官方将清明节这一天定为“放水节”，并持续至 1949 年后。1957 年，修建了节制闸门，都江堰不用全部断流，砍杩杈放水仪式不再举行，1990 年，都江堰市为了弘扬民族文化，决定恢复都江堰清明模拟放水活动。1991 年起，清明放水节恢复仿古祭祀表演，并融合艺术节灯会等内容，盛况更逾从前。依托地方节庆文化创新的典型则是洛阳牡丹文化节，洛阳素有“牡丹甲天下”之美名，牡丹文化底蕴深厚而独到。1983 年，洛阳开始举办牡丹花会，2008 年牡丹花会入选国家级非物质文化遗产名录，2010 年文化部批准将其更名为“洛阳牡丹文化节”，升格为国家级节会。牡丹花季也是洛阳的旅游盛季，花会期间，除赏花游外，历史文化游、生态游，以及温泉、漂流等旅游产品也被带动起来，很好地促进了洛阳及周边地区的旅游发展。此外，还有始于《印象·刘三姐》的“印象”系列大型实景演出，包括《印象·刘三姐》《印象·丽江》《印象·西湖》《印象·大红袍》《印象·普陀》等，以及《禅宗少林·音乐大典》《中华泰山·封禅大典》《鼎盛王朝·康熙大典》《大宋·东京梦华》《西安千古情》《驼铃传奇》《长恨歌》等，以全景式的自然山水或巨型三维实景为舞台，利用当地历史、民俗等文化元素，经演艺界创作团队再创造，演绎地方特色文化，使观众在自然剧场中身临其境，得到全新的震撼的艺术体验，是旅游与文化创意的完美结合。

第八章

结论与展望

保护文化遗产及历史文物古迹，是为了帮助人们欣赏文化遗产并受到人类文化财富的启迪，最大限度地改善人类的生存状态和精神状态，使文化遗产不再只成为代表过去的一种纯纪念物，而是要加强有生命力的传统民族文化的延续能力，使传统文明真正融入现代生活之中并得到积极传承，从而实现传统文明的真正复兴（吴晓隽，2004）。因而，运用二元原则的真正也是最为根本的目的，就是使文化遗产能够世代传承、永续利用，从而能在更为深远的文化层面上展示当今世界对未来人类的长远的人文情感与文化关怀。

一、研究结论

（一）对文化遗产“真实性”与“完整性”的价值梳理与二元辩证关系总结

《行动指南》中明确提出了“真实性”与“完整性”两项遗产保护原则。真实性作为一个遗产保护的重要概念也随之被引入遗产地旅游领域，并被人们从不同学科、不同视角加以审视，包括文化人类学（如早期关于“舞台真实”的讨论）、社会学（建构主义视角下的真实）、哲学（真实的“自我”）甚至政治学（真实化的社会过程）。同时，关于完整性的学术探讨则更多地停留在遗产保护方面，尤其是自然遗产的保护。鉴于此，本书提出将二者辩证统一起来的概念化模型，探讨概念更为完整的含义以及二者之间相互依存、相互作用的互补共生关系，这种关系，类似于“一枚硬币的两面”，是一个不可分割的整体，共同体现出遗产地的文化延续性（continuity）。

（二）构建基于主客观世界的文化遗产“二元三维”（FOE）理论模型

通过对相关文献的梳理、总结和抽象概括，提出文化遗产旅游“二元三维”（FOE）概念化理论模型，这一概念化模型对于遗产地的保护和遗产地旅游，尤其是文化遗产旅游的合理发展，都具有一定的实践借鉴意义。作为遗产地旅游的管理者和利益相关者，应当形成一个更为全面而宏观的视角，不仅仅将遗产主体本身视为唯一的旅游吸引物，遗产所依托的文脉和社区情感（文化认同感），以及游客体验及目的地认同感等都是旅游过程不可或缺的一环。忽视了物、场、人中任何一个要素，都会给遗产地旅游的可持续发展带来消极甚至破坏性的影响。对于文化遗产旅游来说，仍需进一步探讨真实性与完整性两项遗产保护原则。

（三）提出我国文化遗产保护与利用存在的问题及障碍

本研究通过理论分析和实证研究，发现了我国文化遗产保护与利用中存在的问题，主要包括：

1. 文化遗产保护方面

遗产保护的覆盖范围和力度仍较为有限，遗产的管理机构和管理措施尚不够完善，遗产保护方面的日常安全工作还有漏洞，不平衡现象非常突出。

2. 文化遗产利用方面

文化遗产利用效率低下，遗产价值未能实现有效活化，遗产保护中高技术手段的运用范围仍较为局限，遗产利用不合理、不充分，遗产过度开发，缺乏可持续性，反噬保护，文化遗产管理粗放，缺乏规范性和精益求精的“工匠精神”；文化遗产旅游发展供需不平衡，包括遗产资源空间分布的不平衡、文化遗产旅游产品供给总量的不平衡以及文化遗产旅游发展结构的不平衡，供给侧改革亟待深化。

3. 遗产法规与制度建设方面

部分遗产尤其是线性文化遗产、大遗址等遗产管理单位权责不明、管理松散等问题凸显。

4. 人才结构与管理方面

行政编制欠合理，基层工作人员数量不足，高素质、高质量的专业人员较为欠缺等问题比较严重。

通过实地调研和采证，发现文化遗产旅游中存在的问题，主要包括：

①缺乏独特性，与其他同类型或相似类型的文化遗产景区存在雷同之处，未充分反映当地文化特色和风貌。

②商业气息过于浓重，文化氛围烘托不足。

③传统文化活动数量较为有限，且参与性项目和新颖有趣的活动较少。

④ 解说系统不甚完善，有些翻译不伦不类，令人费解（主要针对外国游客而言）。

⑤服务人员态度欠佳，服务意识、主动性和积极性不强。

⑥景区内过于拥挤，卫生条件较差，景区管理水平有待提高。

⑦公共服务设施（座椅、公厕等）不足，休息场所不够。

（四）通过实证分析，对典型文化遗产旅游体验度进行测评及影响因素分析

通过均值分析、方差分析、多重 t 检验等手段对上海、南京及杭州三地文化遗产旅游地游客体验愉悦度进行比较，得出上海城隍庙/豫园历史文化街区、杭州清河坊/中山中路历史文化街区以及南京夫子庙/秦淮河历史文化街区的游客愉悦度和满意度均存在着显著性差异（在 0.05 的显著水平下），其中，上海城隍庙的游客满意度和愉悦度最高，杭州清河坊次之，南京夫子庙则最低。

通过偏相关分析发现，与文化遗产旅游地游客体验的愉悦度相关达显著程度的旅游目的主要包括：感受遗产地风土民情（0.690）、游览该地文化古迹（0.149）、购物（0.152）以及学习历史文化知识（0.149）。一方面，说明对于上海城隍庙、南京夫子庙和杭州清河坊这样的历史文化街区类型的文化遗产来说，游客仍以前来观赏文物古迹为主要目的，同时文化遗产旅游地的购物、休闲功能也得到了游客的重视，是文化遗产旅游地吸引游客的一个重要因素；

另一方面，证实了旅游氛围情境因素（旅游者主观因素）对游客体验亦存在着一定影响。

通过对长三角整体文化、沪宁杭三地特有文化以及上海城隍庙、南京夫子庙、杭州清河坊三地文化遗产的历史文脉的梳理，得到了这三个长三角地区典型历史文化遗产的文化根源、主干及分支的框架，为其传统历史文化的保护、传承以及特色文化的挖掘与呈现提供相应的理论支持。

（五）提出进行文化遗产价值活化与文脉传承的对策

首先，通过对文化遗产旅游地游客愉悦度进行深入的定量分析与比较，探讨深化文化遗产旅游体验、促进文化遗产旅游发展与价值活化的路径。

①提高互动参与性项目质与量，可借鉴上海城隍庙“豫园中国日”活动的成功经验，尝试增加系统的、深入的、主题性的参与性活动和深层次的文化体验，真正满足游客的休闲、娱乐需求。

②完善公共服务设施等硬件，增加游憩设施和标识系统；提高服务质量，考虑游客的特殊需要，满足游客个性化的服务要求。

③塑造独特的主题形象并营造新奇、原汁原味、浑然一体、以人为本的良好氛围。

④传承当地历史文脉并挖掘文化遗产旅游区的特色文化，如：上海城隍庙/豫园的上海“老城厢文化”、南京夫子庙/秦淮河的“秦淮文化”、杭州清河坊的“南宋文化”等。

其中，互动参与性是保持文化遗产旅游地生命活力的“心脏”；服务硬软件是保障文化遗产旅游良好运行、健康发展的“骨骼”和“肌肉”；主题形象和氛围是文化遗产外在给游客以感知印象的“皮肤”；而历史文脉和特色文化则是真正使文化遗产区别于其他并寻求自身长远活化发展的“灵魂”之所在。

其次，在此基础上进一步提出促进文化遗产价值活化与文脉传承的对策。

①规划方面。充分借鉴该旅游规划三元结构理论，优化遗产活化利用过程，从而避免资源浪费与闲置，以及过度、片面开发等现象与弊端，实现遗产资源价值的有效活化。

②营销方面。深入挖掘特色化旅游产品，打造遗产文化品牌；重视自媒体“跨界”营销，扩大受众面和影响力；开发品质化文创产品，加强线上线下营销结合，提升文化遗产旅游国际化水平，用世界语言宣传遗产文化价值；建立与培育良好的游客关系。

③运营管理方面。在遗产景区门票定价上，进行科学管理、有效指导，并加强公众参与，努力培育当地公众的旅游意识，与此同时，政府要转变观念，从全局和宏观上考虑，不能只从地方、局部利益出发；深化文旅融合，促进“遗产旅游+文化”模式纵深发展。

④人才培养方面。健全文化遗产旅游人才培养机制，成立文化遗产旅游研究院和专家咨询委员会等，加强文化遗产旅游“产学研”一体化协同创新，为遗产地的价值活化与合理开发，持续输送高素质、高水平的优质人才；同时，利用高校和科研院所的理论研究特长，寻求科技和管理创新，推动理论研究向实践成果转化，为遗产地的价值活化与合理开发指明道路、创新思维、革新手段、提升效率。

⑤信息化与智慧化方面。文化遗产的保护与合理化旅游发展需要充分发挥科技支撑作用，实现智慧旅游全覆盖，以游客需求为导向，依托“大数据+”推进文化遗产智慧旅游，进一步提升文化遗产保护与利用的数字化水平，包括文化遗产的数字化存档、保护与修复、考古文物发掘以及遗产文化的展示传播、交流互鉴等方面。支撑遗产创新化与社会化发展，推动传统文化复兴。

⑥思维创新与文化价值传承方面。文化遗产旅游与创意结合，可形成参与度更高、体验性更强的创意旅游。创意旅游的形式包括创意空间、创意景观及创意之旅等，创意空间是创意生产和消费的集聚地，创意景观包括文化主题公园、旅游节庆、旅游演艺等，创意之旅则是以参与、体验和学习乃至创作为目的的旅游活动。对于文化遗产而言，应打造创意空间，利用丰富的文化资源再现创意景观，依托对传统节庆活动的继承实现遗产特色文化创新。

二、研究不足与展望

虽然本书采用定量和定性相结合的研究方法，在研究中做了大量实地调研工作，具有一定的创新之处，研究结论也具有一定的实践意义和参考价值，但本书仍存在一些局限性和不足之处。

首先，我国文化遗产数量众多，分布地区也较为广泛，类型丰富多样，年代跨度也较为明显，因此在测试指标（样本）的科学筛选、大样本测试数据的有效采集及其实践分析方面均存在一定的难度。

其次，囿于时间和条件，本书的实证研究所做调查样本量较为有限，只能聚焦于局部地区、特定种类文化遗产的价值解读与活化研究，难以对不同地域与类型的文化遗产加以综合对比与分析。

在今后的研究中，可以依托二元三维价值体系，基于遗产管理和活化利用的实践，在更大范围内、面向更多元的遗产类型，运用纵横向对比实证的方法，进一步检验“真实性”与“完整性”原则在遗产保护与活化，以及文化遗产文脉传承中的作用机理和运用结果；通过验证文化遗产旅游者对文化遗产的“感知真实”与“感知完整”程度对遗产活化质量与水平的影响大小与作用方向，有的放矢地寻求遗产价值充分展示、文脉有效传承的动力、途径与方法。这样的研究视角就更为宏观，得出的结论也就具有更为普遍的适用意义。希望本书的研究能够起到抛砖引玉的作用，加深人们对于历史文化遗产保护与利用的认识，在更广的范围内及更深的层次上引发出更多的探索与思考。

参考文献

[1]Adler, J. Travel as performed art [J]. American Journal of Sociology, 1989 (94):1366 - 1391.

[2]Alberts, H. & Hazen, H. Maintaining authenticity and integrity at cultural world heritage sites[J]. The Geographical Review, 2010(1):56 - 73.

[3]Alonso, A. D., O'Neill, M. A. & Kim, K. In search of authenticity: A case examination of the transformation of Alabama's Langdale Cotton Mill into an industrial heritage tourism attraction[J]. Journal of Heritage Tourism, 2010,5 (1):33 - 48.

[4]Alraouf, A. Regenerating urban traditions in Bahrain—Learning from Bab - Al - Bahrain: The authentic fake[J]. Journal of Tourism and Cultural Change, 2010,8(1): 50 - 68.

[5]Andriot, K. Genres of heritage authenticity: Denotations from a Pilgrimage Landscape[J]. Annals of Tourism Research, 2011,38(4):1613 - 1633.

[6]Aramberri, J. The shaky theoretical foundation of tourism research[J]. Tourism Recreation Research, 2002, 27(2).

[7]Araoz. Conservation philosophy and its development: Changing understandings of authenticity and significance[J]. Heritage & Society,2013,6(2).

[8]Ari, L. L. & Mittelberg, D. Between authenticity and ethnicity: Heritage tourism and re - ethnification among diaspora Jewish youth[J]. Journal of Heritage Tourism, 2008, 3(2): 79 - 103.

[9]Baloglu, S. & Brinberg, D. Affective image of tourism destinations[J]. Journals of Travel Research, 1997, 35(4):11 - 16.

[10]Baloglu, S. & Ken, W. M. A model of destination image formation[J]. An-

nals of Tourism Research, 1999, 26(4):868 -897.

[11]Belhassen, Y., Caton, K. & Stewart, W. The search for authenticity in the pilgrim experience[J]. Annals of Tourism Research, 2008,35(3):668 -689.

[12]Berg, S. Fairsted: Documenting and preserving a historic landscape[J]. APT Bulletin, 1988,20(1): 40 -49.

[13]Bobot, L. Negotiating authenticity: Cathar heritage tourism[J]. Journal of Heritage Tourism, 2012,7 (2): 163 -177.

[14]Boccardi. Authenticity in the Heritage Context: A Reflection beyond the Nara Document[J]. The Historic Environment: Policy & Practice,2019,10(1).

[15]Boorstin, D. J. The Image: A Guide to pseudo - events in America[M]. New York: Atheneum, 1964.

[16]Bruce, H. & Tony, G. The precinct experience: A phenomenological approach[J]. Tourism Management, 2005, 26(4):517 -528.

[17]Bruner, E. Tourism,creativity, and authenticity[J]. Studies in Symbolic Interaction, 1989,10(109): 14.

[18]Bruner, E. Abraham lincoln as authentic reproduction: A critique of postmodernism[J]. American Anthropologist, 1994(96): 397 -415.

[19]Bruner, E. Abraham Lincoln as authentic reproduction. Culture on tour[M]. Chicago: University of Chicago Press, 2005:145 -168.

[20]Buchmann, A., Moore, K. & Fisher, D. Experiencing film tourism: Authenticity and fellowship[J]. Annals of Tourism Research, 2010,37(1): 229 -248.

[21]Budruk, M., White, D., Wodrich, J. et al. Connecting visitors to people and place: Visitors' perceptions of authenticity at canyon de chelly national monument, arizona[J]. Journal of Heritage Tourism, 2008,3(3):185 -202.

[22]Burtenshaw, D. & Bateman, M. The european city[M]. London: David Fulton Publishers, 1991.

[23]Chhetria, P., Arrowsmitha, C. & Jackson M. Determining hiking experiences in nature - based tourist destinations[J]. Tourism Management, 2004 (25):31 -43.

[24]Clavir, M. Preserving conceptual integrity: Ethics and the theory in preventive

conservation[M]. London: The International, Institute for Conservation of Historic and Artistic Works, 1994:30 – 34.

[25] Clavir, M. The conceptual integrity of conservation in museums[J]. Muse, 1994,12(3): 30 – 34.

[26] Cohen, E. Towards a sociology of International tourism[J]. Social Research, 1972, 39(1).

[27] Cohen, E. A phenomenology of tourism experiences[J]. The Journal of the British Sociological Association, 1979,13(2):179 – 201.

[28] Cohen, E. Rethinking the sociology of tourism[J]. Annals of Tourism Research, 1979,6(18):35.

[29] Cohen, E. Tourism as play[J]. Religion, 1985(15):291 – 304.

[30] Cohen, E. Authenticity and commoditization in tourism[J]. Annals of Tourism Research, 1988,15(3):371 – 386.

[31] Cohen, E. Authenticity, equity and sustainability in tourism[J]. Journal of Sustainable Tourism, 2002,10(4):267 – 276.

[32] Cohen, E. "Authenticity" in tourism studies[J]. Tourism Recreation Research, 2007, 32(2):75 – 82.

[33] Cohen, E. & Cohen, S. A. Authenticity: Hot and cool[J]. Annals of Tourism Research, 2012, 39(3): 1295 – 1314.

[34] Cooper, D. E. Authenticity and learning[M]. London: Routledge & Kegan Paul, 1983:9, 11.

[35] Crang, M. Magic kingdom or a quixotic quest for authenticity? [J]. Annals of Tourism Research, 1996,23(2): 415 – 431.

[36] Crompton, J. L. Motications for pleasure vocation[J]. Annals of Tourism Research, 1979, 6(4).

[37] Csikszentmihalyi, M. & Csikszentmihalyi, I. S. Optimal experience: Psychological studies of flows of consciousness[M]. New York: Cambridge University Press, 1988.

[38] Csikszentmihalyi, M. Beyond boredom and anxiety[M]. San Francisco:

Jossey - Bass Press, 1975.

[39] Csikszentmihalyi, M. Flow: The psychology of optimal experience[M]. New York: Harper & Raw Publishers, 1991.

[40] Csikszentmihalyi, M. & LeFevre, J. Optimal experience in work and leisure [J]. Journal of Personality and Social Psychology, 1989, 56(5):815 - 822.

[41] Daniel, Y. P. Tourism dance performances: Authenticity and creativity [J]. Annals of Tourism Research, 1996(23):780 - 797.

[42] Dann, G. Tourism motivations: An appraisal [J]. Annals of Tourism Research, 1981, 8(2):187 - 219.

[43] David, B. Antecedent of Consumer Satisfaction and Dissatisfaction (CS/D) on long - haul inclusive tours: A reality check on theoretical considerations [J]. Tourism Management, 2001(22): 49 - 61.

[44] Davidoff, L. Introduction to psychology [M]. New York: McGraw - Hill Inc., 1987.

[45] Deacon, Smeets. Authenticity, value and community Involvement in heritage management under the world heritage and intangible heritage conventions[J]. Heritage & Society, 2013, 6(2).

[46] Dianne, D. Destination place planning and design[J]. Annals of Tourism Research, 1999, 26(4):773 - 786.

[47] Douglas, G. P. Analyzing the demand for urban tourism: Issues and examples from paris [J]. Tourism Analysis, 1996(1):5 - 18.

[48] Douglas, G. P. Tourism in paris: Structure and functions[J]. Tourism Management, 1998, 19(1):49 - 65.

[49] Douglas, G. P. Tourism in paris: Studies at the microscale [J]. Annals of Tourism Research, 1999, 26(1):84 - 88.

[50] Douglas, G. P. An integrative framework for urban tourism research[J]. Annals of Tourism Research, 2001, 28(4):62 - 67.

[51] Dwayne, A. & John, L. C. Quality, satisfaction and behavioral intentions [J]. Annals of Tourism Research, 2000, 27(3):785 - 804.

[52]Ehrentrant, A. Heritage authenticity and domestic tourism in Japan[J]. Annals of Tourism Research, 1993(20): 262 – 278.

[53]Ekinci, Y. Validating quality dimensions [J]. Annals of Tourism Research, 2001, 28(1).

[54]Enrique, M. & Isabel, S. Tourism image, evaluation variables and after purchase behaviour: Inter – relationship[J]. Tourism Management, 2001(22):607 – 616.

[55]Eunkyung Park, Byoung – Kil Choi, Timothy J. Lee. The role and dimensions of authenticity in heritage tourism[J]. Tourism Management, 2019(74).

[56]Foster, M. South seas cruise: A case study of short – lived society[J]. Annals of Tourism Research, 1986, 13(2):238 – 251.

[57]Getz, D. Planning for tourism business districts[J]. Annals of Tourism Research, 1993(20):583 – 600.

[58]Gillis, J. R. Commemorations – the politics of national identity[M]. Princeton: Princeton University Press, 1994: 3, 29.

[59]Gnoth, J. Tourism motivation and expectation formation [J]. Annals of Tourism Research, 1997, 24(2):283 – 305.

[60]Goeldner, C. & McIntosh, R. Tourism: Principles, practices, philosophies [M]. Hoboken: John Wiley & Sons Inc., 2000.

[61]Goffman, E. The presentation of self in everyday life[M]. New York: Doubleday & Company Inc., 1959:144 – 145.

[62]Gordon, W. Consuming heritage perceived historical authenticity[J]. Annals of Tourism Research, 2000(27):835 – 862.

[63]Graburn, N. The anthropology of tourism[J]. Annals of Tourism, 1983, 10(1): 14.

[64]Griffin, T. & Huyskens, M. Urban tourism: A review and annotated bibliography[M]. Sydney: University of Technology, 2000.

[65]Hagen, J. Rebuilding the middle ages after the second world war: The cultural politics of reconstruction in rothenburg ob der tauber, germany[J]. Journal of Historical Geography, 2005, 31(1):94 – 112.

[66]Handler, R. & Saxton, W. Dissimulation: Reflexivity, narrative, and the quest for authenticity in "Living History"[J]. Cultural Anthropology, 1988(3):242 - 260.

[67]Harkin, M. Modernist anthropology and tourism of the authentic[J]. Annals of Tourism Research, 1995(22):650 - 670.

[68]Hughes, G. The cultural construction of sustainable tourism[J]. Tourism Management, 1995(16): 49 - 60.

[69]Hughes, M. & Carlsen, J. The business of cultural heritage tourism: Critical success factors[J]. Journal of Heritage Tourism, 2010,5(1):17 - 32.

[70]ICOMOS(International Council on Monuments and Sites). The venice charter: International charter for the conservation and restoration of monuments and sites[EB/OL]. (2005 - 07 - 06)[2020 - 07 - 05]. https://www.icomos.org/venicecharter2004/index.html.

[71]Jackson, M. S. Tourism experience within an attributional framework [J]. Annals of Tourism Research, 1996, 23(4):798 - 810.

[72]Jamal, T. & Hill, S. Developing a framework for indicators of authenticity: The place and space of cultural and heritage tourism[J]. Asia Pacific Journal of Tourism Research, 2004,9(4): 353 - 372.

[73]Jansen, V. Inner - city tourism, resource, tourist and promoters[J]. Annals of Tourism Resesarch, 1986(13):79 - 100.

[74]Joar, V. & Marit V. Tourism experience and attractions[J]. Annals of Tourism Research, 2000, 27(2): 432 - 450.

[75]Jokilehto, J. Authenticity in restoration principles and practices[J]. Bulletin of the Association for Preservation Technology, 1985,17(3): 5 - 11.

[76]Jokilehto, J. The complexity of authenticity[C]. Conference on Authenticity in relation to the World Heritage Convention. Preparatory Workshop, Bergen, Norway, 1994.

[77]Jokilehto, J. Considerations on authenticity and integrity in world heritage context[J]. City & Time, 2006, 2(1): 1 - 16.

[78]Juan A. García - Esparza. Are world heritage concepts of integrity and authen-

ticity lacking in dynamism? A critical approach to Mediterranean autotopic landscapes[J]. Landscape Research, 2018,43(6).

[79] Judd, D. R. Promoting tourism in US cities [J]. Tourism Management, 1995, 16(1): 175 - 187.

[80] Keogh, B. Resident and recreationists' perceptions and attitudes with respect to tourism development[J]. Journal of Applied Recreation Research, 1990, 15(2):71 - 83.

[81] Knox, D. Spectacular tradition: Scottish folksong and authenticity[J]. Annals of Tourism Research, 2008,35(1): 255 - 273.

[82] Knudsen & A. M. Waade (Eds.). Re - investing authenticity: Tourism, place and emotions[M]. Bristol: Channel View Publications, 2010:1 - 19.

[83] Krippendorf, J. The new tourist: Turning point for leisure and travel [J]. Tourism Management, 1986(6).

[84] Labadi, S. World heritage, authenticity and post - authenticity[A]. S. Labadi, and C. Long (Eds.). Heritage and Globalization[M]. London: Routledge, 2010:66 - 84.

[85] Labadi, S. & Long, C. Heritage and globalisation [M]. London: Routledge, 2010.

[86] Lankford, S. V. & Howard, D. R. Developing a tourism attitude impact scale [J]. Annals of Tourism Research, 1994(21):121 - 139.

[87] Lancaster, J. K. Consumer demand—A new approach[M]. New York: Columbia University Press, 1971:1 - 240.

[88] Larsen, K. E. The test of authenticity and national heritage legislation [C]. In Proceedings of the Nara Conference on Authenticity in Relation to the World Heritage Convention. Paris: UNESCO World Heritage Centre,1995.

[89] Lau, R. Revisiting authenticity: A social realist approach [J]. Annals of Tourism Research, 2010, 3(2): 478 - 498.

[90] Leach, E. Rethinking anthropology [M]. London: Athlone Press, University of London, 1961.

[91] Li, Y. Geographic consciousness and tourism experience [J]. Annals of Tourism Research, 2000,27(4):863 - 883.

[92]Littrell, M. , Anderson, L. & Brown, P. What makes a craft souvenir authentic? [J]. Annals of Tourism Research, 1993,20(1): 197 -215.

[93]Lowenthal, D. Geography, experience, and imagination: Towards a geographical epistemology[J]. Annals of the Association of American Geographers, 1961:241 -260.

[94]MacCannell, D. Staged authenticity: Arrangements of social space in tourist settings[J]. American Journal of Sociology, 1973, 79(3):589 -603.

[95]MacCannell, D. Tourist: A new theory of the leisure class[M]. New York: Schocken Books, 1976.

[96]MacCannell, D. In hosts and guests revisited: Tourism issues of the 21st century[M]. Philadelphia: The University of Pennsylvania Press, 1989.

[97]MacCannell, D. Empty meeting grounds: The tourist papers[M]. London: Routledge, 1992.

[98]McIntosh, A. J. & Prentice, R. C. Affirming authenticity: Consuming cultural heritage[J]. Annals of Tourism Research,1999,26(3):589 -612.

[99]McIntosh, A. J. & Johnson, H. Exploring the nature of the maori experience in new zealand: Views from hosts and tourists[J]. Tourism, 2005,52(2):117 -129.

[100]Mervyn, S. J. & Gerard, N. W. Tourism experiences within an attributional framework[J]. Annals of Tourism Research, 1996, 23(4):798 -810.

[101]Neumann, M. The trail through experience: Finding self in the recollection of travel[A]//Carolyn Ellis and Michael G. Flaheriy, eds. Investigating subjectivity [M]. 1992:176 -201.

[102]Olsen, K. Authenticity as a concept in tourism research[J]. Tourist Studies, 2002,2(2): 159 -182.

[103]Page, S. Urban tourism: Analysing and evaluating the tourist experience [M]. Cassell: Wellington House, 1997.

[104]Parrinello, G. L. Motivation and anticipation in post - industrial tourism[J]. Annals of Tourism Reseach, 1993(20):233 -249.

[105]Pearce, P. L. The social psychology of tourism behavior[M]. New York: Pergamon, 1982.

[106]Pearce, P. L. Tourist behavior: Themes and conceptual schemes[M]. Clevedon: Channel View Publications, 2005.

[107]Pearce, P. , and Moscardo, G. The concept of authenticity in tourist experiences[J]. The Australian and New Zealand Journal of Sociology, 1986(22):121 – 132.

[108]Pieper, J. Leisure: The basis of culture[M]. New York: New American Library, Mentor Books, 1963.

[109]Pine Ⅱ, J. & Gilmore, J. H. Welcome to the experience economy[J]. Harvard Business Review, 1998(4):97 – 105.

[110]Pine Ⅱ, J. & Gilmore, J. H. The experience economy, work is theatre & every business a stage[M]. Harvard Business School Press, 1999.

[111]Pizam, A. Y. Dimensions of tourist satisfaction within a destination area[J]. Annals of Tourism Research, 1978(5):314 – 322.

[112]Pocock, C. Authenticity in cultural heritage management and tourism [J]. Historic Environment, 2006,19(2):3 – 8.

[113]Prentice, R. C. , Witt, S. F. & Hamer, C. Tourism as experience: The case of heritage parks[J]. Annals of Tourism Research, 1998, 25(1):1 – 24.

[114]Quan, S. & Wang, N. Towards a structural model of the tourist experience: An illustration from food experiences in tourism[J]. Tourism Management, 2004(25): 297 – 305.

[115]Redfoot, D. Touristic authenticity, touristic angst, and modern reality[J]. Qualitative Sociology, 1984,7(4):291 – 309.

[116]Reisinger, Y. & Steiner, C. Reconceptualizing object authenticity[J]. Annals of Tourism Research, 2006,33(1): 65 – 86.

[117]Rickly – Boyd, J. "Through the magic of authentic reproduction": Tourists' perceptions of authenticity in a pioneer village[J]. Journal of Heritage Tourism, 2012,7(2):127 – 144.

[118]Richard, G. Cultural tourism in europe[M]. Wallingford: Oxford, 1996:24.

[119]Ryan, C. Recreation tourism: A social science perspective[M]. London: Routledge, 1991.

[120] Ryan, C. The tourist experience: A new introduction[M]. Cassell: Wellington House, 1997.

[121] Salamone, F. Authenticity in tourism: The san angel Inns[J]. Annals of Tourism Research, 1997(24): 305 - 321.

[122] Selwyn, T. Introduction[A]//T. Selwyn (Ed.). The tourist image: Myth and mythmaking in tourism[M]. Chichester: Wiley, 1996: 1 - 32.

[123] Shaw, G. & Williams, A. M. Critical issues in tourism: A geographical perspective [M]. Oxford: Blackwell, 1994.

[124] Smith, S. L. Dictionary of concepts in recreation and leisure studies[M]. New York: Greenwood Press, 1990.

[125] Stansfield, C. & Rickert, J. E. The recreational business district[J]. Journal of Leisure Research, 1970, 2(4): 213 - 225.

[126] Stovel, H. Effective use of authenticity and integrity as world heritage qualifying conditions[J]. City and Time, 2007,2(3): 21 - 36.

[127] Tasci, A. D. & Knutson, B. J. An argument for providing authenticity and familiarity in tourism destinations [J]. Journal of Hospitality and Leisure Marketing, 2004,11(1):85 - 109.

[128] Taylor, J. Authenticity and sincerity in tourism[J]. Annals of Tourism Research, 2001, 28(1): 7 - 26.

[129] Taylor, V. The recreational business district: A component of the east London urban morphology[J]. South African Research, 1975(5):139 - 144.

[130] Turner, C. &Manning, P. Placing authenticity - on being a tourist: A reply to pearce and moscardo[J]. Australia and New Zealand Journal of Sociology, 1988(24): 136 - 139.

[131] Turner, V. The centre out there: Pilgrims' goal[J]. History of Religion, 1973(12):191 - 230.

[132] Vittersu, J., Vorkinn, M. & Vistad, O. I. et al. Tourist experiences and attractions[J]. Annals of Tourism Research, 2000, 27(2):432 - 450.

[133] Wang, N. Rethinking authenticity in tourism experience[J]. Annals of

Tourism Research, 1999, 26(2):349 - 370.

[134]Wang, N. Tourism and modernity: A sociological analysis[M]. New York: Pergamon Press Ltd., 2000.

[135]WHC(World Heritage Centre). Operational guidelines for the implementation of the world heritage convention[DB/OL]. (2011 - 11 - 01)[2020 - 07 - 05]. UNESCO, World Heritage Centre, http://whc.unesco.org/archive/opguide11 - en.pdf.

[136]Xie, P. F. Authenticating ethnic tourism[M]. Bristol: Channel View Publications, 2011.

[137]Yang, L. & Wall, G. Authenticity in ethnic tourism: Tourists' perspectives[J]. Current Issues in Tourism, 2009, 12(3):255 - 274.

[138]Yeoryios, S. & Pantoleon, S. Innovation strategies and technology for experience - based tourism[J]. Tourism Management, 2003, 24(1):35 - 43.

[139]Zancheti, S. & Hidaka, L. Measuring urban heritage conservation: Theory and structure (part 1)[J]. Journal of Cultural Heritage Management and Sustainable Development, 2011, 1(2): 15 - 26.

[140]Zhu, Y. Performing heritage: Rethinking authenticity in tourism[J]. Annals of Tourism Research, 2012, 39(3):1495 - 1513.

[141]阿尔·托夫勒.未来的冲击[M].北京:中国对外翻译出版公司,1985:196 - 208.

[142]艾菊红. 人、物与时空整合视域下的文化遗产保护——以湘西凤凰文化遗产保护与传承为例[J]. 中州学刊, 2017 (3):71 - 77.

[143]白翠玲,董志良,钟伟.旅游体验营销模型的构建[J].经济论坛,2005(3): 71 - 72.

[144]卞显红.城市旅游空间分析及其发展透视[M].北京:中国物资出版社,2005.

[145]曹新向.体验经济时代的旅游业发展对策[J].西北农林科技大学学报(社会科学版),2004, 4(5):126 - 129.

[146]陈正昌,等. 多变量分析方法:统计软件应用[M]. 北京:中国税务出版社,2005:207 - 236.

[147]陈志钢,张树夫,湛莉.游客体验与中山陵景区品牌塑造研究[J].江苏商论,2004 (7):128-130.

[148]戴伦·J. 蒂莫西,斯蒂芬·W. 博伊德.遗产旅游[M].北京:旅游教育出版社,2007.

[149]黄鹂.旅游体验与景区开发模式[J].兰州大学学报(社会科学版),2004,32(6):104-108.

[150]贾鸿雁,张天来.中华文化遗产概览[M].南京:东南大学出版社,2015.

[151]堪莉.旅游景区游客体验研究——以中山陵风景区为例[D].南京师范大学,2003.

[152][澳]赖辛格,[澳]托纳.旅游跨文化行为研究[M].朱路平,译.天津:南开大学出版社,2004.

[153]李成岗.论世界文化遗产周边环境保护的重要意义[J].中国文化遗产,2016(2):66-69.

[154]李广全,崔庠.旅游的研究方法及旅游本质的探讨[J].桂林旅游高等专科学校学报(旅游学科建设与旅游教育增刊),1999(S2):32-34.

[155]李森.旅游群体规模与旅游体验质量:针对旅游群体成员间互动过程的实证分析[D].东北财经大学,2005.

[156]李应芝.共睦态:深描梵净山佛教文化旅游体验——旅游人类学视角下宗教文化旅游的深层需要解析[J].铜仁职业技术学院学报(自然科学版),2014(6).

[157]李云峰."认知"与"体验":世界及人生的两种把握方式[J].云南师范大学学报,2004,36 (3):106-110.

[158]梁彦明.基于游客体验的旅游产品设计[J].江苏商论,2005 (5):71-73.

[159]刘滨谊.旅游规划三元论——中国现代旅游规划的定向·定性·定位·定型[J].旅游学刊,2001(5):55-58.

[160]刘英.遗产廊道背景下丝绸之路经济带旅游一体化创新[J].甘肃社会科学,2016(5):218-222.

[161]龙江智.从体验视角看旅游的本质及旅游学科体系的构建[J].旅游学刊,2005 (1):21-26.

[162]马凌.节庆旅游中的阈限体验:日常世界与旅游世界——以西双版纳傣族泼水节为例[J].学术研究,2010(11):94-99.

[163]马凌,朱竑.旅游研究中建构主义方法论的合法性基础及其方法应用——兼议旅游世界的本质[J].旅游学刊,2015,30(7):100-107.

[164]马耀峰,刘军胜.中国丝绸之路世界遗产旅游发展战略研究[J].陕西师范大学学报(自然科学版),2015,43(6):71-76.

[165]权东计.论大遗址保护规划编制中的六个关键问题[A]//城市规划和科学发展——2009中国城市规划年会论文集[C].中国城市规划学会,2009:9.

[166]宋奕."世界文化遗产"40年:由"物"到"人"再到"整合"的轨迹[J].西南民族大学学报(人文社会科学版),2012,33(10):15-21.

[167]宋奕.后现代理论观照下的人类学与文化遗产民族志的理论导向[J].西南民族大学学报(人文社会科学版),2016,37(3):13-17.

[168]苏勤.旅游者类型及其体验质量研究——以周庄为例[J].地理科学,2004,24(4):506-511.

[169]苏杨,张颖岚.中国文化遗产事业发展报告(2018—2019)[M].北京:社会科学文献出版社,2020.

[170]王会战.多重博弈下的文化遗产地资源管理[J].苏州教育学院学报,2015,32(1):53-56.

[171]王会战.文化遗产地社区旅游增权研究[D].西北大学,2015.

[172]王会战,李树民.文化遗产保护思想的起源与发展——兼论中西文化遗产保护思想的异同[J].西北大学学报(哲学社会科学版),2014,44(5):161-166.

[173]王会战,李树民,李梦.文化遗产地社区居民旅游增权测度研究[J].北京第二外国语学院学报,2015,37(5):56-63.

[174]王会战,李树民,林雨萌.文化遗产地社区居民旅游增权感知差异与对策——以兵马俑景区周边社区为例[J].中国旅游评论,2016(4):65-81.

[175]王婧,吴承照.遗产旅游真实性感知测量方法研究进展[J].现代城市研究,2014(2):110-114+120.

[176]王巨山.中国文化遗产保护与发展实践[M].沈阳:辽宁教育出版社,2016.

[177]王柯平.旅游美学纲要[M].北京:旅游教育出版社,1997.

[178]王晓梅,邹统钎.国外遗产旅游资源管理研究进展[J].资源科学,2013(12):2334-2343.

[179]王新文,刘克成.城市文化遗产体系刍议[J].华中建筑,2012,30(10):26-28+17.

[180]王艳平,金丽.界面增长:提高旅游体验总量的重要环节——以构筑温泉旅游“更·宽衣”环节为例[J].旅游学刊,2004,19(5):45-47.

[181]王一川.文化哲学丛书:意义的瞬间生成——西方体验美学的超越性结构[M].济南:山东文艺出版社,1988:5.

[182]王朝闻.神与物游——论中国传统审美方式[M].北京:中国人民大学出版社,1989:239-240.

[183]王铮,李山.论旅游区的文脉[J].地域研究与开发,2004,23(6):65-68.

[184]魏小安,魏诗华.旅游情景规划与项目体验设计[J].旅游学刊,2004,19(4):38-44.

[185]吴必虎.区域旅游规划原理[M].北京:中国旅游出版社,2001:322-360.

[186]吴承照,王婧.游客真实性感知与文化遗产资源持续利用策略研究[J].城市规划学刊,2012(4):98-104.

[187]吴文智,庄志民.体验经济时代下旅游产品的设计与创新——以古村落旅游产品体验化开发为例[J].旅游学刊,2003,18(6):66-70.

[188]夏敏燕.体验设计与故事主题[J].江南大学学报(人文社会科学版),2004,3(6):116-118.

[189]谢彦君.论旅游的本质与特征[J].旅游学刊,1998(4):41-44.

[190]谢彦君.基础旅游学[M].北京:中国旅游出版社,2004.

[191]谢彦君.旅游体验研究——一种现象学的视角[M].天津:南开大学出版社,2005.

[192]谢彦君.旅游体验——旅游世界的硬核[J].桂林旅游高等专科学校学报,2005,16(6):5-9.

[193]谢彦君,吴凯.期望与感受:旅游体验质量的交互模型[J].旅游科学,2000(2):1-4.

[194]谢彦君,谢中田.现象世界的旅游体验:旅游世界与生活世界[J].旅游学刊,2006,21(4):13-18.

[195]谢彦君,徐英.旅游体验共睦态:一个情境机制的多维类属分析[J].经济管理,2016(8):149-159.

[196]徐伟,李耀.古村落旅游真实性感知的指标构建及评价——基于皖南古村落的实证数据[J].人文地理,2012,27(3):98-102.

[197]徐伟,王新新.旅游真实性感知及其与游客满意、行为意向的关系——以古村落旅游为例[J].经济管理,2011,33(4):111-117.

[198]徐宗武,杨昌鸣.历史建筑价值再认识[J].建筑学报,2011(2):103-106.

[199]薛岚,吴必虎,等.中国世界遗产的价值转变和传播理念的引出[J].经济地理,2010(5):844-848+870.

[200]姚宏,郭雪梅.我国世界文化遗产地旅游成长波动与驱动因素——以平遥、曲阜与承德为例[J].陕西师范大学学报(自然科学版),2016,44(4):94-101.

[201]姚宏,郭雪梅.中国遗产旅游开发管理比较研究——基于1985—2014年的相关国内外研究文献[J].西安财经学院学报,2016,29(6):62-68.

[202]姚宏,李晓英.基于游客感知的世界文化遗产地差异化开发——以敦煌莫高窟为例[J].资源开发与市场,2015,31(10):1254-1258.

[203]袁青霞."共睦态"视角下的黎里古镇体验旅游开发研究[D].苏州大学,2015.

[204]约瑟夫·派恩,詹姆斯·吉尔摩.体验经济[M].夏业良,鲁炜,译.北京:机械工业出版社,2002:10-19.

[205]张彩虹,窦志萍.基于适应性理论的世界遗产活化研究[J].普洱学院学报,2019,35(4):46-49.

[206]张成渝.《世界遗产公约》中两个重要概念的解析与引申——论世界遗产的"真实性"和"完整性"[J].北京大学学报(自然科学版),2004(1):129-138.

[207]张骁鸣.现象学体验学说及其对旅游体验研究的启示[J].旅游学刊,2016,31(4):42-50.

[208]赵红梅.也谈"communitas"人类学视野下的一种旅游体验[J].思想战

线,2008(34):44-48.

[209]赵刘,程琦,周武忠.现象学视角下旅游体验的本体描述与意向构造[J].旅游学刊,2013,28(10):97-106.

[210]郑希付.心理场理论[J].湖南师范大学社会科学学报,2000,29(1):75-79.

[211]郑向敏,林美珍.论文物保护与文脉的传承与中断——兼与《旅游学刊》笔谈中某些观点商榷[J].旅游学刊,2004,19(5):25-29.

[212]郑秀娟,张化丽,张阳.基于PM的丝绸之路遗产廊道旅游发展模式研究[J].知识经济,2015(19):16-17.

[213]钟国庆.旅游体验真实性规律与景区经营管理问题[J].桂林旅游高等专科学校学报,2004,15(4):40-43.

[214]邹统钎.旅游景区开发与管理[M].北京:清华大学出版社,2004:116-137.

[215]邹统钎,江璐虹,唐承财.基于层次分析法的遗产地旅游智慧化建设评价指标体系研究[J].遗产与保护研究,2016,1(4):43-48.

[216]邹统钎,吴丽云.旅游体验的本质类型与塑造原则[J].旅游科学,2003(4):7-11.

[217]左剑红.浅谈旅游者在旅行中的艺术体验[J].桂林旅游高等专科学校学报,2001,12(4):41-44.

[218]世界遗产中心.联合国教科文组织官网世界遗产名录[EB/OL].(2019-12-31)[2020-07-01].http://whc.unesco.org/zh/list/.

附录1　小规模访谈提纲

Ⅰ　**下列这些因素中，您认为哪些因素会影响您游览体验的质量？**

旅游前的期望；

旅游的目的和动机；

进出该遗产旅游区的交通方便程度；

当地居民的态度友好程度；

区内服务人员的态度；

街区的主题；

街区的文化氛围；

街区周围的景色；

街区内的服务设施；

街区的规模；

街区的布局；

街区中商铺的数量；

街区中餐饮场所的数量；

街区中活动的多样性；

街区活动的互动参与性；

街区活动的有趣性。

Ⅱ　**此外，您认为还有哪些主要因素影响您游览体验的质量？**

Ⅲ　**您对杭州清河坊的意见或建议：**

附录2　调查问卷（杭州样卷）

杭州清河坊街游客体验调查问卷
尊敬的先生/女士：您好！ 欢迎您来到杭州清河坊街游览！为了进一步促进本街区的发展，让游客获得更丰富的体验，请您抽出一点宝贵的时间，协助我们做下这份调查问卷。您所提供的资料只用于学术研究，将采用匿名方式且并不会对外公开，请勿顾虑。请您根据实际情况进行选择，谢谢您的合作！
以下四项是对您此次游览杭州清河坊街的相关信息调查，请选择合适项打钩
1. 您来杭州清河坊街的主要目的是（可多选）：
A. 购物　B. 游览该地文化古迹　C. 逃避生活和工作烦恼　D. 感受该景区文化氛围　E. 享受美食　F. 与朋友（家人）度过快乐时光　G. 放松心情、获得愉悦　H. 欣赏街区周围景色/夜景　I. 结交新朋友　J. 打发时间
2. 这是您第几次来杭州清河坊街？
A. 第一次来　B. 二次重游　C. 来过几次　D. 经常来逛
3. 此次来您的同伴是：
A. 家人　B. 朋友　C. 情侣　D. 旅游团其他成员　E. 一个人
4. 您在游览前，对该街区的期望值是：
A. 期望很低　B. 期望较低　C. 一般　D. 期望较高　E. 期望很高
以下每句话是对您本次游览体验的分项评价：1 表示非常不符合，2 表示不太符合，3 表示一般，4 表示比较符合，5 表示非常符合。请选择合适项打钩

	非常不符	不太符合	一般	比较符合	非常符合
进出该街区的交通很便利	1	2	3	4	5
该街区附近居民态度很友好	1	2	3	4	5
该街区经营者和服务人员的态度很好	1	2	3	4	5
该街区旅游主题鲜明、独特且有品位	1	2	3	4	5
该街区内的历史文物古迹保存完好	1	2	3	4	5
该街区很好地再现了古时的生活场景和社会风俗	1	2	3	4	5

续表

	非常不符	不太符合	一般	比较符合	非常符合
在该街区感受到了浓厚的历史文化气息	1	2	3	4	5
该街区周围的景色十分优美宜人	1	2	3	4	5
该街区布局合理，公共服务设施也很人性化	1	2	3	4	5
该街区内秩序井然，一点也不拥挤	1	2	3	4	5
整个游览过程中令您感兴趣的事物层出不穷	1	2	3	4	5
在这里能买到很多富有特色的商品/纪念品	1	2	3	4	5
在这里能品尝到各种各样美味的特色饮食	1	2	3	4	5
店家的招揽非常吸引人	1	2	3	4	5
游览过程中需要主动参与的活动非常多	1	2	3	4	5
这些活动非常有趣	1	2	3	4	5

以下是对您此次游览杭州清河坊街的整体体验调查，请选择或填写

1. 您感觉能够融入该街区的整体氛围中吗？

A. 完全未融入　B. 未融入　C. 一般　D. 融入　E. 完全融入

2. 通过本次游览，您感到快乐吗？

A. 非常不快乐　B. 不怎么快乐　C. 一般　D. 快乐　E. 非常快乐

3. 对于本次游览，您感到满意吗？

A. 非常不满意　B. 不太满意　C. 一般　D. 满意　E. 非常满意

4. 请列出整个游览过程中最令您印象深刻的事物（或活动）：

_ _
_ _

5. 您对杭州清河坊街的意见或建议是：

_ _
_ _

以下是背景资料调查，按照《统计法》的规定，我们会对您的个人资料严格保密，请放心填写

1. 性别　A. 男　B. 女
2. 年龄　A. 65岁及以上　B. 45～64岁　C. 25～44岁　D. 15～24岁　E. 14岁及以下

3. 职业　A. 政府机关或事业单位工作人员　B. 企业工作人员　C. 个体工商户
D. 农民　E. 学生　F. 离退休人员　G. 其他人员

4. 学历　A. 初中及以下　B. 高中或中专　C. 大专　D. 本科　E. 研究生及以上

5. 收入水平（月薪）：　A. 1000元以下　B. 1000～3000元　C. 3001～5000元
D. 5001～1万元　E. 1万元以上

问卷到此结束，衷心感谢您的支持与合作，您的意见将被充分考虑。最后祝您游览愉快！

附录3　西安城墙调查问卷（样卷）

您好！这是一份关于城墙保护与开发的问卷，能否请您抽出一点宝贵的时间，协助本次调研，非常感谢！

1. 性别：A. 男　　　B. 女

2. 年龄（可选）：A. 20岁以下　　B. 20～45岁　　C. 45岁以上

3. 您是：A. 自助游散客　　B. 跟团前来

4. 您是首次登上城墙吗？A. 是　　B. 否

5. 您认为从城墙望下去，周围的景观够古朴吗？

A. 十分古朴　　　B. 古朴不足，现代有余　　　C. 完全现代化

6. 您认为城墙外不远处的高楼大厦和您所感受到的城墙氛围相协调吗？

A. 是　　　B. 否

若不协调，那您认为它是否破坏了您对城墙的审美？

A. 是　　　B. 否

7. 您认为广告登上城墙是否合适？

A. 合适　　　B. 不合适

8. 您认为目前环城公园内的树木高度是否合适？

A. 合适　　　B. 不合适

如果不合适，您认为栽种的树木高度应为：

A. 低矮的灌木类　　B. 适中但始终低于城墙

C. 和城墙齐平　　　D. 高于城墙

9. 您希不希望顺城巷全部改造为青石板铺路的仿古步行街？

A. 希望　　B. 不希望

10. 您希望城墙上有更多的活动或表演吗？

A. 希望　　B. 不希望

如果希望，您觉得应该有哪些表演？＿＿＿＿＿＿

11. 城墙现已贯通，当您分别游览东、西、南、北四段时，看到的景观以及感受到的文化氛围一致吗？

A. 一致　　B. 不太一致　　C. 迥异

如果不一致，那您更喜欢：A. 南段　　B. 北段　　C. 东段　　D. 西段

为什么？＿＿＿＿＿＿＿＿＿＿＿＿＿＿＿＿

12. 您认为目前城墙、护城河、环城路以及顺城巷是一个完整的整体吗？

A. 是　　B. 否

如果不是，那您认为哪一（些）项和其他几项不相协调？＿＿＿＿＿＿＿＿＿＿＿＿＿＿＿＿＿＿

13. 站在城墙上，您能否感受到中国古代历史文化的冲击与震撼？

A. 能强烈感受到　　B. 能感受到　　C. 感受不深　　D. 毫无感觉

14. 您认为城墙更多地体现出哪个朝代的文化？

A. 秦代　　B. 汉代　　C. 唐代　　D. 明代

E. 历代文化的综合

15. 您认为目前的城墙景观带是否"真实"再现了历史的原貌？

A. 是　　B. 否

16. 您认为城墙的历史价值、文化价值、审美价值是：

A. 世界一流　　B. 中国一流　　C. 较高　　D. 一般

E. 不值得称道

17. 城墙给您印象最深的是＿＿＿＿＿＿＿＿＿＿＿＿＿＿＿＿

18. 您认为城墙保护状况如何？

A. 非常完整　　B. 较为良好　　C. 一般　　D. 亟待改进

19. 您认为城墙的保护与开发现状是否很好地传承与体现了西安的文脉？

A. 是　　B. 否

20. 请您提出您对城墙保护与开发的建议和构想。

____

衷心感谢您的积极配合，您的意见将被充分考虑。最后祝您旅途愉快，一路顺风！欢迎您下次再来西安！

附录4　Questionnaire of the Xi'an Citywall

Hello! Welcome to the Xi'an Citywall! This is a questionnaire about the preservation of the Xi'an Citywall. Would you please take your precious time to fill it out? Thank you very much!

1. Sex: A. Male　　B. Female

2. Age (optional): A. below 20　　B. 20 – 45　　C. senior than 45

3. Come from ________.

4. How Do you visit the Citywall?

A. by yourself　　B. in organized group

5. Is this your first time to mount the Citywall?

A. Yes　　B. No

6. Do you think the view around looks antique enough?

A. Yes, antique enough

B. Modern rather than antique

C. Completely modern

7. Do you think the skyscrapers not far from the Citywall are accordant to the overall atmosphere?

A. Yes　B. No

If "No", do you think they undermine the aesthetics of the Citywall?

A. Yes　　B. No

8. Do you prefer to see some performance or join some activities on the City-

wall?

A. Yes　　B. No

If "Yes", specify what activities please: ______________

9. Do you think the landscape you viewed and the cultural atmosphere you felt when you visited the north, south, east and west part of the Citywall respectively is actually Integral?

A. Yes　　B. No

10. Do you think the Citywall, the city moat, the park and the lane encircled appear as an Integrity?

A. Yes　　B. No

11. Do you think the historical Authenticity of the four elements mentioned above has been well preserved?

A. Yes　　B. No

If "No", which do you think is Not? _________

Is it too artificial or too modern?

Yes　　Other reasons _________

12. When you stand on the top of the Citywall, have you ever been amazed by the Chinese historical culture?

A. Yes　　B. No

13. Do you think the Citywall reflect the culture of which dynasty?

A. Qin　　B. Han　　C. Tang　　D. Ming

E. Synthesis of the culture of all the ancient dynasty

14. You take the historical value, the cultural value and the aesthetic value of Xi'an Citywall as:

A. world class　　B. first - class in China　　C. high　　D. ordinary

E. not worth to mention

15. Have you increased your knowledge about the history and culture of Xi'an, even China, after this journey?

A. Yes　　B. No

16. Do you think the present Citywall embody the Context (cultural and historical traditions) of Xi'an?

A. Yes　　B. No

17. The preservation of the Citywall is:

A. perfect　　B. good　　C. just so so　　D. needed to improve

18. What most impress you during your visit? ____________________

19. Please give whatever your suggestions, propositions or visions about the Xi'an Citywall:

____

Thanks again for your cooperation! Your opinions will be given fully considerations. Wish you a nice trip and welcome to visit Xi'an next time!